일본인은 어떻게 공부했을까?

『学び』の復権

이 책의 한국어판 저작권은 저자와의 협의에 의하여 지와 사랑에 있습니다. 저작권법에 의하여 한국 내에서 보호를 받는 저작물이므로 무단 전재 및 복제를 금합니다.

일본인은 어떻게 공부했을까?
배우는 자의 권리를 찾아서

초판발행 · 2009. 03. 30.
지은이 · 츠지모토 마사시 辻本雅史
옮긴이 · 이기원
펴낸이 · 지미정
펴낸곳 · 知와 사랑

서울시 마포구 합정동 355-2
전화 (02)335-2964
팩시밀리 (02)335-2965
등록번호 제10-1708호
등록일 1999. 6. 15.

ISBN 978-89-89007-40-1
값 13,000원

www.jiwasarang.co.kr

일본인은 어떻게 공부했을까?

배우는 자의 권리를 찾아서

츠지모토 마사시 지음
이기원 옮김

知와 사랑

•• 차례

| 한국어판 서문 |
역사의 눈으로 오늘의 교육을 보자 • 7

| 머리말 |
일본 교육문화의 뿌리, 체득형 학습 • 11

| 제1장 | 데나라이쥬크의 학습

1. 데나라이쥬크란 무엇인가 • 23
2. 데나라이쥬크의 학습법 • 29
3. 데나라이쥬크는 초등학교가 아니다 • 52

| 제2장 | 유학의 학습

1. 기초 교양인 유학 • 61
2. 가쿠몬쥬크란? • 65
3. 유학의 학습 • 67

| 제3장 | 가이바라 에키켄의 사상: 근세 학습론의 사상적 배경

1. 가이바라 에키켄은 누구인가? • 101
2. 기의 사상 • 114
3. 에키켄의 사상 • 125

제4장 | 가이바라 에키켄의 교육론

1. 근세 서민의 학습의욕 • 141
2. 모방과 숙달 • 145
3. 교사의 역할 • 155
4. 신체로 배우는 학습: 예 교육 시츠케 • 160

제5장 | 도제제와 내제자

1. 직인의 교육법 • 173
2. 가르치지 않는 교육 • 185

제6장 | 현대 학교와 학습 문화

1. 자기 학습의 문화 • 195
2. 구몬식 학습 • 210
3. 교과서 신앙 • 229
4. 교사와 어린이의 관계 • 237
5. 학교의 규율주의: 교칙을 지탱하는 교육관 • 242

저자 후기 • 265 **역자 후기** • 269 **참고 문헌** • 274
인명 해설 • 276 **용어 해설** • 278 **색인** • 281
일본 연대표 • 285

| **일러두기** |

- 본문 속의 주는 본문의 이해를 돕기 위해 역자가 단 것입니다.
- 본문 속 〔 〕의 내용은 역자에 의한 것입니다.

| 한국어판 서문 |
역사의 눈으로 오늘의 교육을 보자

일본은 19세기 중반을 지나면서 근대화의 길을 걷기 시작했다. 이 과정에서 학교 교육은 국가 근대화를 위해서 꼭 필요한 디딤돌이라 생각하여 서양을 모델로 한 근대화 학교 제도를 도입하는 데 매진했다. 그것은 한편으로 이전의 교육을 단절시켰음을 의미하는데, 학교 교육의 보급은 일본 근대화의 '성공이야기'에서 빠지지 않고 있다.

지금 일본의 교육은 어려움에 처해 있다. 학교에 제대로 적응하지 못하는 아이들이 생기고 있다. 초중고 교실에서 수업이 불가능한 '학급붕괴' 현상조차 이제는 그리 신기하지 않다. 이러한 배경에는 급작스럽게 변해버린 문화 상황이 있다. 최근 아이들 주변의 미디어도 학교 교육을 곤란하게 만드는 커다란 요인이다. 이제는 학교 교육이 근본에서부터 재구축이 필요한 역사의 새로운 단계에 이르렀다고 생각한다.

이 책은 일본이 근대화되기 이전의 교육이나 학습 실태와 그 배경을 이루는 사상에 관한 것이다. 지금의 심각한 학교 문제들 앞에서 이전 시대의 교육이 도대체 무슨 도움이 되는가? 그 대답이야말로 이 책을 통해서 생각하게 하고 싶은 점이다.

이 책은 주로 일본의 에도 시대, 1603년부터 1867년까지 3세기가 조금 못 되는 시대의 교육에 관한 내용이다. 근대화 이전 시대에는 봉건영주가 가신(무사관료)을 통솔하여 민중을 지배했다. 무사가 전 인구의 6~7퍼센트, 농민은 약 85퍼센트였고, 그 외 시민이나 종교인들이 있었다. 이 시대 교육에서 중요한 점은 두 가지이다. 하나는 민중을 대상으로 한 문자 보급과 상업 출판이 성행했다는 점이며, 또 하나는 유학의 보급이다. 이 책은 주로 문자의 학습이나 유학 교육을 주제로 하여 이러한 교육의 특질을 근대의 학교 교육과 대비해 본 것이다. 유학자 가이바라 에키켄이 저술한 내용을 바탕으로 근대화 이전의 교육 사상과 특징을 살펴보았다.

지금의 우리는 교육이라면 언제나 학교 교육을 생각한다. 학교가 널리 보급되어 있고 서양의 근대 학문을 전제로 성립한 학교가 가장 보편적인 교육 수단이라 믿기 때문일 것이다. 그러나 학교 교육은 일본에서도 겨우 100년(제도가 시작된 지는 140년) 정도밖에 지나지 않은 근대사적 산물이다. 지구촌화와 환경 문제가 크게 부상한 지금, 항상 새로운 발전을 좇아온 근대 사회의 구조 자체를 다시 묻고 있다.

역사 안에서 상황은 변화하며 교육의 내용도 변해간다. 그러나 아이가 태어나 어른이 되어 가는 과정에는 시대를 초월한 보편적 원리가 있다. 물론 근대의 학교 교육이 이룬 커다란 성과를 의심하지는 않는다. 지금도 개발도상국에서는 교육이 커다란 역할을 하고 있다. 그러나 교육이 학교에만 지나치게 의존한다면 교육의 기본 원리를 못보게 만들 가능성도 있다. 나는 일본의 에도 시대를 살펴봄으로써 근대 학교가 갖는 특이한 역사적 성격을 밝히고 싶다. 그것이 고도의 미디어 사회에 돌입한 21세기 교육을 생각하는 단서를 제공한다고 믿기 때문이다.

일본은 옛날부터 동아시아 한자 문화권에 있었으며 대륙이나 한반도와 한자 언어로 의사소통을 해왔다. 그리고 에도 시대 일본 지식인의 지적 활동은 전적으로 유학의 언어와 사상에 의존했다. 한국의 조선시대 역시 유학(주자학)이 지적 활동의 문화적·지적 자산이었다. 이 점에서 한일 양국은 사정이 비슷하다. 공통적으로 경서를 텍스트로 삼아 학문과 사상을 전개하고 이를 바탕으로 교육이 이루어졌다. 따라서 에도 시대의 교육은 조선시대의 그것과 닮은 점이 있다. 만약 서로 다른 점이 있다면 그것이야말로 일본 또는 양국의 교육문화를 생각할 때 아주 흥미로운 부분일 것이다.

이 책은 에도 시대의 관점에서 현대의 교육을 비판적으로 다루고 있지만 그렇다고 차이점만 강조하는 것은 아니다. 제도나 현상의 커다란 차이를 넘어 지금까지 이어진 눈에 보이지 않는 교육문화의 연속성이 있다는 것도 강조했다. 나는 그것을 '배움의 문화' '배움의 신체성' 등이라 생각한다. 역사의 눈으로 지금의 교육을 파악하는 관점이 신선했는지 예상 외의 독자를 얻을 수 있었다. 근대 학교는 나라를 초월하여 공통적이며 한일 두 나라는 비슷한 교육 전통을 가지고 있기 때문에 이 책의 관점은 한국의 교육을 생각하는 데도 도움이 될 것이라 생각한다. 이것이 내가 이 책의 한국어판에 기대하는 부분이다.

한국 사람들이 교육에 얼마나 열심인지는 일본에도 잘 알려져 있다. 과도한 학교 의존 경향에 대한 걱정도 그만큼 강할지 모른다. 이 책에 대한 한국 독자의 반응, 특히 비판적인 반응이 나에게 많은 것을 생각하고 배우게 해줄 것이라 기대한다.

이 책을 번역한 이기원 군은 교토대학의 내 연구실에서 공부하는 우수한 한국 유학생이다. 그는 에도 시대의 일본 유학 사상사를 동아시아 사상사 안에서 보려는 관점을 가지고 연구에 매진하고 있다. 그러던 그가 어느날 『배움의 복권学びの復権』을 한국어로 출판하고 싶다는 의사를 타진해 왔다. 이 책이 지금의 한국에서도 어느 정도 의미가 있다고 판단한 것 같다.

출판에 즈음하여 이기원 군의 은사이면서 저명한 사상사 연구자인 이광래 교수님의 도움을 받았다고 들었다. 이광래 선생님의 배려에 감사드린다. 그리고 책의 출간을 맡아준 출판사 지와 사랑에도 감사를 드린다.

2008년 6월 22일

츠지모토 마사시辻本雅史

| 머리말 |

일본 교육문화의 뿌리, 체득형 학습

　심리학자 아즈마 히로시東洋의 일본과 미국의 자녀교육 비교 연구를 소개하는 것으로 시작하겠다. 아즈마 연구팀은 1970년대에 약 10년간에 걸쳐 미국 연구팀과 함께 일본과 미국의 가정교육과 교육 방법에 관한 비교 연구에 몰두했다. 아즈마 히로시에 의하면 일본 어머니와 미국 어머니는 자녀교육에서 아주 분명한 경향 차이를 보였다고 한다. 실험은 다양한 방식으로 진행되었는데, 결론부터 말하자면 미국 어머니는 주입형 교육을 하는 데 반해 일본 어머니는 체득형 교육을 한다고 할 수 있다 (아즈마 히로시, 『일본인의 예절과 교육』).

　여기서 주입형이라든지 체득형이라는 것은 대체 무슨 말인가? 그들이 했던 실험과 그 결과를 소개하면서 차이를 설명해보겠다. 실험은 집짓기 놀이에 쓰는 여러 종류의 블록을 앞에 놓고 어머니가 아이에게 형태나 특징 등의 일정한 원리에 따라 블록을 분류하는 작업을 가르치는 것이었다. 이때 가르치는 방법을 비교해 보면, 대체로 미국 어머니는 아이에게 분류 요소를 언어로 하나하나 일러주고 일일이 언어로 확인하면서 가르친다. 언어에 의한 분석적이고 조직적인 교육 방법이다. 반면에 일본 어머니는 언어에 의한 가르침보다는 우선 어머니 자신이 실제 행동으로 보여주고 난 뒤 그대로 따라하게 한다. 잘 되지 않으면 다시 보여주고 아이에게 도전하게 하는 과정을 반복한다. 말로 하는 것은 오직 "노력해봐라" "그렇지, 역시 똑똑하구나!" 하는 격려의 말 정도이다. 언어로 의미나 이론을 이해시키기보다는 직접 자신이 해 보이는 실천적인 교육 방법이 일본 어머니의 방법인 것이다.

미국에서는 언어로 표현하고 분석하여 알게 하는 방법, 즉 지식을 가진 어머니가 권위를 가지고 아이에게 그 지식을 전수하는 방법을 사용한다. 이것을 아즈마는 '주입형'이라고 이름붙였다. 일본 어머니는 시범을 보여주면서 아이에게 어떻게 하면 좋은지를 발견하게 한다. 권위로 지식을 전수하는 것이 아니라, 할 수 있다는 어머니의 바람이 아이에게 스며들게 하고 아이가 그것을 원동력으로 삼아 열심히 시도하는 것이다. 일본 어머니의 특징적인 이 교육 방법을 아즈마는 '체득형'이라고 명명했다(아즈마 히로시, 『일본인의 예절과 교육』). 그것은 글자 그대로 '보고 익히는' 교육 방법이다. 더욱 재미있는 사실은 이렇게 방법에 커다란 차이가 있음에도 불구하고 두 나라 아이들이 과제를 달성하는 데 걸리는 시간은 거의 차이가 없었다는 점이다.

근대 이후에 시작된 학교 교육은 말할 것도 없이 주입형 교육 원리에 서 있다. 아즈마 히로시의 글에서 예를 들어보자.

'주입형'은 기본적으로 아이들이 가르침을 통해 배운다는 것을 전제로 한다. 가르치는 자와 배우는 자가 서로 마주 대하는 의도적인 교수법이다. 여기에는 '가르치는 자(교사)'와 '배우는 자(학습자)'의 역할이 확실하게 구분되어 있다. 여기서 가르치는 자는 필요하다고 판단되는 지식과 기능을 가지고 있으며 가르치기 위한 커리큘럼도 갖고 있다. 배우는 자는 그 지식과 기능을 가지고 있지 않기 때문에 그것을 배울 필요가 있다. 이 차이로부터 양자 간에 권위와 수용의 관계가 발생한다.

여기서 '가르치는 것'과 '배우는 것'의 관계를 연결시키는 수단은 '언어'이다. 교사는 언어로 개념을 전달하고 언어로 방법을 설명한다. 학습자도 그것을 언어로 이해하고 확인하는 과정에서 주입형이 성립된다. 이것이 미국 어머니의 기본적인 태도인데 현대의 학교 교육이 따르고 있는 원리와 다르지 않다.

한편 체득형에 대하여 아즈마 히로시는 이렇게 말한다.

이에 반해 체득형은 모방 및 환경이 갖는 교육 작용에 의존한다. 환경이 정비되어 있고 좋은 모델이 있으면 아이는 '자연스럽게' 배운다고 생각한다. 여기서 말하는 환경이란 물질적인 환경도 포함되지만 보다 중요한 것은 인적 환경이다. 사람과 함께 여러 가지 행동을 하는 동안 사람, 사람이 갖고 있는 지식, 기능, 생각에 대하여 자연스럽게 배우게 된다. "절간 옆에 사는 아이가 경을 읽는다."와 같은 것이다. (아즈마 히로시, 『일본인의 예절과 교육』)

그런데 아즈마의 비교 연구에 의하면 '모방模倣과 숙달熟達[원래는 '배우고 익혀 숙달한다'는 의미의 '습숙習熟'이라는 말이지만, 한국어판에서는 '숙달'로 옮겼다]' 전략을 취하는 일본 어머니는 미국 어머니에 비해 취학 전 아이에게 특별히 공부를 가르치려 하지는 않는다. 문자나 숫자를 직접 가르치는 것을 피하고 오직 보다 좋은 환경을 제공하는 데 세세한 배려를 한다는 것이다. 의도적으로 가르치지 않더라도 아이는 자신이 처한 환경을 통해 배우게 되어 있다. 아이는 주변 사람들을 따라 하거나 어른들에게 끊임없이 묻는 것으로 지식을 얻는다. 이것이 일본의 체득형 교육을 지탱해주는 학습관이다. 또한 맹자의 어머니가 보다 나은 교육 환경을 마련하려고 세 번이나 이사하여 마지막에는 학교 앞에 정착했다는 '맹모삼천'도 이 모방과 숙달형 교육관이다. 중국에서 맹모삼천이 유명한 것은 일본뿐 아니라 중국에서도 체득형 교육관이 주류를 이루었음을 말해 준다.

이 책에서는 가르치는 자와 배우는 자의 관계 방식에 주목한다. 주입형에서는 가르치는 자와 배우는 자의 역할이 분명하게 구분되어 있다. 어머니와 아이, 교사와 학생은 분명하게 선이 그어진 서로 마주 보는 관계이다. 근대 이후의 학교에서는 일정

연령의 아이들에게 대량의 지식을 가르쳐야만 했다. 한정된 시간에 대량의 지식을 가르치기 위해서는 지식을 일정한 질서 체계로 조직하여 효율적으로 주입할 필요가 있다. 그러기 위해서는 이러한 역할이 분명하게 나누어진 주입형 교육이 필요하다.

그러나 체득형에서는 양자의 역할이 아주 모호하다. 일본의 어머니는 가능한 한 가르치는 자의 지위를 피하려고 한다. 어머니는 여러 가지 사물을 아이에게 직접 가르치지 않는다. 오히려 반대로 '학습자', 즉 아이의 입장에서 아이와 함께하려고 한다. 아이와의 관계를 '가르치고 배우는' 마주 서는 관계가 아니라 밀접히 공생하는 관계를 맺으려 한다. 어머니는 스스로가 학습자(아이)의 좋은 모델이 되는 것으로 아이에게 좋은 환경의 일부분이 되어주려 한다. 혹은 본래 가르치는 자인 어머니가 학습자의 입장에서(말하자면 아이 옆에 붙어서) '아이가 배우려는 것을 가르친다'고 말할 수도 있다. 아즈마 히로시는 이러한 체득형 교육은 옛날에도 있었다고 한다. 이미 무로마치 시대[1] 제아미世阿弥의 노가쿠[2] 이론서인 『화전서花伝書』에서도 인정하고 있으며,

---

[1]_무로마치 시대室町時代: 1336년 아시카가 다카우지足利尊氏(1305-58)가 교토 무로마치에 막부를 설치한 후 1573년 오다 노부나가織田信長(1534-82)가 쇼군인 아시카가 요시아키足利義昭(1568-88)를 추방하기까지 약 240년간을 말한다.

[2]_노가쿠能樂: 일본 전통 연극의 하나. 사루가쿠猿樂(사람이나 사물을 익살스럽게 흉내 내는 골계미 위주의 예능으로 남을 흉내 낸다는 의미에서 원숭이, 즉 사루라는 말이 붙여졌다)에서 발전한 가무극

내제자[3] 제도라는 전통적인 예능 교육 시스템도 체득형 교육과 다르지 않다고 한다.

나도 아즈마의 의견에 기본적으로 찬성한다. 체득형이라는 교육 모델이 일본의 모든 전통적인 학습장에서 교육과 학습의 원리로 살아있었다고 이전부터 생각해왔다. 이러한 생각을 바탕으로 이 모델이 일본의 전통적인 '학습 문화'라는 관점에서 다음과 같은 부분을 생각해 보려고 한다.

첫째, 근대 학교가 보급되기 이전 일본인은 도대체 어떻게 학습해 왔는가? 이 책에서는 주로 에도 시대[4]의 다양한 학습장과 그곳에서 실시된 학습 실태, 학습의 방법을 구체적으로 밝힌다. 에도 시대의 학습장이라고 하면 '데나라이[5]쥬크[6]'(데라코야[7])나 번교[8]를 떠올릴 것이다. 데나라이쥬크에서의 데나라이 학습,

---

3_내제자内弟子: 스승의 집에 거주하면서 집안 일 등을 도우며 배우는 제자
4_에도 시대江戸時代: 1603년 천하를 통일한 도쿠가와 이에야스德川家康가 쇼군将軍이 되어 에도에 수립한 막부幕府 정권. 1867년까지 265년간 지속되었으며 일본의 근세에 해당한다. '에도 막부'라고도 한다.
5_데나라이手習: 문자를 쓰는 연습, 습자의 일종
6_쥬크塾: 오늘날의 쥬크는 어린이들을 가르치는 사설 학습기관으로 주로 학교 수업의 보충이나 진학을 위한 교육을 한다는 점에서 일종의 보습학원에 해당된다. 에도 시대의 데나라이쥬크는 조선시대의 서당과 비슷하지만 사서오경 등 유학을 주로 학습한 서당에 비해 일상생활에 필요한 내용을 학습했다.
7_데라코야寺子屋: 데나라이쥬크를 이렇게 부르기도 했는데 절(寺)('데라でら')에서 승려들이 시작했기 때문이다.
8_번교藩校: 에도 시대의 각 번藩(1만 석 이상의 소출을 내는 영토를 가진 영주 다이묘의 영지와 그 지배 기구)에서 번의 자제들을 교육하기 위해 설치한 학교

번교나 가쿠몬쥬크[9]에서 유학을 학습하는 과정과 방법은 구체적으로 어떠했을까? 예능 교육의 내제자 제도나 직인職人, 상인의 도제제徒第制 교육, 농촌 등지의 서민생활 공동체에서의 민속교육 등 지금보다 학습장은 훨씬 다양했다. 그러한 다양한 학습 속에서 '학습의 원리', 특히 체득형 모델이 어떻게 기능했는가를 살펴볼 것이다.

둘째, 체득형(모방과 숙달) 학습 문화는 일본 사상가들에 의해 어떻게 설명되고 어떠한 논리로 체계화되었는가? 아즈마가 보여 주는 것처럼 만약 체득형이 옛날부터 일본 사회에 광범위하게 퍼져 있던 교육 방법이라면 누군가가 어떤 형식으로든 언급하지 않았을 리 없다. 만약 누군가가 체계적으로 혹은 '학문적'인 배경을 가지고 언급했다면 그것을 일본의 전통사회에서 생성되어온 교육사상이라 해도 무리는 없다. 나는 일본 역사 안에 체득형 모델이 풍부하게 존재하고 있었다고 본다. 그것이 일본의 교육 전통일 것이다. 그렇다면 좋든 나쁘든 간에 이를 분명하게 살펴보는 데서 출발해야 한다.

그러나 지금까지 일본의 교육학은 일본의 교육적 전통이나 사상에 무관심하거나 냉담한 자세를 취해왔다. 교육학은 근대 유럽에서 탄생한 학문으로 근대 서양의 지식 문화에 뿌리를 두고 있다. 그렇기 때문에 교육학은 근대 서양의 지식 구조나 체

9_가쿠몬쥬크學問塾: 유학을 배우기 위해 찾아온 제자와 스승이 숙식을 함께하면서 이룬 학문 공동체

계에 포함된 것에만 관심을 기울여 왔다. 그렇지 못한 것은 발전에 뒤떨어진 봉건적인 것으로 치부했다. 게다가 그 배후에 유교 사상이 있으면 그것만으로도 케케묵은 봉건 사상이라고 생각했다. 그러나 에도 시대의 교육은 에도 시대(근세)라는 일본 사회의 맥락 안에서 그 의미를 생각해야 한다. 그 위에 근대[메이지 시대부터]의 지식 체계나 현대의 교육적인 여러 측면을 비교하고 이를 토대로 논의할 필요가 있다.

나는 이 책에서 근세 초기의 유학자인 가이바라 에키켄貝原益軒의 학문과 사상 안에 모방과 숙달의 교육 사상이 아주 분명한 형태로 제시되어 있다는 점을 강조하려 한다. 물론 그것을 떠받치고 있는 커다란 사상적 의미와 사회적으로 광범위하게 퍼져 나간 현상에도 충분히 유의할 것이다.

그러나 가이바라 에키켄이 아니면 전통적인 교육 논리를 그릴 수 없다고 보는 것은 아니다. 사실 근세 사상가들의 저작 중에는 교육과 학습에 관한 다양한 형태의 훌륭한 저서들이 많다. 예를 들어 오규 소라이荻生徂徠의 탁월한 학문론도 이 책에서 말하려는 학습 문화에서 의미하는 바가 크다. 야마가 소코오山鹿素行나 에무라 홋카이江村北海, 모토오리 노리나가本居宣長 등에서도 교육에 대한 어느 정도 풍부한 사상적 가능성을 발견할 수 있다. 에키켄은 『화속동자훈和俗童子訓』이라는 책을 썼는데, 이 책은 에도 시대의 교육을 다룬 본격적인 교훈서이다. 뿐만 아니라 책에서 전제로 하고 있는 교육의 체계가 아주 분명한 형태로 제시되어 있다. 따라서 에키켄의 교육 사상을 추출하여 그 것을 하나의 기준으로 삼아 근세 일본의 다양한 학습과 교육이 이 기준에 어느 정도 부합하는지 생각해보려 한다. 이러한 것으 로부터 자연스럽게 발견되는 것을 '학습 문화'라 부르고 싶다.

셋째, 에키켄의 교육 학습 사상을 통해서 체득형 학습 문화 는 어떠한 특징을 갖는지, 그리고 그것은 과연 어떤 가능성을 가지고 있는지 생각해보고 싶다. 특히 '입지立志' '신체적인 모방 과 숙달 학습' '스스로 공부하는 문화' '자기(자아) 형성의 문화' 라는 특징을 중요하게 다룰 것이다. 그것은 또한 에키켄을 벗어 나 일본 학습문화 맥락에서도 어떤 의미를 가지며 사회적으로 퍼져 나갔는지를 생각해보는 계기가 될 것이다.

넷째, 아즈마의 연구가 보여준 체득형 교육 원리는 현대의 가정에서 관찰된 교육 방법이다. 이처럼 전통적인 학습 문화가 단순히 과거에만 의미가 있는 것은 아니다. 지금까지도 의미를 갖기 때문에 '전통'인 것이다. 현대 일본은 사회 구석구석에 '학 교에서 만들어진 원리'가 깊이 침투해 있다는 점에서 '학교화 사회'라고 부른다. 학교화된 사회에서 전통적인 학습 문화는 어 떤 형태로 어떠한 의미를 가지면서 스며 있는 것일까?

주입형 교육을 원리로 하는 현대의 학교 교육에서 일본의 전통적인 체득형 교육은 사라져 버린 것일까? 나는 우리가 깊이 인식하고 있지는 못하지만 지금의 학교 교육에도 일본의 체득 형 학습 문화의 전통이 살아 있다고 생각한다.

달리 말하면 지금의 교육을 에도 시대의 눈으로 본다면 어떻게 비칠까 하는 것이다. 역사의 눈으로 현재를 봄으로써 다른 것으로는 보이지 않던 것을 투시하는 힘을 가질 수가 있다. 이렇게 본 특징을 하나하나 드러내면 어떻게 될까? 물론 그러한 작업으로 지금의 학교 교육 문제의 엉킨 실타래를 한 번에 풀 수 있는 방안이 나오지는 않더라도 실마리는 얻을 수 있을 것이다. 적어도 지금 학교나 교육이 안고 있는 문제를 다양한 각도에서 조망해 볼 수 있지 않겠는가?

이 책은 교육의 문제를 역사와 문화의 관점에서 생각하려는 하나의 시도이다.

제1장

데나라이쥬크의 학습

1 데나라이쥬크란 무엇인가

데나라이쥬크와 데라코야

'데나라이쥬크手習塾'란 말 그대로 습자(문자를 쓰는 것)를 가르치기 위한 글방이다. 쥬크는 오늘날 학원처럼 개인이 운영하는 소규모의 교육시설이나 학습시설이라 보면 된다. 데나라이쥬크라는 용어가 약간 생소할 것이다. 지금까지는 일반적으로 '데라코야寺子屋'라는 명칭에 더 익숙해져 있다. 그러나 학술적으로는 데나라이쥬크라는 말이 역사적 성격을 보다 정확히 반영하고 있다. 이 명칭에 대해서는 2장 '가쿠몬쥬크學問塾란 무엇인가'에서 다시 다루므로 여기서는 간단히 설명하겠다.

에도 시대에는 데라코야라는 표현이 일반화되지 않았다. 호칭이 너무나 다양해서 통일된 용어가 없었던 것이다. 실제로 사용된 호칭들을 들면 '히츠도시난죠筆道指南所' '히츠도케이코죠筆道稽古所' '유히츠시난죠幼筆指南所' '히츠가쿠죠筆學所' '슈세키시난죠手跡指南所' '데나라이도코로手習所' '데나라이코야手習子屋' '데라야寺屋' '쥬보쿠도시난죠入木道指南所' 등이다(『유신전 동경시 사립소학교 교육법 및 유지법 조사서』, 하루야마 사쿠키, 「에도 시대의 교육」, 이시카와 겐, 『데라코야』, 다카하시 준조, 『일본 교육문화사』 등).

이 가운데 데라코야, 데라야를 제외하면 모두 습자를 가르친다는 의미라는 데 유의할 필요가 있다. 즉 데나라이쥬크는 아이에게 습자를 가르치는 학원이라는 본래 기능을 그대로 호칭한 것이다. 반대로 말하면 습자 학습을 병행하지 않는 쥬크는 지금까지 불러왔던 '데라코야'가 아니며 그렇다고 '데나라이쥬크'도 아니다. 즉 습자를 가르치는 것이 데나라이쥬크(데라코야)의 본질이다.

그러면 근세에는 데라코야라는 용어가 사용되지 않았던 것일까? 앞에서 말했듯이 그렇지는 않다. 다만 가미카타上方(간사이, 오사카, 교토 등) 지방에 주로 한정되어 사용되었다. 그러다가 데라코야라는 말이 비교적 광범위하게 유포된 계기가 있었다. 그것은 다케다 이즈모竹田出雲가 만든 조루리[1]의 명작 '스가와라가가 전하는 데나라이의 거울'[2]의 보급이었다. 이 공연 제4막의 제목이 '데라코야'였다. '스가와라가가 전하는 데나라이의 거울'은 1746년 조루리로 초연되어 큰 인기를 얻었다. 그리고서 가부키[3]에도 도입되면서 서민들에게 호평을 받았다. 이 가부키의 보급으로 데라코야가 간사이 이외의 지방에서 사용되기 시작했다 (오토타케 이와죠, 「데라코야의 변천사」).

그렇지만 1888년 무렵(메이지 20년대)에 편찬된 『일본 교육

1_조루리浄瑠璃: 샤미센 반주에 이야기가 동반된 음악의 일종으로 무로마치 시대에 발생했다. 반주 없이 이야기를 전개한 '조루리히메 모노가타리浄瑠璃物語(조루리 이야기)'가 유행하면서 조루리라 부르기 시작했다.

2_스가와라가가 전하는 데나라이의 거울菅原伝授手習鑑: 학문의 신으로 칭송되는 스가와라노 미치자네菅原道真(845-903, 헤이안 시대 중기의 학자)를 소재로 한 것으로 전체 5막(막의 구분은 단段)으로 구성되어 있다. 가부키의 3대 걸작 중 하나이다.

3_가부키歌舞伎: 에도 시대 서민 문화로 성립한 연극. 노, 인형 조루리와 함께 일본의 3대 고전극에 속한다.

사 자료』 제7권 4항에 "지금도 간사이 지방에서는 서로 데나라이 선생이라고 부르며 데라코야라 호칭하는 모양"이라고 기록된 것으로 보아 그 이후에도 [널리 유포되기는 했지만 전국적으로 사용되지는 못하고] 간사이 지방에 한정되었음을 보여준다. 간사이 지방에는 비교적 역사가 오래된 사원이 많았으며 중세에는 사원이 서민 교육의 장이었다. 데라코야라는 명칭이 간사이 지방에 한정되어 사용되었던 것은 절[데라]과 서민 교육의 역사적인 연결고리가 얼마나 깊었는지를 짐작하게 한다.

데나라이쥬크의 보급

데나라이쥬크는 에도 시대에 얼마나 보급되었을까? 이 문제는 에도 시대 식자율識字率과 관련되기 때문에 관심의 대상이었고 연구자들 사이에서도 일찍부터 논란이 되었다. 그러나 데나라이쥬크의 보급은 정확한 산출이 거의 불가능하다.

우선 지역에 따라 그 양상이 아주 다르다. 보급률 역시 지역차가 크다. 문자의 필요성이 높은 도시에서는 이른 시기부터 데나라이쥬크가 보급되었으며 쥬크의 경영이나 교육 내용도 잘 갖추어져 있었다.

또한 시대에 따라 사정도 다르다. 생각해보자. 메이지 유신[4]

4_메이지 유신明治維新: 19세기 후반 일본의 메이지 천황 때, 에도 막부江戶幕府를 무너뜨리고 중앙 집권 통일 국가를 이루어 일본 자본주의 형성의 기점이 된 변혁의 과정

부터 약 140년이 흘렀다. 그동안 사회는 너무도 빠르게 변했다. 그런데 에도 시대는 그 두 배에 해당하는 260년 이상 지속되었다. 이러한 사실을 잊은 채 우리는 이 기간을 '에도 시대'라는 하나의 관념으로 묶고 당시 사회를 단편적으로 이해하려는 경향이 있다. 근대 이전의 사회 변화가 느렸다고는 해도 3세기에 가까운 에도 시대의 전기와 후기는 아주 다른 모습이었을 것이다. 데나라이쥬크의 보급도 에도 시대 전기에는 도시에 치중되었다. 그러나 후기가 되면 도시건 농촌이건, 도호쿠東北나 규슈九州를 막론하고 아이들이 걸어다닐 수 있는 가까운 곳에 데나라이쥬크가 있었다. 에도 후기에는 그 정도로 데나라이쥬크가 널리 보급되었던 것이다.

왜 서민은 문자를 배워야 했는가

데나라이쥬크가 광범위하게 보급된 것은 문자를 읽고 쓸 수 있는 사람이 급격히 증가했음을 의미한다. 에도 시대 이전에도 식자율이 어느 정도 늘어난 것은 틀림없다. 그러나 데나라이쥬크라는 서민의 문자 학습의 장이 전국적으로 보급된 것은 그때까지와는 질적으로 전혀 다른 역사 현상이다. 특히 18세기 후반 이후부터는 글을 아는 서민이 비약적으로 늘어났다. 그것은 그대로 메이지 유신의 소학교 교육의 보급으로 연결되는 토대가 되었다. 19세기는 교육이 폭발적으로 일어난 시대인데 18세기에 일어난 식자율의 비약적인 상승은 19세기 '교육폭발'의 서막을 알린 것이었다.

그렇다면 왜 에도 시대에는 사람들이 문자를 배우려고 한 것이었을까? 한마디로 에도 시대는 문자를 모르면 손해 보는 사회였기 때문이다.

에도 시대는 '병농분리'의 사회였다. 무사는 농촌의 생산에서 벗어나 도시에 사는 지배 계급이었다. 도시에 모인 소수의 무사가 법령이나 문서 없이 농촌(어촌과 산촌 포함)을 지배하는 것은 불가능했다. 문자라는 매체에 의한 정치적 지배가 이루어진 것이다. 즉 위로부터의 법령 유는 문서나 공고문(후레가키[5]) 등으로 작성되었기 때문에 민중은 문자를 모르면 누군가 대신 읽어주어야 했다. 필요한 많은 정보들이 문자를 매개로 하는 사회가 된 것이다. 위로부터의 공고문만이 아니었다. 철저한 문서주의를 표방한 행정을 실시했기 때문에 상부 보고나 소송, 신청, 진정 등도 모두 문서 형태가 아니면 행정기구가 받아주지 않았다.

무사는 농촌에 살지 않는 것이 원칙으로 농촌의 행정은 마을 자치로 시행되었다. 세금도 무라우케 제도[6]를 실시했기 때문에 세금의 할당이나 셈 등 고도의 계산 능력이 없으면 부정이나 손해도 알지 못했다.

5_후레가키触書: 막부가 관청 등에 제시한 단행 법령을 닷시達, 보다 넓은 영역으로 전달하는 법령이 후레触였다. 근세 초기에는 구두 전달이 중심이었지만 서서히 문서 전달이 주가 되었으며 문서의 형태를 띤 것을 후레가키라고 한다.

6_무라우케 제도村請制: 에도 시대의 농민 지배 시스템. 세금이 마을 단위로 부과되고 각 호마다 할당되는 세금을 마을이 자치적으로 정하는 제도.

에도 시대는 세금을 쌀로 납입하는 고쿠다카 제도[7] 사회였다. 다이묘[8]의 생활은 농민이 납입한 쌀의 환금에 의존했다. 그렇기 때문에 대량의 쌀을 상품화하기 위해서는 전국 규모의 유통 시스템이 발달되어야 했다. 그것은 도시의 팽창과 전국 규모의 화폐 경제 발달을 가져왔다. 농민도 도시의 수요에 응하기 위해 상품 작물을 생산하면서 상인들과 접촉하는 기회가 증가했다. 따라서 점차 화폐 경제가 농촌에 침투하게 된다. 화폐 경제는 민중의 문자 해독, 계산 능력을 필요로 했는데, 그것을 모르면 손해를 입게 된다. 또한 관개용수나 논의 개간도 농민 스스로 해야 하는 경우가 늘어나 측량이나 토목 지식도 필요하게 되었다. 여기에는 고도의 수학적 지식이 요구된다. 일본 고등 수학의 개척자로 알려진 세키타카 가즈關孝和로 대표되는 일본 수학和算[에도 시대 독자적으로 발달한 수학]의 발달도 이러한 배경과 관련이 있다. 또한 팽창된 도시의 생활은 화폐 경제의 발달을 가져왔으며 상인들이 글을 알고 계산하는 능력 없이는 일을 할 수 없게 되었다는 것을 알 수 있다.

이렇게 보면 에도 시대가 되어서야 읽기, 쓰기가 보급되었다기보다는 에도 시대 초기에 이미 상당수의 식자층이 존재했다고 보는 것이 타당하다. 즉 처음부터 읽고 쓰며 계산하는 능

7_고쿠다카 제도石高制: 토지의 농업생산량을 쌀 수확량으로 환산하여 파악하는 방법
8_다이묘大名: 에도 시대 쇼군과 직접적인 주종관계에 있던 무사들로 막부에서 주로 1만 석 이상의 영지를 받았다.

력이 없으면 불이익을 당하는 사회 시스템이었던 것이다. 그래서 에도 시대의 민중은 가능한 한 읽기, 쓰기, 주산을 배우는 데 열을 올린 것이다.

2 데나라이쥬크의 학습법

입문과 사제 관계

데나라이쥬크의 학습법에 주목해보자. 데나라이쥬크 학습의 특징은 개별 학습과 지도, 그리고 자습에 있다.

보통 7~8세 정도가 되면 데나라이쥬크에 다니는데 들어가는 시기는 특별히 정해져 있지 않았다. 따뜻한 햇살이 비추는 4월, 벚꽃이 활짝 편 풍경 아래 일제히 학교에 입학하는 광경은 메이지 시대가 시작되고도 한참 시간이 흐른 뒤에 나타난 것이다. 그것도 '등급제'를 폐지하고 '학년제'[9]의 도입을 전제로 한 형태였다(메이지 20년[1887] 무렵부터 일부에서 4월 입학이 시작되었다). 데나라이쥬크는 선생의 허락만 있으면 나이에 상관없이 언제든

---

9 등급제와 학년제 : 메이지 초기 일본의 초등교육제도에서 채용한 학습편성 방식. 하등소학 4년(8급)과 상등소학 4년(8급)의 4·4제가 도입되어 각 등等과 각 8급의 급級을 따와 등급제라 불렀다. 일종의 능력제인 등급제 시행으로 각자의 시험 성적에 따라 과락이 결정된다. 이후 등급과 학년이 점차 결합되면서 학년제로 변모했다. 학년제는 각 학년의 교육 과정을 마치면 자동으로 다음 학년으로 진급하는 제도로 개인의 능력과는 무관하다.

지 입문할 수 있었다. 다만 에도에서는 관습적으로 2월의 첫 번째 오일午日[12간지 중 7번째 해당하는 날]을 택하여 데나라이 선생의 제자로 입문하는 경우가 많았다고 하는데, 물론 이것도 그러한 경우가 비교적 많았다는 데 불과하다. 대개 정장을 한 어머니가 아이를 데리고 부채 두 장과 입문료에 해당하는 속수束脩를 가지고 인사를 하는 것으로 사제 관계가 시작된다(이외에도 찰밥이나 술과 안주, 과자 등의 선물을 가지고 가는 경우도 있었다). 속수는 정해진 액수 없이 부모와 선생 간에 사전 조율을 하지만 그 집의 경제력이나 신분에 준하여 정했다. 퇴숙할 연령이나 시기도 자유였다. 해당 학생이나 부모의 의지가 선생의 의지보다 우선시되었다.

데나라이쥬크에 다닌다는 것은 어느 데나라이 선생의 제자가 된다는 것을 의미하지 데나라이쥬크라는 교육 기관에 입학한다는 뜻은 아니었다. 학문을 하는 경우에도 마찬가지로 어느 선생의 제자로 들어갈지는 배우는 쪽(실제로는 배우는 아이의 보호자)의 의지로 결정하였다. 선생의 인격, 서도의 유파, 글솜씨, 사람들의 평판 등을 여러모로 고려했을 것이다. 3장에서 구체적으로 다루겠지만 가이바라 에키켄은 데나라이 선생을 올바로 선택하는 것이 학습에서 가장 중요하다고 생각했다. 에키켄은 선생에 대한 신뢰감이야말로 교육과 학습 활동의 가장 기본적인 조건이라고 본 것이다. 또한 에키켄은 글솜씨나 학식이 어느 정도인가, 훌륭한 인격을 갖추었는가를 첫째 조건으로 들고 있다.

즉 데나라이쥬크의 학습과 교육은 충분한 신뢰 아래 선생과 아이와의 일대 일 사제 관계, 즉 개별적인 인간관계를 바탕으로 이루어졌다. 다시 말하면 교육 기능으로서의 쥬크가 아니라 신뢰할 수 있는 선생과 제자, 인간과 인간의 교육관계가 성립된 장으로서 쥬크가 존재했다고 할 수 있다. 교사와 아이의 관계는 결코 제도적인 관계가 아니라 신뢰와 존경으로 맺어진 인격적이며 개인적인 관계였던 것이다.

데나라이쥬크의 일상

데나라이쥬크의 일상적인 학습 풍경을 보여주는 사료를 두 가지 들어보겠다. 하나는 에도 막부 말기에 실제로 데나라이쥬크에서 공부한 사람들을 청취한 기록을 근거로 1892년에 편찬한 데나라이쥬크의 보고이다. 또 다른 사료는 야마가와 기쿠에山川菊榮가 어머니로부터 막부[10] 말기 미토 번水戶藩[지금의 이바라키 현의 중북부 지역]의 데나라이쥬크에 대해 듣고 기술한 것이다. 야마가와 기쿠에는 일본 근대 여성사를 선명한 필체로 그린 사회주의 사상가이자 활동가이다. 날카로운 여성 해방론 저작이 유명하며 대중적인 수필도 많이 썼다. 그녀가 사회주의자인 야

10_막부幕府: 1192-1867년까지 쇼군을 중심으로 한 일본의 무사 정권. 천황은 상징적인 존재가 되고 쇼군이 실질적인 통치권을 가졌다. 1192년에 미나모토 요리토모源賴朝가 가마쿠라鎌倉에 최초의 막부를 설치한 이래 무로마치室町 막부와 도쿠가와德川 막부를 거쳤다. 여기서는 도쿠가와 막부, 즉 에도 시대를 가리킨다.

마가와 히토시山川均의 부인이라는 사실도 잘 알려져 있다.

수업 시간은 매일 6~7시간 정도인데, 예컨대 오후 4시 무렵까지 일 경우 거의 8시간에 이른다. 긴 수업 시간은 놀라울 정도이다. 매일 아침 출석하면 바로 데나라이를 시작하기 때문에 수업 시간은 특별히 몇 시부터라고 정해진 것이 없다. 그러나 5시(지금의 7시 반 무렵)에 시작하여 8시(오후 2시 무렵)에 끝나는 것이 보통이다. 즉 지금의 6시간 수업에 상당하지만 5시 이전에 출석하는 학생이 적지 않기 때문에 실제로는 7시간 이상이나 된다. (『유신 전 동경시 사립소학교 교육법 및 유지법 조사서』)

여자 아이들도 만 6세가 되면 데나라이 선생의 제자로 들어갑니다. (중략) 야마가와 기쿠에의 어머니 치세千世가 선택한 선생님은 아이가 있는 주부로 수업 내내 교실에 있지는 않았습니다. [선생님이 아이들에게] 데혼[11]을 써서 나누어 주면 여자 아이들은 검고 칙칙한 연습장에다 데나라이를 합니다. 때때로 선생님이 청서淸書[깨끗이 베껴 쓰기]를 시켜보아 괜찮으면 또 다음의 데혼을 나누어 주었습니다. 여름이건 겨울이건 아침 일찍 도시락을 지참하여 정오 무렵까지 오직 데나라이, 데나라이, 데나라이뿐입니다. 휴식 시간도 없으며 노래 부르는 시간도 체조 시간도 없이

11_데혼手本: 글씨본. 글씨나 그림을 그릴 때 모범으로 삼는 것으로 데나라이쥬크의 교재로 사용했다.

큰 아이 작은 아이 할 것 없이 오직 데나라이뿐인 것은 남자 아이들이 다니는 쥬크와 같습니다. 싫증이 나면 자기가 알아서 쉬거나 놀다가 또 데나라이를 시작합니다. (야마가와 기쿠에)

쥬크는 정치적 사회적으로 어떤 규제도 없이 자유로웠다. 그렇기 때문에 모든 쥬크의 학습 풍경이 같다고 할 수 없으며 쥬크마다 차이가 있었다. 그러나 그런 차이를 넘어 일정한 학습 문화가 공통적으로 흐르고 있었다는 것에 주목하고 싶다. 위의 두 사료를 참고하면서 학습 풍경과 그 특징을 살펴보려 한다.

등교 준비

아침 등교 시간. 앞에서 인용한 것처럼 아침 몇 시에 등교하는지 그 시간은 정해져 있지 않았다. 각자 가정의 생활시간 안에서 아침식사를 마치는 대로 등교한다. 즉 등교 시간은 사정에 따라 달랐다. 근대에는 학교가 일정한 시간을 정하고 아이들이 이에 맞춰 등교하는 방식이 의문의 여지 없이 당연하게 받아들여졌다. 다시 말해 근대가 되면서 아이와 부모는 학교 시간에 맞춰 자신들의 생활시간을 결정해야 했다. 반대로 에도 시대에는 각자 집안의 생활시간이 기준이 되고 우선시되었다. 쥬크의 입장에서 보면 시간 개념은 상당히 자유로웠다. 나쁘게 말하면 제멋대로였다.

어떻게 이런 일이 가능했을까? 생활시간은 그 집안의 생업과 밀접히 관련되어 있다는 기본적인 사정이 깔려 있었을 것이다. 가업에 따른 생활 리듬에 아이들의 생활도 크게 좌우되었다. 그러나 그것보다는 역시 학습법의 차이에 기초한 면이 크다. 쥬크의 학습은 한 사람 한 사람의 개별 학습으로 이루어졌다. 따라서 등교 시간을 정해놓을 필요가 없었다. 지금의 학교 수업은 일제수업―齋授業 시스템으로 등교 시간이 제각각이면 수업이 이루어지지 않는다. 아이가 학교 수업 시간에 맞출 수밖에 없다.

데나라이쥬크의 시간문제를 좀 더 살펴보자. 단순히 시간의 문제 그 자체로 끝나는 것이 아니라 그 바탕에 교육을 지탱하는 기본적인 사고의 차이가 가로놓여 있기 때문이다. 근대의 학교에서는 학교가 정해놓은 시간에 맞춰 등교하고, 학습도 학교 시간에 따라 설정되고 진행된다. 교육하는 교사 측에 의해 교육과 학습이 구성되어 있다는 것을 의미한다. 일제수업은 가르치는 쪽이 정한 커리큘럼(체계적으로 이루어진 지식의 집합)을 따른다. 그것은 효율적으로 가르칠 수 있는 반면, 아이의 학습을 아이 자신이 아니라 가르치는 쪽이 정하게 된다. 즉 학습하는 아이가 교육의 객체이고, 가르치는 주체의 사정이 기본이 되는 교육으로 구성된다. 오늘날 우리는 그러한 것에 의문을 갖는 것조차 잊어버리고 이를 당연하게 받아들이고 있다.

이에 비해 에도 시대의 데나라이쥬크에서는(번교나 가쿠몬쥬크도 다르지 않았다) 각 학습자의 생활시간이 우선시되어 생활 안에서 학습이 주체적으로 구성되었다. 언제 무엇을 배울 것인지는 기본적으로 배우는 이의 의사에 달렸으며 존중되었다. 교사는 학습하는 주체의 주문에 맞춰 그 기대에 부응하는 입장을 취했던 것이다. 이렇게 보면 교육방법이 일제수업인가 아니면 개별학습인가는 단순히 가르치는 방법이나 기술의 차이로 단순화할 수 있는 문제가 아니라 교육이나 학습을 어떻게 이해할 것인지에 대한 기본적인 원리의 할제이다. 등교 시간의 차이는 이러한 기본적인 문제에 기인한다.

오우라이모노[12]라는 교재

자신들의 생활시간에 맞춰 등교한 아이들이 전날 수업을 마치면서 방 한구석에 정리하여 층층이 쌓아 둔 자신의 책상을 가져와 적당한 자리에 놓으면 그곳이 그날의 자기 자리가 된다. 이 책상은 장식이 없는 기다란 경상經床으로 대부분 책상의 뒤편에 학문의 신 스가와라노 미치자네菅原道真의 이름 '덴만텐진天滿天神'을 써놓는다. 그래서 이 책상을 '천신상天神床(덴진즈쿠에)'이라고 부른다. 또한 데나라이쥬크에는 도구를 숭배하는 천신 신앙이 전국적으로 보급되어 있었다. 책상을 놓고 그날의 자리를 정하면 거꾸로 뒤집어 놓은 천신상의 다리 사이에 두었던

12_오우라이모노往來物: 데나라이쥬크의 교재. 생활 전반에 걸친 지식을 서간문 형식으로 엮은 책의 총칭으로 왕신과 답신 한 조로 구성되었기 때문에 오우라이往來라고 부른다. 에도 시대에는 다양한 종류의 오우라이모노가 간행되어 학교 교육이 보급되는 메이지 중기까지 지속되었다. 현재 『일본교과서대계』에 집성되어 있다.

붓과 벼루를 넣은 상자를 꺼내 각자 데나라이를 시작한다.

물론 데나라이 과목(데혼)은 아이들마다 달랐다. 연령이나 학습 진도, 그 아이가 필요로 하는 영역이나 정도, 성별, 이해력에 따라 배우는 과목이 달랐다. 간단히 말해서 상인의 자녀와 농민의 자녀가 배우는 지식은 다르다는 것이다. 상인의 자녀라면 누구를 막론하고 『상업에 관한 오우라이商賣往來』에 나와 있는 지식이나 문서 형식을 아는 것이 필요하다. 농민의 자녀라면 『농업에 관한 오우라이農人往來』에 실려 있는 내용을 배우려 한다. 그러한 교재의 순서나 종류, 과정 등은 교사가 자체적으로 판단하고 아이 각각에 맞는 교재를 준비했다.

데나라이의 초보 단계에서는 교사가 한 사람 한 사람에게 직접 데혼을 써준다. 한 장의 종이에 큰 서체로 두 자나 네 자 정도를 써 놓은 것에서 시작하여 점차 글자 크기는 작고 수가 많은 데혼으로 옮겨간다. 또 처음에는 한 장이던 데혼이 학습진도에 따라 점점 늘어나서 서첩식으로 된 '접는 데혼折手本'이 되어 간다. 학습이 계속 진행되어 작은 글자로 된 장문의 데혼에 도달하면 접는 데혼으로도 부족하여 제본된 책자 형식이 된다. 책 형식의 데혼이라도 선생이 한 자 한 자 직접 쓰는 경우도 있다. 하지만 아이들의 숫자가 너무 많아지면 선생이 직접 쓸 수 없기 때문에 인쇄, 제본하여 시판하는 '데나라이혼手習本'[책으로 된 데나라이용 교재]을 사용한다.

데나라이쥬크에서 사용한 이러한 교재는 일반적으로 오우

라이모노라고 불렀다. 오우라이모노 중에서는 지금까지 서술했던 데나라이의 데혼으로 만들어진 것(쓰기를 위한 글씨본)과 읽기를 위한 책(독서용 텍스트)이 있었다. 독서용 오우라이모노는 작은 글씨로 많은 내용이 촘촘히 쓰여 있는데, 보통 한자와 히라가나를 섞어 쓴 것도 있고, 순 한문으로만 된 것도 있다. 무로마치 시대 이래 종종 사용된 『실어교』[13]나 『동자교』[14]등이 독서용 한문 텍스트이다. 여기서 말하는 독서는 소리를 내어 암송하는 것을 의미한다. 결코 묵독이 아니다. 그것은 일종의 '소독'[15] 학습이다. 유학에서 말하는 소독과의 차이는 독서 대상이 경서냐 아니냐이다. 데나라이쥬크에서 읽기, 쓰기, 주산(계산) 중 '읽기(독서)'의 대부분은 소독을 의미한다(소독에 대해서는 2장 3절을 참조).

　　그러면 오우라이모노라는 용어의 내력을 살펴보자. 애당초 서민이 문자를 학습하는 경우 어려움없이 편지 왕래를 할 수 있는가가 기준이었다. 중세에 특히 그래서 데나라이용 데혼이 모범 편지 예문집으로 만들어진 경우가 많았다. 오우라이라는 것은 편지의 왕래, 즉 왕신과 답신을 의미하는 말이다. 한 달씩 묶은 12개월분의 왕답신 편지 예문을 편집한 『12개월 오우라이

13_실어교實語敎: 오언율시 48구로 된 작자불명 아동 교훈서. 가마쿠라 시대에 만들어졌으며 면학이나 일상도덕 등을 불교적 용어를 섞어 제시했다.
14_동자교童子敎: 한문의 오언 330구로 구성된 작자불명 아동 교훈서. 인도와 중국의 고사와 격언으로 구성됐다.
15_소독素讀: 경서 본문의 의미 파악에 중점을 두기보다는 본문을 암송할 때까지 반복해서 음독으로 행하는 한문 학습법

十二月往來』같은 것이 대표적이다.

　　에도 시대에는 데나라이쥬크가 일반화된다. 사용되는 데혼도 다양해져서 편지 예문집 형식을 취하지 않는 텍스트도 많이 간행되었다. 하지만 데나라이 데혼은 역시 오우라이라는 말이 관습적으로 계속 사용되었다. 그 결과 지금도 데나라이쥬크에서 사용하는 텍스트는 형식의 종류를 떠나 오우라이모노라고 부른다. 상업에 필요한 단어류를 나열한『상업에 관한 오우라이』등이 대표적이다. 현재 확인된 에도 시대의 오우라이모노는 약 7천 종류나 된다고 한다(이시카와 마츠타로,『번교와 데라코야』). 그 가운데 전국으로 사용된 유명한 오우라이모노도 적지 않다. 규슈의 데나라이쥬크도, 도호쿠의 데나라이쥬크도 동일한 오우라이모노를 사용하는 시대가 되었다. 그것은 글쓰기의 세계에서 지역을 막론하고 공통된 언어가 성립되었음을 말해준다. 이것은 일본이 근대화하는 시점에서 중요한 의미를 갖는다.

쓰기 학습

　　데나라이쥬크에 다니는 아이들은 매일 선생님이 제시한 데혼을 책상의 왼쪽에 두고 아침부터 열심히 반복하여 연습한다. 이 학습의 구체적인 목표는 데혼을 '베껴쓰는臨書' 것, 즉 데혼에 쓰인 문자를 똑같이 흉내내어 쓰는 작업이다. 원래 '데혼'이라는 말 자체가 '손재주手'(문자를 쓰는 기술)를 배우는 '책本', 즉 데나라이의 교과서라는 의미를 담고 있다. 역사적으로 데혼이라는 말은 헤이안 시대[16]부터 사용되기 시작했다고 한다(타카하시 준죠, 『일본교육사에서의 데나라이』). 야마가와 기쿠에가 기록한 대로 데나라이쥬크에서 하는 일은 오직 데혼을 베껴쓰는 아주 단조로운 훈련을 반복하는 것이다. 그것도 장시간에 걸쳐서, 정해진 휴식시간도 없는 것이 일반적이었다. 야마가와 기쿠에의 기록에서 휴식은 각자의 자유에 맡겼다고 했는데, 그것에는 전혀 예외가 없었다. 데나라이쥬크에서 행해진 대부분의 학습은 자습으로 이루어졌기 때문이었다.

교사는 아이에게 데혼을 건네 줄 때 데혼에 써진 문자의 음과 의미도 함께 가르쳐 준다. 아이들은 그 의미를 생각하면서 혹은 그 문자의 음을 입으로 중얼거리면서 데혼을 연습한다. 따라서 데나라이의 학습을 반복하는 가운데 그 문자(텍스트)의 음과 의미도 스스로 기억하는 셈이다. 따라서 읽기는 쓰기를 하면서 부차적으로 배우게 된 것이다.

이렇게 데나라이쥬크의 학습은 문자를 읽는 것보다는 쓰는 것, 그것도 아름답고 능숙하게 쓰는 것을 제일 우선시했다. 이것은 유럽 문화와 대조적인데, 유럽의 전통에서는 문자를 쓰는 것보다는 읽는 것, 그것도 소리 내서 읽는 것을 학습의 첫째로 삼는다. 알파벳 문화에서는 문자를 소리를 내서 정확하게 읽는 것이 가장 중요한 학습이다. 이 부분을 좀 더 생각해 보면 일본과

16_헤이안平安 시대: 8세기 말 교토의 헤이안쿄平安京로 수도를 옮기는 헤이안 천도(794)에서 12세기 말 가마쿠라 막부 성립기(1182)까지 약 390년간

유럽의 언어관이나 문자관의 차이가 그 배경에 있다는 것을 알수 있다.

다시 말해 알파벳 문화권에서 언어의 본체는 발화되는 음성언어에 있다고 보았다. 문자언어는 본체의 음성언어를 기록하는 2차적인 수단에 지나지 않는다고 생각했기 때문이다. 그 때문에 텍스트에 기초한 교육은 불가능했다. 즉 교육의 기본적인 미디어는 음성언어에 있다고 생각했기 때문에 수업에서도 교사가 구두로 말하는 '강의'가 중심이 되고 학생은 교사가 행하는 강의를 암송하는 것에 학습의 중점을 두었다. 유럽 문화에서는 글씨를 훌륭하게 쓰는 작업 같은 것은 학습과는 별개의 문제라고 생각했다고 한다. 이러한 문화 속에서는 시험도 전통적으로 구두시험이 중시되고 필기시험은 부차적인 위치에 놓이게 된다(소에다 하루오, 「문자로 본 학습 문화의 비교」).

데나라이쥬크는 문자를 특별히 중시하는 문자문화 안에서 생겨난 것이다.

공통의 문자·문화의 성립

데혼은 대개 '이로하'[17] 문자를 쓰는 것에서 시작한다. 서체

17_이로하伊呂波: 가나 47문자로 구성. 히라가나와의 차이는 문자의 순서에 있다. 지금의 히라가나는 '아이우에오あいうえお'의 순서로 진행되는 데 비해 이로하는 '이로하いろは' 순서로 진행된다.

는 히라가나의 초서체로서 서법은 보통 '오이에류'[18]이다. 첫 단계부터 해서체를 배우지는 않는다. 오이에류는 가마쿠라 시대의 손엔 친왕尊円親王을 시조로 하고 중세에는 손엔류尊円流(쇼렌인류青蓮院流)라고 불렸던 일본 서도의 대표적인 유파로, 에도 막부가 공문서 서체로 채택했다. 그 때문에 여러 번藩에서도 거의 이 서법을 채택하게 되었고 민중 세계에서도 압도적으로 보급되기에 이르렀다. 서민에게 오이에류의 서법 사용을 강제한 것은 아니다. 그러나 데나라이쥬크의 대부분이 오이에류의 서법을 사용하였다. 그 결과 막부에서 민중의 세계까지 상하, 공사를 막론하고 공통된 서법이 유통되었다. 앞에서 서술한 것처럼 에도 시대의 정치와 행정은 말보다도 문자를 사용한 문서에 의해 움직였다. 오이에류의 압도적 보급은 서민의 문자 학습이 막부나 번의 문서주의 정치 시스템이 주된 이유라는 것을 암시해준다. 이러한 현상은 일본 역사상 처음 있는 일이었다.

에도 시대는 언어에서도 지방차가 심하기로 유명하여 소위 '지방 사투리'라는 방언의 구별이 아주 뚜렷했다. 지방간 언어의 차이는 학교교육이 일반화되고 매스미디어가 범람하는 오늘

18_오이에류お家流: 손엔 친왕이 만든 서체로 쇼우렌인류青蓮院流라고도 한다. 손엔 친왕(1298-1356)은 후시미 천황의 여섯째 왕자로 1310년에 친왕이 되었다. 1311년에 출가하여 이름을 손엔尊円으로 개명하고 청련원 문적青連院門跡에 올랐다. 오노노 미치카제小野道風(894-967)와 후지와라노 유키나리藤原行成(972-1028)의 서법을 연구하고 여기에 남송 장즉지張即之의 서풍을 가미하여 손엔류尊円流(青蓮院流)를 창시했다.

날에도 원만한 커뮤니케이션에 장애가 될 정도로 큰데, 에도 시대의 차이는 미루어 짐작할 수 있겠다. 그런데 에도 시대 문서에서는 서법, 문체, 문서의 형식에 이르기까지 지방차가 없었다. 문자언어는 규슈도 오사카도 에도도 도호쿠도 통일되어 있었다. 놀라운 문화현상이 아닌가?

이것이 근대 국민 국가의 형성을 위한 문화적 바탕이 되었다고 해도 지나치지 않을 것이다. 공통된 문자문화의 성립은 아주 큰 의미를 갖는다. 그리고 그것을 실현시키는 데 커다란 역할을 한 것이 바로 데나라이쥬크의 학습이었다. 또한 그 배경에는 에도 시대 상하에 모두 보급된 문서 시스템이 있었다는 것도 잊어서는 안 될 것이다.

학습의 순서

가이바라 에키켄에 의하면 데나라이의 학습은 '이로하'보다 '오십음도[일본 문자인 히라가나 오십음을 자음이 같은 것은 같은 행으로, 음운이 같은 것은 같은 단으로 배열한 표]'부터 시작하는 것이 좋다. 오십음도의 문자의 규칙이나 구조가 합리적이고 명확히 이해하기 쉽다는 것이 이유이다. 그러나 데나라이는 무슨 이유에서인지 이로하부터 시작하여 숫자를 학습했다. '일, 이, 삼 …… 십, 백, 천, 만, 억, 조, 경'을 다 배우면 간단한 한자나 숙어 학습으로 나아간다. 단순히 한자를 나열한 것이 아니라 인명, 지명의 참고서의 성격을 갖는 오우라이모노가 편찬되었다. 인명, 관직, 식물,

동물 등과 같은 일정한 테마와 관련된 한자나 숙어를 모아 편찬한 책은, '源, 平, 藤, 橋, 孫, 彦······' 등 씨명에 자주 사용되는 한자를 모은 『성씨 첫글자名頭』, 일본 전국의 지방 이름을 외울 수 있는 『일본 지방 이름 모음日本国盡』, 에도의 지명을 엮은 『에도 성내 열두방위江戸方角』 등 다양했다.

 그 다음에는 단구나 단문 연습으로 나아간다. 편지에 빈번히 사용되는 관용구를 교재로 하여 배우는 경우가 많았다. 이시카와 마츠타로에 의하면 빠르게는 1634년에 교토에서 간행된 『초학자의 문장 및 다양한 예절 교육방법에 관한 목록』이 그 예에 속한다. 이 책에는 편지의 전형적인 사례인 "아주 오랫동안 뵙지 못하였는데 찾아뵙고 싶습니다."라든지 "그 후에는 찾아뵙지를 못하였습니다. 오랫동안 인사도 없어 뜻을 거슬렀습니다." 등의 전형적인 문장이 쓰여 있다. 그 외에도 "진귀한 생선을 보내는 것으로 소인의 안부를 전합니다. 언제나 베풀어 주시는 후의가 너무나 과분할 따름입니다. 맛이라도 보시기 바랍니다." 혹은 "축하하는 뜻에서 도미 20마리, 농어 5마리, 백조 1마리, 꿩 2마리, 다시마 100장, 큰 단지 세 독을 보냅니다. 축하하는 마음의 표현일 뿐입니다." 등의 편지 예문도 있다. 이러한 예문에 따라 남에게 물건을 보낼 때 편지 쓰는 법을 배우게 될 뿐만 아니라 실제로 어떤 물건을 준비하면 좋은지 그 물건을 셈하는 법(잉어라면 콘喉, 도미라면 마이枚) 등 사소한 것까지도 배울 수 있었다 (이사카와 마츠타로, 『번교와 데라코야』). 오우라이모노에는 이런 전형적인 편지 예문이 약 50종 넘게 수록되어 있다.

　상급으로 올라가면 완성된 편지의 다양한 형식을 편집한 오우라이모노를 배운다. 특히 1년간 각 절기의 행사나 인생의 절목의 의식에 해당되는 편지를 보낼 때는 역시 정형화된 형식이 있었다. 예를 들어 연간 행사에 대하여는 연하장, 꽃놀이 초대장, 삼월 삼짇날이나 단오, 칠석, 중양절(9월 9일)에 보내는 5언 절구로 된 글, 한서 중의 방문, 연말에 보내는 서간문의 예문 등이 있고, 인생의 의례에는 가미오키[19]를 축하하는 글, 하카마기[20]를 축하하는 글, 혼례를 기뻐하는 글, 집안의 상속을 축하하는 글, 은퇴를 축하하는 글, 서거를 애도하는 글 등의 정형 예문이 편집되었다. 그 외에도 문병을 내용으로 한 글, 차용문, 죽음을 애도하는 글 등 많은 종류의 예문을 연습 혹은 암기해 갔다. 그 중에는 신부를 맞아들이기 위해 보내는 글, '이혼장'의 예문(소위 미쿠다리한[21])까지 오우라이모노에 수록되기에 이르렀다. 데나

19_가미오키髮置: 어린이가 처음으로 머리를 기르는 의식. 생사로 만든 백발의 가발을 머리에 쓰고는 정수리에 백색의 가루를 발라 축하한다. 근세에는 공가公家의 자녀는 2세, 무가의 자녀는 남자는 3세, 여자는 2세, 서민의 자녀는 남녀 3세 되는 해에 주로 음력 11월 15일에 행한다.

20_하카마기袴着: 어린이가 처음으로 하카마(옷의 겉에 입는 주름잡힌 하의)를 입는 의식으로 유년기에서 소년기로의 이행을 의미한다. 이때부터 남녀가 서로 다른 의복을 입는다. 헤이안 시대에는 주로 3세에, 근세에는 7세 되는 해 음력 11월에 시행하는 것이 통례였다.

21_미쿠다리한三行半: 3행 반의 구성으로 이혼사유와 재혼 허가문을 간단하게 써서 남편이 아내에게 주는 이혼장의 총칭

라이쥬크에서 아이들이 이혼장 쓰기까지 배웠던 것이다. 아이니까 아직 가르칠 필요는 없다는 발상은 애당초 없었다. 사회생활에서 필요한 것은 모두 배우는 것이 원칙이었다. 문자를 쓰기 위한 '예'라는 의미에서 '서례書禮'라고 생각한 것이다.

    물론 편지 외에도 사회생활에 필요한(예를 들어 증문, 계약서나 공식 문서 등) 다양한 예문을 모은 오우라이모노도 많이 출판되었다. 소위 '용문장用文章'(일용적·실용적 문장)형으로 분류되는 것이 여기에 해당된다. 그 외 독서용으로 편찬된 오우라이모노도 적지 않다. 여기서 말하는 독서란 앞서 언급한 암송을 위한 음독을 위한 것이다. 경서의 소독과 마찬가지로 체계적인 지식이나 개념적인 언어의 학습을 넘어 텍스트를 신체화하는 부류의 학습에 속한다. 주목해야 할 것은 도호쿠 지방에서 소요가 발생했을 때 작성된 소송장까지 데나라이의 데혼이 되었다는 사실이다. 『시라이와 마을의 소송장白岩目安』은 영주의 부당한 지배를 사실에 기초하여 논리정연하게 규탄하여 관아에 보낸 공소장이다. 이는 문자를 아는 것이 보다 나은 삶을 위한 커다란 무기가 될 수 있다는 것을 보여준다(야쿠와 도모히로八鍬友広, 『소송장의 오우라이모노화와 그 유포의 교육사적 의의』).

    아무튼 이러한 오우라이모노는 일상생활의 정형화된 글이나 서식, 그리고 일정한 사회적 형식으로 알고 있어야 하는 여러 지식까지 채워주었다. 데나라이쥬크에서는 간단한 문자를 암기하는 것에서부터 문자를 쓸 때 필요한 용어나 용법, 형식이나 정해진 문구 등 모든 지식을 배웠다. 그렇기 때문에 앞에서 서술한 에도 시대의 문서주의 시스템은 데나라이쥬크의 학습을 바탕으로 원만하게 기능할 수 있었다. 10세 미만의 아이들이 당시의 생활에 필요한 모든 문서나 서법의 형식을 배우고 익힌 덕분이다.

이상 살펴본 것처럼 데나라이쥬크의 학습은 일정한 데혼을 모범으로 보고 따라하여 신체적으로 획득해 가는 과정이었다. 즉 문자를 쓴다는 것에 관계된 모든 지식을 '기법'이나 '기술' 혹은 '예'로서 몸에 익히는 학습이었다. 그것도 자습을 원칙으로 했다. 이렇게 보면 데나라이쥬크의 학습은 주입형 교육이 아니라 체득형 교육(학습)이었음이 틀림없다.

스승의 역할

데나라이쥬크의 학습이 체득형이며 아이들 스스로 하는 자습을 기본으로 하고 있다면 스승의 역할은 도대체 무엇일까? 첫째, 앞에서 서술한 것처럼 아이들 한 사람 한 사람에게 적절한 데혼을 선택하거나 써준다(그 데혼은 아이가 돌아간 뒤에 써놓았을 것이다). 두 번째는 아이들이 데나라이를 하고 있을 때 자리를 돌며 좋지 않은 글씨체를 교정하거나 아이의 손을 잡고 함께 붓 놀리는 방법을 지도한다. 셋째, 어느 정도 데나라이를 시작한 시점에서 아이들에게 연습한 글씨를 제출하게 한다거나 직접 선생 앞으로 호출하여 연습한 작품을 점검하거나 지도하는 일이다. 이 경우 선생의 책상 앞에 한 사람, 학생 수가 많을 경우에는 여러 명을 동시에 앉게 하고 선생은 붓을 쓰는 방법을 지도한다. 선생은 아이와 대면하는 형태가 되기 때문에 글자를 거꾸로 쓰지 않으면 안 된다. 앞의 『유신전 동경시 사립소학교 교육법 및 유지법 조사서』에는 이 점에 관해 다음과 같이 기록되어 있다.

> 학생 3~4명 혹은 5~6명 정도를 선생 앞으로 불러 교대로 붓 쓰는 법과 데혼 읽는 방법을 가르친다. 5~6명을 동시에 가르치는 일은 아주 번잡하지만 노련한 사람은 아주 능숙하게 가르친다. 그렇기 때문에 학생도 손을 헛되이 놀리는 일이 없다. (중략) 놀라운 것은 선생이 거꾸로 글자 쓰기에 익숙한데 지금의 교사와는 비교도 할 수 없다. 항상 학생과 마주앉아 글씨 쓰는 법을 가르치기 때문에 자신도 모르는 사이에 그렇게 된 것이다.

이상과 같이 데나라이쥬크는 철저한 자학자습을 원칙으로 했다. 습자할 데혼만 있다면 아이들은 스스로 습자를 한다. 그렇기 때문에 선생이 때때로 데나라이의 학습실을 비운다 하더라도 아무런 지장이 없었던 것이다. 앞의 야마가와 기쿠에의 『무사 집안의 여성武家の女性』에 기록된 대로 기쿠에 어머니의 선생은 아이를 둔 주부였으며 가사나 육아 때문에 자리를 비우는 일이 종종 있었다. 그래도 데나라이쥬크의 학습에는 아무 문제도

발생하지 않았다.

이렇게 보면 데나라이 선생님의 역할은 아이가 모방해야 할 모범(데혼)을 보이는 것, 그 틀에서 아이들이 이탈할 경우 지적하고 수정(교정)하는 것으로 일정한 틀에 합치되는 '방법'을 알게 하는 일, 다시 말하면 적극적으로 '주입'하는 것이 아니라 아이 자신의 학습을 존중한다는 의미에서 '가르치지 않는' 교육법으로 연결될 수 있을 것이다.

경쟁 원리가 없는 학습

개별적인 자기학습 시스템이 일반적이었던 데나라이쥬크에서는 원칙적으로 경쟁 원리는 없었다. 모두들 자신의 속도대로 자신에게 필요한 만큼 배우면 되었다. 어느 정도의 학습이 필요한가는 아이들의 능력이나 그들이 처한 상황과 환경, 부모의 생각 등에 따라 각기 달랐기 때문에 학습자는 스스로가 혹은 그 보호자가 필요하다고 생각하는 것만 배우면 되었다. 졸업 증서나 공적인 자격과는 거리가 먼 학습이기 때문에 배우고 익힌 내용만이 문제될 뿐 타인과의 경쟁과는 무관했다.

농번기 때는 아이들이 데나라이쥬크에 결석하는 경우가 많았는데 개별 학습이기 때문에 아무 지장도 없었으며 전혀 문제가 되지 않았다. 학습을 위한 시간은 아이 한 사람 한 사람의 생활 양식이 기본이 되어 정해졌다. 학습은 어디까지나 학습하는 주체에 입각하여 이루어졌으며 따라서 개별적이며 극히 자유로웠던 것이다.

책상의 배열방식

때때로 텔레비전 등에 나오는 데라코야의 풍경에는 다다미 혹은 긴 책상이 있는 방 앞쪽에 선생이 앉고 이와 마주하여 정연하게 책상을 배열하여 앉아 있는 아이들이 나오는 경우가 있다. 그러나 그것은 현재의 학교 교실 풍경을 에도 시대를 무대로 재현한 것에 지나지 않는다. 실제 에도 시대 데나라이쥬크의 책상 배열은 그렇지 않았다. 데나라이쥬크에서의 책상 배열 방식에 대해 에모리 이치로江森一郎의 실증적인 분석이 있다(에모리 이치로,『'공부'시대의 개막』). 에모리에 의하면 좌석의 배치에는 몇 가지의 패턴이 있었던 것 같은데 근대 학교와 같은 정형적인 것이 아니라 자유로운 것이 특징이었다.

현재의 학교 교실 풍경은 누구라도 익숙하다. 교단의 칠판을 등지고 교사가 서 있고 이와 대면하는 형태로 책상이 질서 정연하게 몇 줄씩 배열되어 있다. 이 정형화된 형태는 말할 것도 없이 교사의 일제수업이라는 전제에 따른 것이다. 에도 시대 데나라이쥬크는 자습이 원칙이었기 때문에 선생님과 마주하여 앉을 필요가 없었다. 천신상은 일인용으로 작았으며 매일 방 한쪽에 접어두었다가 옮기기에 아주 수월했다. 그만큼 자유롭게 이동하도록 만들어진 책상이었다.『유신전 동경시 사립소학교 학교법 및 유지법 조사서』에는 이렇게 기록되어 있다.

책상의 배열 방식은 두 줄로 나란히(두 사람이 서로 마주보게) 하고 선생의 책상을 측면에 놓는 것이 보통이었다. 지금과 같이 일방향성, 다시 말하면 반드시 학생과 선생이 마주한 배열은 없었다. 남녀는 좌석을 따로 하고 순서는 조를 만들거나 출석 순에 의한 것도 있어 일정하지 않았다.

인용에 나와 있는, 두 명이 서로 마주보고 이어져 있는 형식은 교실의 공간을 될 수 있는 한 유효하게 이용하려는 생각에서 기인한 것이다(에모리 이치로, 『'공부'시대의 개막』). 선생이 아이에 대하여 약간 비스듬한 위치에 자리하는 것도 마찬가지였다고 생각된다. 또 창문이 없었던 시대, 실내는 어둡기 마련이므로 밝고 환한 곳으로 책상을 배치한 경우도 종종 보인다. 그 경우 기후나 시간, 계절 등의 변화와 함께 책상의 배치도 바뀌었다. 유명한 와타나베 가잔渡部崋山의 '붓으로 그리는 천태만상―掃百態' 등의 그림에는 책상 배치에 일정한 질서가 없이 제각각이다. 이러한 쥬크도 적지 않았을 것이다.

근대 소학교는 에도 시대의 이러한 자유를 빼앗았다. 메이지 초기의 문부관료였던 에기 가즈유키江木千之는 일본에서 최초로 정해진 메이지 초기의 학제[22]에 대해 이렇게 회고한다.

22_학제學制: 1872년에 제정된 일본 최초의 근대 학교제도에 관한 규정. 전국을 대학구, 중학구, 소학구로 나누고 각 학구에 대학교, 중학교, 소학교를 설치하려 했으나 계획대로 추진되지 못하고 1879년 교육령 제정으로 폐지되었다.

"다다미 위에서는 수업이 불가능하다. 뭐니 뭐니 해도 페인트를 칠한 서양관이 제격이다. 그 안에 책상과 의자를 들여 놓는 것이다."라면서 널리 선전하고 다녔다. (아이자와 히로시, 『일본교육백년사담』)

교사가 칠판과 괘도를 등지고 교단에 서고 맞은편에 책상과 의자를 배열한 교실의 배치가, 데나라이쥬크와 단절된 새로운 근대 교육을 상징하는 도구가 된 것이다.

그 의미는 단순히 학습 풍경의 변화에 그치지 않는다. 학습자를 중심으로 한 근세적인 교육관을 버리고 교육자를 주체로 한 교육관, 즉 근대 학교의 일제수업 중심의 교육관으로 전환한 것을 의미한다. 아이의 학습 사정에 맞춰 책상을 이동하는 것이 아니라 책상이 고정되고 아이가 고정된 것이다. 그 결과 학습의 내용과 방법까지 완전히 변질되었다. 실로 교육사에서의 코페르니쿠스적 전환이었다. 이와 함께 학습과 교육의 자유로운 형식도 배제되었다. 지금의 학교에서 볼 수 있는 교육 학습의 획일화는 여기서부터 시작된 것이다.

3 데나라이쥬크는 초등학교가 아니다

근대로부터의 시선

데나라이쥬크(데라코야)는 아이에게 읽기, 쓰기, 산수라는 생활에 필요한 기초적인 것(소위 3R'S)을 교육한 기관이라고 인식되어 왔다. 때문에 데나라이쥬크는 에도 시대에 초등교육, 즉 '에도 시대의 소학교'에 해당하는 것으로 보는 견해가 일반화되어 있다. 스기우라 쥬고우杉浦重剛가 에도 시대의 데라코야 학습 체험자들로부터 실상을 직접 청취, 조사하여 1892년에 발행한 보고서『유신전 동경시 사립소학교 교육법 및 유지법 조사서』에는 첫머리에 '데라코야는 사립소학교'라고 츠지 신지辻信次(대일본교육회장)가 서술하고 있다. 데라코야가 사립 소학교라는 범주로 인식된 것이다. 아이가 생활에 필요한 기초적인 읽기, 쓰기의 지식과 기술을 배운 학습의 장이 데나라이쥬크였다는 것은 틀림없다. 그러나 그것을 '에도 시대의 사립(소)학교'라고 불러도 좋은지는 간단히 말할 수가 없다.

여기서 초등학교란 분명하게 근대에 성립한 '근대 학교'의 개념이다. 그렇다면 서양 근대 국민 교육이라는 새로운 개념으로 시간을 거슬러 올라가 에도 시대를 이해하려는 발상이다. 이러한 발상은 역사의 실태에 입각한 것이라고는 보기 어렵다. 앞에서 살펴본 것처럼 데나라이쥬크는 교육, 학습방법이나 형태, 교사와 학생의 관계, 학습 내용 등 여러 가지 점에서 근대의 초등학교와 동일하지 않다. 많은 차이가 있다. 역사적인 방법으로 교육을 생각하는 내 입장에서 말한다면 데나라이쥬크를 '학교'라는 개념으로 파악하는 것에 큰 거리감이 있다.

'히츠도케이코죠筆道稽古所' 등의 용어에서 보여주듯이 데나라이쥬크는 글자를 가르치고 문자를 연습하는 학습소였다. 데나라이 이외에 아무것도 가르치지 않았다는 것은 아니다. 독서나 산수, 때로는 예법이나 다도, 노래를 가르치기도 하고 여자아이들에게 재봉까지 가르친 데나라이쥬크도 적지 않았다. 그러나 어디까지나 가외로 가르친 것에 지나지 않았다.

또한 데나라이쥬크와는 별도로 재봉을 가르치는 쥬크(고하리야御針屋 등으로 불렸다), 산수(주산)를 가르치는 쥬크, 예법이나 다도, 꽃꽂이, 노래나 기요모토[23], 춤이나 피리, 북, 와카, 하이쿠 이외에 서민이 생활 속에서 갖는 기술이나 지식이 되는 여러 기술을 전문으로 가르치는 쥬크도 있었다. 그러한 여러 기술은 사실 에도 시대 서민의 교양을 이루는 것들이었다. 여기서 서민의 교양은 대부분 예능으로 몸에 익히는 '기술'이라는 데에도 주목할 필요가 있다.

뿐만 아니라 일본 전통 문화로 이어지는 이러한 교양은 형태를 불문하고 대부분이 '기술'의 문화라는 특색을 가지고 있었다. 그러한 계보를 거슬러 올라가보면 대부분이 왕조 시대의 공

23_기요모토清元: 에도 시대 조루리의 일파. 기요모토 엔쥬가유延寿太夫가 창시한 것으로 섬세하면서 단아한 곡조가 특색이다.

가[24] 문화와 연결된다. 데나라이도 왕조 공가의 생활에서 중요한 일과였다. 예를 들어 10세기의 『구죠 대신의 유언九條殿遺誡』(우대신[25] 후지와라 모로스케藤原師輔가 자손에게 쓴 유서)에는 매일 아침 반드시 '글씨를 배워라', 즉 데나라이를 하라고 했다. 또한 시대를 한참 밑으로 내려가 막말의 문적사원[26] 만슈인[27]으로 출가한 죠우닌 친왕仁親王(1824~42)의 16세 때의 일과표에는 매일 아침 '선향 한 개'가 타들어가는 동안(불이 붙은 선향으로 시간을 나타내는 것, 약 45분간) 데나라이 연습을 했다는 기록이 있다. 문자를 쓰고 배우는 것이 이렇게 시대를 넘어 귀족의 기초 교양 혹은 취미로 일상생활에 정착되어 있었다. 그것이 손엔 친왕尊円親王에서부터 시작한다는 '입목도入木道'(보통 서도를 지칭), 이른바 쓰기의 '기술'이라는 문화적 전통으로 계승되었다(아라이 에이죠, 『서書의 비전』). 문자를 쓰는 데나라이라는 기술은 단순히 문자를 외우는 것을 넘어 특별한 의미가 있는 중요한 일이었던 것이다.

이렇게 보면 데나라이쥬크에서 학습하는 데나라이는 단순히 읽기, 쓰기를 외우는 지식 습득만을 목적으로 한 것은 아니었음을 알 수 있다. 데나라이쥬크는 문자의 습득만이 아니라 문

24_공가公家: 조정의 귀족이나 관료
25_우대신右大臣: 조정의 최고 기관인 태정관太政官(사법, 행정, 입법 담당)의 태정대신, 좌대신과 함께 태정관의 장관으로 정무를 총괄
26_문적사원門跡寺院: 황자나 귀족 등이 출가한 사원의 총칭. 우다宇多천황(867~931)이 인화사仁和寺로 출가한 것이 시초이다.
27_만슈인曼殊院: 교토시 좌경구에 있는 천태종의 문적사원에 해당한다.

자를 정교하고 아름답게 쓰는 능력(기술)과 일상생활의 여러 가지 장면에서 일정한 '예'에 어울리는 문장과 서법을 습득하기 위한 장이기도 했다. 특히 후자, 즉 서예의 습득이라는 것을 잊어서는 안 될 것이다.

에도 시대 서민의 세계에는 이러한 여러 예능을 사적인 쥬크에서 학습하는 문화공간이 아주 많았다. 데나라이가 문자를 훌륭하게 쓰는 기술이나 서법의 습득을 목표로 했기 때문에 데나라이쥬크는 여러 예능을 가르치는 쥬크라는 학습의 문화를 모태로 존재, 보급되었던 것이다. 따라서 데나라이쥬크는 서도나 습자를 지향한 쥬크塾로, 이른바 게이코쥬크[28]의 일종이라는 이미지로 파악하는 것이 현실에 가깝다.

생각해보면 지금의 '게이코쥬크'라는 것도 역시 다양한 기술 습득이 목적이지 않은가? 그러한 의미에서 게이코쥬크가 학교에서의 학습을 보충하는 쥬크와는 문화적인 계보를 완전히 달리하고 있다는 것은 분명하다. 쥬크는 학교 교육을 전제하고 있으며 그 교과 학습의 보완인 것이다.

지금의 게이코쥬크에서 습득하는 기술은 피아노, 바이올린과 같은 악기나 음악 계열과 수영, 체조, 발레, 검도와 같은 스포츠 계열로 분류된다. 그것은 대부분이 신체 활동을 통해 습득되는 기술로, 교과 학습 중심의 학교 교육으로는 얻기 어렵다고

28_게이코稽古: 무술이나 예술 등을 배우고 연습하는 일

보는 능력이다. 좀 더 설명하자면 기술적인 기술에 그치지 않고 인간의 중요한 기본적 능력의 형성으로 연결된다고 생각했다는 것을 간과해선 안 된다. 따라서 지금의 게이코쥬크는 계보적으로 이 책에서 말하는 학습 문화의 전통으로 이어지며, 그것은 근대의 학교 문화가 부산물로 만들어낸 수험을 위한 학습쥬크와는 완전히 다른 형태이다. 이처럼 게이코쥬크는 일본 사회에 근거한 문화적 전통을 토양으로 하고 있다고 볼 수 있다.

게이코쥬크는 유아에서 소학교 때까지는 열심히 하다가 중고등학생이 되면 그만두는 학생들이 많다. 왜 그런가? 입시 준비로 인해 점점 시간이 없어진다는 이유가 있을 것이다. 그러나 그보다도 이 전통은 방과 후 특별 활동이라는 형태로 계승되었기 때문이다. 방과 후 특별 활동은 게이코와 공통된 부분이 많다. 방과 후 특별 활동은 교과 학습에서는 얻기 어려운 인간의 중요한 마음가짐을 기르는 것을 목표로 하고 있다. 그렇기 때문에 게이코의 기술 교육은 중학교 이상에서는 특별 활동으로 그 모습을 바꿔 계속되고 있다.

그러나 여기서 설명해야 할 부분이 있다. 위에서 지적한 대로 에도 시대 여러 기술의 게이코쥬크는 처음에는 주로 어른이 배우고 연습하는 쥬크로 보급되었다. 이에 비해 데나라이쥬크는 처음부터 어린이의 문자 학습과 습득이 목적이었다. 아이들이 대상이 되었다는 점에 새로운 의미가 있다. 교육의 역사에서 이 점이 갖는 획기성을 높게 평가해야 한다. 이 획기성을 바탕으로 문화사적인 계보와 형태라는 관점에서 본다면 데나라이쥬크는 역시 여러 게이코쥬크의 흐름 위에 있다.

문화사의 공간에서

지금까지는 문화사적 관점을 빼놓은 채, 오직 근대 초등학교와 관련시켜 데라코야가 특별한 지위를 차지한 것으로 논의되어 왔다. 나는 그것을 지금 다시 한번 근세의 문화사적 공간으로 돌아가 데나라이쥬크가 갖는 의미를 파악해 보고 싶다. 여기서 무엇이 중요한가라고 묻는다면 그것은 바로 아이들을 대상으로 한 데나라이쥬크 출현이 갖는 의미일 것이다. 이러한 관점을 통해 데나라이쥬크를 근세 학습 문화의 문맥에서 파악할 수 있다.

데나라이쥬크는 대부분의 경우, 한 명의 교사가 자기 집의 방 하나를 학습실로 운영했다. 데나라이 학습실은 아이들이 돌아가면 책상을 정리하여 교사와 그 가족의 일상생활 공간으로 바뀐다. 교실이 식당이나 침실 등으로 바뀌는 것이다. 대부분의 데나라이쥬크는 개인적으로 운영한 소박한 학습소였다.

이렇게 보면 데나라이쥬크를 근대에 성립한 초등학교의 역사적 원류로 생각하는(예를 들어 『유신전 동경시 사립소학교 교육법 및 유지법 조사서』 등에서) 입장이, 근대의 개념으로 에도 시대를 얼마나 비역사적으로 절단하는가를 분명히 보여줄 수 있을 것이다. 데나라이쥬크는 결코 초등학교가 아니다. 에도 시대의 학습 문화 안에서 생겨난 게이코쥬크이며 문자를 외우고 그것을 아름답게 쓰는 기술을 습득, 예법에 맞는 서도를 연습하는 시쥬크私塾이다. 그러므로 데나라이쥬크는 역사적으로 근대의 초등학교로 이어지는 것이 아니라 문화사적으로 현대에 광범위하게 존재하는 여러 쥬크의 계보로 이어지는 것이다.

이전의 데나라이 교사가 메이지 초기에 생겨난 초등학교의 교사로서 교단에 섰던 예는 적지 않았다. 그렇다고 해도 문화사적 계보와는 완전히 별개의 문제이다.

현대의 게이코쥬크는 지식 중심의 학교 교육이 방치한 기술을 몸으로 습득하는 것을 목표로 하고 있다. 데나라이쥬크도 에도 시대의 일상생활에 필요한 '글쓰기를 위한 기술'의 습득이 주된 목적이었다. 지금의 게이코쥬크를 학교의 일종으로 생각하는 사람은 아무도 없을 것이다. 마찬가지로 데나라이쥬크(데라코야) 역시 체계적인 지식 습득을 목표로 한 근대의 학교와 동일하게 논의할 수는 없다.

제2장

유학의 학습

1 기초 교양인 유학

지적 언어인 한문

에도 시대에 형용사 없이 그냥 '학문'이라고 하면 보통 유학을 가리켰다. 그것은 유학이 학문의 가장 정통적인 위치에 있었다는 것을 말해준다. 물론 시대나 시기에 따라 유학의 보급 정도에는 커다란 차이가 있다. 그러나 근대가 가까워질수록 많은 사람들이 유학을 배우게 되고 또한 지역적으로도 널리 퍼져갔다. 계층적으로 보아도 처음에는 신분 높은 일부 무사만이 유학을 배웠지만 점차 일반 서민으로 널리 퍼져갔다.

에도 시대에는 어떤 학문을 하려면 누구라도 반드시 배워야 하는 학문이 유학이었다. 유학은 모든 학문의 토대가 되는 기초 교양의 위치를 차지하고 있었다. 그것은 에도 시대 전체를 통해 거의 변하지 않았다. 서양 근대 학문을 학습하기 시작한 막말에 와서도 유학의 학습이 번교에서 부정된 경우는 전혀 없었다. 유학의 본래 모습이나 그 현상에 대한 비판은 항상 있었다. 그러나 유학이라는 학문을 공식적으로 부정하거나 배제했던 번藩은 없었다. 이러한 사실은 근세의 학문이나 지식의 내용을 생각할 때 아주 중요하다.

그 배경에는 의학이나 불교, 본초학本草學 같은 여러 학문을 배울 경우, 텍스트 대부분이 한문으로 기록된 것이 가장 큰 요인으로 작용했다. 텍스트에 쓰인 문자가 한문이었기 때문에 어떤 것을 배우려면 한학이 필수 교양이었다. 지금도 스님의 염불이 한문의 음독이라는 것을 떠올린다면 불교의 경전이 한문으로 쓰였다는 사실은 설명할 필요도 없을 것이다. 본초학이나 의학도 한방 의학이며, 중국에서 전래된 것이기 때문에 그 텍스트 역시 한문으로 되어 있다. 흥미 있는 것은 난학[1]의 서적조차도 한문을 사용했다는 것이다. 에도 시대에 유럽에서 직수입한 양서洋書는 적었고 수입된 텍스트 대부분이 중국에서 번역된 한역 양서였다. 그렇기 때문에 대부분 한문으로 쓰인 한역본에 의지했던 것이다.

난학자나 양학자 자신이 전문적인 글을 쓰는 경우는 어떠했을까? 역시 한문으로 표현해야 했다. 예들 들어 양학[2]이라 해도 학문으로서의 품격을 유지하기 위해서는 한문을 자유롭게 읽고 표현할 수 있는 것이 필요조건이었다. 한문은 지적 활동에 필수적인 교양이었을 뿐만 아니라 적어도 근세 지적 활동은 한문으로 한정되었다고 해도 지나치지 않는다. 한문은 실로 에도 시대의 지적 언어였다. 한문(근대에서 말하는 한자)을 가르치는 교사는 유학자였다.

1_난학蘭學: 에도 시대 네덜란드를 통해 들어온 서양의 문화, 학술, 기술의 총칭
2_양학洋學: 에도 시대부터 메이지 시대에 걸쳐 일본에 들어온 난학을 포함한 유럽 학문

근세 후기의 번교 보급

학문(유학)은 대체 어디서 배울 수 있었는가? 무사라면 번교라는 대답이 나올 것이다. 번에 있는 무사를 위해 설치한 학교가 번교였기 때문이다. 그러나 번교가 보급되기 시작한 것은 거의 18세기 후반의 일이다.

◆ 번교 개설 연대 일람표

연호	서력	연수	학교 수	누계
간에이寬永 - 데이쿄貞享	1624~1687	64년간	9	9
겐로쿠元禄 - 쇼토쿠正徳	1688~1715	28년간	17	26
교우호享保 - 간엔寬延	1716~1750	35년간	15	41
호레키宝暦 - 덴메이天明	1751~1788	38년간	53	94
긴세이寬政 - 분세이文政	1789~1829	41년간	84	178
데포우天保 - 게이오慶応	1830~1867	38년간	63	241
메이지明治 원년 - 4년	1868~1871	4년간	48	289
불명			6	
합계		248	295	

18세기 중반까지는 전국적으로 번교가 그리 많지 않았다. 무사도 공부해야 한다는 생각이 무사들 사이에서 일반화된 것은 거의 19세기 들어와서였다. 그것은 막번제[3] 사회가 붕괴되고

3_막번제幕藩制: 근세 일본의 사회체제. 에도 막부(쇼군将軍)를 정점으로 각 번의 다이묘가 자신들의 영지를 다스리는 봉건적 주종관계를 토대로 만든 정치체제

있다는 것을 모두가 감지하던 무렵의 일이다. 이후 번사藩士(번에 소속된 무사) 대부분이 번교에서 학문을 배웠던 것이다.

반대로 말하면 그 이전까지는 일부 선진적인 번을 제외하고는 대부분의 무사가 반드시 학문(유학)을 배웠다고는 할 수 없다. 무사에게 읽기, 쓰기 정도의 초보적인 소양이 필수라는 것은 당연했지만, 학문을 배우는 것까지 바라지는 않았다. 번의 관리가 되더라도 유학 자체가 업무에 반드시 필요한 교양은 아니었다. 또한 학문적 소양이 번의 관료로서의 경력을 높여주는 것이라 하여 정착된 것도 아니었다. 『논어』를 읽을 수 있고 높은 학문적 경지에 이르렀다고 해서 다른 사람보다 출세가 빠른 일은 없었다.

그렇지만 근세 전기부터 학문에 뜻을 둔 젊은이가 항상 일정 이상 존재한 것은 사실이다. 유학에는 분명 보다 멋지게 살고자 하는 젊은이의 마음을 끌어들이는 힘이 있었다. 또 호학의 선비는 무사에만 한정된 것은 아니었다. 신분을 넘어 승려나 쵸닌[4], 농민 중에도 학문에 뜻을 둔 젊은이는 많지는 않아도 언제나 존재했다. 그리고 학문을 하려는 젊은이의 숫자도 시대와 함께 확연히 늘어났다.

4_쵸닌町人 : 일반적으로 도시에 사는 사람들. 주로 상공업에 종사했다.

2 가쿠몬쥬크란?

교육의 장, 쥬크

번교가 보급되기 이전에는 학문에 뜻을 둔 젊은이들 대부분이 가쿠몬쥬크에서 공부했다. 가쿠몬쥬크學問塾는 지금까지 일반적으로 '시쥬크私塾'라고 불렀다. 학문을 이룬 유학자가 있으면 그 학덕을 흠모하는 학생이 학자를 스승으로 맞아 제자가 되려고 찾아든다. 원래 유학자는 쥬크를 자신의 직업이라 생각하지 않는다. 그렇기 때문에 학생(제자)을 가르치기 위한 학당이 없고 대개는 자택을 학당으로 삼아 가르치게 된다. 제자가 되어 스승의 집에서 숙식하기도 하면서 학생 수가 늘어나 자연스럽게 스승과 제자가 함께 학문을 하는 학문의 장이 형성된다. 스승은 본래 직업적인 교사가 아니라 어디까지나 학문을 추구하는 한 사람의 학자였으나 결과적으로 스승과 제자로 구성된 교육의 장으로서 쥬크가 탄생한다.

스승의 집에 기거하며 배우는 제자도 있고 통학하는 제자도 있었다. 이들이 후에 '서생書生'이라 일컬어지는 사람들이다. 서생이 증가하면 스승은 제자를 수용하기 위한 학료(기숙사)를 준비하기도 한다. 전국에서 학생을 모을 수 있는 저명한 쥬크는 대개 학료를 갖추고 있었다. 그 대표적인 예가 유학자 히로세 단소広瀬淡窓가 규슈 분고豊後의 히타日田(지금의 오오이타 현大分縣 히타 시日田市)에 연 간기엔咸宜園 같은 쥬크이다. 간기엔은 히로세 당대에만도 전국에서 3천 명 가까운 학생이 찾아 들어 시설 좋은 학료를 갖추었다. 이렇게 스승과 제자가 함께 학문을 추구하는 교육의 장을 여기서는 '가쿠몬쥬크(學問塾)'라 부르기로 한다.

가쿠몬쥬크와 데나라이쥬크

여기서 말하는 가쿠몬쥬크는 데나라이를 중심으로 한 데라코야와 구별되는 개념으로서 지금까지 일반적으로 시쥬크라 불렸다. 그러나 나는 시쥬크 대신 가쿠몬쥬크라는 말을 사용하고 싶다. 당시의 실상을 보여주는 용어로 시쥬크라는 말이 틀린 것은 아니지만 데나라이를 위한 쥬크(소위 데라코야)도 시쥬크였다. 한 사람의 데나라이 선생 밑에서 제자가 되기 위해 아이들이 찾아온다. 그들이 아이들이라는 것과 대부분이 집에서 통학한다는 것에 한정되어 있다는 점이 차이가 날 뿐, 데라코야 역시 시쥬크이다.

지금까지 학문을 위한 쥬크만을 시쥬크라 하고 데라코야를 시쥬크의 범주에서 제외시켜 온 것은 논리상 일관성이 없다. 학문을 위한 시쥬크가 데나라이를 위한 시쥬크(데라코야)와 구별하기 위한 것이라면 전자를 가쿠몬쥬크, 후자를 데나라이쥬크라고 명칭하면 전혀 혼동될 것이 없다. 데라코야라는 말은 당시에 이미 광범위하게 사용되긴 했지만 시쥬크라는 용어는 용어 자체의 사용 근거가 부족하고 의미 또한 애매모호하다. 시쥬크인 이 둘을 데나라이쥬크와 가쿠몬쥬크로 구분하여 사용하는 편이 논리적일 것이다. 더욱이 앞에서 서술한 것처럼 데라코야라는 말은 원래 간사이 지방에서 유통된 용어에 지나지 않는다. 에도에서는 그다지 사용되지 않았다. 최근 교육사 전공자들이 이러한 방향으로 논의의 가닥을 잡으면서 많은 설득력을 얻고 있다.

이처럼 애매한 용어가 보급되었던 것은 문부성이 메이지 10년대 후반에 에도 시대의 교육에 관한 조사를 할 당시 사용한 구분 때문이다. 그때까지 연구자들도 충분한 검토 없이 사용하는 경향이 있었다(이리에 히로시, 『'데라코야'와 '데나라이쥬크'』). 에도 시대의 교육을 '근대 학교'의 관점으로 보려는 시각이었다. 나는 근대 학교에서 해방된 관점으로 에도 시대를 보아야 한다고 생각한다. 이 책은 그러한 입장에 기초를 두고 있다.

3 유학의 학습

유학의 잊혀진 학습 실태

유학은 가쿠몬쥬크나 번교에서 공부했다. 그러나 사적인 가쿠몬쥬크에서도, 공적인 성격을 갖는 번교(학교)에서도 유학을 배우는 학습 과정 자체에 본질적인 차이는 없었다. 그러면 실제로 유학은 어떻게 공부했을까? 유학은 기초 교양이었기 때문에 조금이라도 교양이 있는 사람이라면 누구나 배웠다. 여기서 어떤 방법으로 유학을 배웠는가는 아주 중요한 문제인데 그 구체적인 학습방법에 대해서는 지금까지 크게 관심을 두지 않았다.

유학의 학습 실태는 왜 잊혀진 것일까?

근세의 유학 학습은 너무나 일상적인 일이었다. 따라서 새삼스럽게 그 과정을 상세히 기록할 필요가 없었다. 근대가 되어 유학을 배우는 사람들이 사라지자 유학의 학습방법 등에 관심을 가질 필요가 없어졌다. 근대의 학문은 유럽에 계보를 갖는 학문이며 유학과는 본질적으로 성립 과정이 달랐기 때문에 유학은 가치 없는 과거의 학문이 되어 버렸다. 그 결과 의외로 기초적인 일은 잘 모른 채 무의식적으로 근대 학교에서의 학습방법을 그대로 근세에 적용시켜 이해하려는 경향이 생겨났다.

실제로 유학의 학습은 근대 학교와는 다른 원리로 행해졌다. 근대 학교의 학습 원리로 근세의 유학을 이해하려는 것 자체가 이미 그 이질성을 깨닫지 못했다는 것을 말해준다.

경서를 읽는 학습

우선 유학이라는 학문의 텍스트에 관해 지적해 두고 싶다. 근대 학교에서의 '교과서'에 해당된다. 유학은 철두철미하게 '경서'라는 고전 텍스트에 입각한 학문이다. 경서란 유학이 근본적인 출처로 삼는 중국 고전을 말하는 것으로, 사서오경四書五經이 대표적이다. 공자가 편찬하거나 공자의 말이나 사상이 기록되어 있다고 간주된다. 기독교로 말하면 『성경』, 불교에서는 경전에 해당되는 것이다.

7~8세에 유학에 입문할 무렵 초학자가 손에 들고 있는 교

과서는 『대학』 『논어』 『맹자』 『중용』이나 『효경』 등의 경서이다. 그렇다면 학문에 일가를 이룬 대가들이 보는 책은 무엇인가? 역시 사서오경의 경서이다. 즉 학문의 초보자에서 최고 대학자에 이르기까지 항상 손에서 놓지 않았던 텍스트는 같은 경서였다. 극단적으로 말하면 문자를 배우는 초등학생부터 천재 학자인 아인슈타인에 이르기까지 항상 동일한 텍스트를 사용하는 학문, 그것이 유학이었다.

유학이란 처음부터 끝까지 '경서를 읽는' 작업으로 일관하는 학문이다. 따라서 학습의 시작단계부터 갑자기 『효경』이나 『대학』 같이 난해한 중국 고대 한자로만 된 텍스트가 주어져 이와 마주하게 되고, 드물지만 유아 시절에 그것을 전부 마스터해 버리는 조숙한 천재의 경우도 있었다. 막부 말기 하시모토 사나이橋本左內나 요시다 쇼인吉田松陰 등은 비교적 잘 알려진 천재에 속한다. 그렇다고 해도 아이의 발달 단계에 맞춰 합리적으로 커리큘럼이 설정된 근대의 '학문' 입장에서 보면 유학(의 학습)이란 너무나 무모하며 기묘한 학문임에 틀림없다.

경서는 '성인의 가르침', 즉 진리를 저장하고 있는 신성하고 절대적인 텍스트이며, 경서에 해당되는 책은 정식으로 13경이 있다. 이러한 경서를 어떻게 읽고 이로부터 어떠한 진리(의미)를 찾아낼 것인가 하는 것이 유학이라는 학문의 행위이다. 그 때문에 고대 이래 경서에 대한 수많은 주석서가 방대한 산이 되어 쌓여 있는 것이다. 따라서 유학자의 학문 연구란 그 주석서라는 산과 대결하는 것을 의미한다. 주석서나 소주석서疏注釈書(경서의 주석과 주석서를 다시 주석한 것)를 참고로 하여 경서의 의미를 더욱 엄밀히 생각하는 작업, 그것이 유학의 연구였다.

소독素讀 학습

유학의 학습은 경서를 '읽는' 행위에서 시작된다. 물론 읽는 학습도 몇 가지 단계가 있어 소독素讀, 강의講義, 회업会業의 3단계 과정으로 나눌 수 있다.

우선 소독을 보자. 소독이란 가이바라 에키켄이 "책을 읽으며 학문하는 법, 나이가 젊어 기억이 왕성할 때 사서오경을 항상 숙독하여 편수를 어느 정도 반복하여 기억해야 한다."(『화속동자훈和俗童子訓』)고 했던 것처럼 경서를 소리를 내어 정확히 읽는 것, 반복하여 텍스트의 전문을 완전히 암송해 버리는 것이다(그러나 에키켄의 시대에는 아직 소독이라는 말은 거의 사용되지 않았다). 소독 단계에서는 아직 텍스트의 의미는 배우지 않는다. 적어도 텍스트의 의미를 이해하는 학습에는 의미를 두지 않는다. 소독 과정은 경서의 본문을 소리를 내어 정확히 읽을 수 있는 것에만 전념하는 과정이다.

그러나 실제로 소독 단계에서 텍스트의 의미를 전혀 가르치지 않은 것은 아니다. 에키켄은 "아이가 독서할 때 글의 뜻을 조금씩 가르쳐야 한다. 예를 들어 효경에서 중니仲尼란 공자의 자字인데 字라는 것은 성인에게 붙이는 이름이다."(『화속동자훈』)

등과 같이 간단한 내용은 가르쳐주는 것이 효과가 있다고 했다. 자신이 외우려고 하는 것이 어떤 의미인가를 알고 싶은 것은 자연스런 감정이다. 그 자연스러운 마음에 어느 정도 대답해 줄 필요가 있으며 또한 유익하다고 에키켄은 생각했다. 경서가 아무리 고대의 위대한 성인의 말을 담고 있다고 해도 의미를 전혀 모르는 것보다는 어느 정도 아는 편이 암송의 효율을 확실히 높일 수 있다. 에키켄도 지적하듯이 대체로 간단한 의미를 가르쳐 준 것에 지나지 않아서 소독의 효율을 높이기 위한 보조적인 정도에 머물렀다. 소독은 소리를 내서 읽고 외우는 일에 철저한 과정이었기 때문이다.

소독은 기억력이 왕성한 유년기, 대개 7~8세 정도부터 시작한다. 여기서의 연령은 보통 태어나면서 한 살로 친 나이를 기준으로 한 것이다. 에키켄은 "아이의 기질을 판단하여 일곱 살 이상부터 입학시킨다."거나 "여덟 살 이전에 글자를 배우게 해야 한다. 효경, 소학, 사서……"처럼 7세나 8세부터 시작할 것을 권하고 있다. 에무라 홋카이江村北海는 "8~9세가 되어야 소독을 배운다."(『수업편授業編』)며 시작 연령을 늦게 잡고 있다.

실제 번교의 입학 연령에 관한 이시카와 겐石川謙의 조사 연구는 8세 입학이 44%, 여기에 7세 입학을 포함하면 전체 63%를 차지하여 더욱 많아진다는 사실을 지적하고 있다(이시카와 겐, 『우리나라 아동관의 발달』). 소독 수료를 입학 조건으로 내세운 번교도 적지 않았다. 이 경우, 입학 연령은 열 살을 웃돌게 되므로 소독 과정을 개설한 번교는 사실상 7~8세에 입학 연령이 집중되어 있다고 생각할 수 있다. 즉 번교의 입학 연령에서도 7~8세가 소독 시작의 나이였다.

    소독의 학습은 어떻게 행해졌을까? 종종 텔레비전 등에서 소독이라 칭하며 몇십 명의 아이들을 앉혀두고 선생이 『논어』 한 구절을 읽으면 아이들이 일제히 따라 반복하여 암송하는 일제수업 광경을 볼 수 있다. 그러나 소독 학습이 그러한 형태로 행해졌다고 생각하는 것은 착각이다. 오히려 거짓말에 가깝다. 학교가 생기고 지금의 교실 풍경밖에 모르는 현대인은 상상이 안 될 것이다. 유럽에서 생겨나 근대 학교에서 시작된 일제수업의 형태가 시대나 문화를 넘은 학교의 보편적인 수업 광경이었다고 착각해 버린다. 지금의 '학교화 사회'가 이러한 고정관념을 갖게 만들었다.

개별 학습의 원리

    에도 시대의 교육은 개별 지도, 개별 학습을 원칙으로 이루어졌다. 소독도 예외는 아니었다. 아이들 앞에는 커다란 목판으로 인쇄한 텍스트가 놓인다. 보통 『효경』이나 『대학』부터 시작한다. 선생은 그 텍스트를 가지고 아이(학습자)와 마주앉는다. 선생이 '지휘봉'이라 불리는 30~40센티미터 정도 되는 목제봉으로 텍스트의 한자를 한 자 한 자씩 짚어가며 소리 내어 읽어간다. 그러면 아이가 뒤따라 복창한다. 이것을 '따라 읽기(付け読み,

츠케요미)'라고 한다. 따라 읽기는 소독의 최초 과정이다. 선생의 선창 없이 읽을 수 있을 때까지 반복해서 음독하는데 그 텍스트를 완전히 암송할 때까지 스스로 반복해서 연습한다. 이 반복 학습을 '온습溫習'이라고 한다.

암송을 전제로 하기 때문에 한 번에 진행되는 분량은 그다지 많지 않다. 에키켄은 하루 100자씩, 매일 100번 "안 보고 외워 쓰기"를 반복하면 어려움 없이 암송할 수 있다고 주장한다. "어순, 조사의 위치도 틀리지 않고 암송해야 한다."(『화속동자훈』)고 했듯이, 한 자 한 구절 정확히 읽는 것이 요구된다. 또 에키켄은 소독의 과정으로 쓰기 학습도 병행할 것을 권장하고 있으나 쓰기는 학습자 스스로가 해야 할 작업이다. 이렇게 매일 빠짐없이 계속 해 나간다면 사서는 합계 5만 2,800자이므로 528일, 즉 1년 반 정도로 끝난다는 계산이 나온다.

다음날은 전날 학습한 부분을 암송할 수 있는지 확인하는 것으로 시작하는데, 이것을 '복독復讀'이라고 한다. 그 후에 새로운 다음 단계로 나아간다. 그렇기 때문에 학생은 오전에 배운 것을 점심 무렵부터 반복해서 온습해두어야 한다.

이와 같은 학습법에서 알 수 있는 것처럼 학습이란 선생이 읽는 것을 정확히 따라하는 것으로 시작하여 그것을 반복해 완전히 암송할 때까지 익히는 것이었다. 뒤에 서술할 가이바라 에키켄의 '모방과 숙달 학습법(4장 2절 참조)'의 원리가 소독 학습에서 그대로 드러나고 있다.

소독은 또한 교사 한 사람이 학생 한 명을 가르치는 개별 교육(지도)이 원칙이다. 학생 수에 따라 편의상 교사 한 사람이 동시에 가르치는 학생 수가 많아지는 경우도 없지는 않았으나 많아야 3~4명 정도였다. 물론 그러한 경우에도 개별 지도라는 원칙이 변한 적은 한 번도 없다. 텔레비전처럼 일제수업의 형식으로 소독을 시키는 모습은 찾아볼 수 없다.

번교에는 소독 단계의 생도가 많았다. 그들을 구독생句讀生 또는 소독생素讀生이라 불렀다(막부 말기가 될수록 소독이라는 말이 널리 보급되면서 정착되었다). 구독생이 아무리 많아도 일제지도는 하지 않았다. 아침에 각자의 생활시간에 맞춰 번교에 등교한다. 이 점은 앞 장에서 말했던 데나라이쥬크와 같은 모습이다. 등교 시각은 정시의 일제등교가 아니라 각자의 생활시간에 맡겨져 있었다. 개별 학습이기 때문에 가능했던 것이다.

등교하면 우선 자기를 맡고 있는 구독 선생을 찾아가 인사를 한다. '구독사句讀師'란 소독 지도를 담당하는 교사로 교사로서의 서열은 아주 낮다. 교사진이 얇을 경우에는 성적이 우수한 상급생이 구독사 역할을 하는 경우도 있었다. 흔히 말하는 개인교사나 조교에 해당될 것이다. 소독은 개별 지도였지만 번교에는 대체로 구독사가 몇 명 정도는 있었기에 동시 병행해서 지도하고 있었다. 학생들은 특정한 구독사에게 지도를 받기 때문에 일종의 사제관계가 형성된다. 등교하여 자신의 구독사에게 인사를 한 뒤 자리에서 학습이나 복습을 하면서(즉 자습하면서) 순서를 기다린다. 자기 자리라고 하는 것은 보통 등교 순으로 자기가 자기 책상을 배열한 것을 말한다. 책상은 서랍이 없는 길고 가벼운 경상이다. 요컨대 데나라이쥬크에서 사용하던 천신상과 같다. 하교할 때는 교실 한 구석에 순서대로 쌓아 놓고 아침에 등교하면서 가져와 자신의 자리로 삼는 점에서 데나라이쥬크와 다르지 않다.

학생은 출석순으로 구독사 앞에 나아가 자신의 텍스트와 진도에 맞춰 구독(소독의 지도)을 받은 후 다른 교사에게 가서 지금 배웠던 구절을 복독하여 정확히 암송할 수 있는지를 점검받는다. 합격하면 하교하지만 미숙하여 불합격하면 구독사에게 가서 다시 지도를 받게 된다. 이 과정을 합격하기까지 반복한다.

이상이 번교에서 행해지던 극히 표준적인 소독 학습의 풍경이다. 물론 번교에 따라 작은 부분에서는 차이가 있었다. 그러나 학생 한 사람 한 사람마다 영민함과 둔함의 차가 있었고 진도도 다르고, 사용하는 텍스트나 학습 부분도 다르기 때문에 일제수업은 불가능했으며 단시간의 개별 지도와 혼자 행하는 비교적 장시간의 자습 활동이 기본이었다. 이 점은 어떠한 번교라도 마찬가지였다. 근대 학교처럼 연령, 학년에 따라 정해진 일정한 커리큘럼을 따라가야 한다는 생각은 찾아볼 수 없다. 오히려 사람마다 이해력의 차이가 있다는 것을 당연하게 여기고 각자의 속도로 학습하며 차이에 따라 개별의 학습과 지도가 부과되어야 한다고 생각했던 것이다. 또 데나라이쥬크와 마찬가지로 학습 진도를 둘러싼 학생들 사이의 경쟁은 찾아볼 수 없었다.

아오야마쥬크青山塾의 '아침 책읽기' 풍경

번교보다 사적인 성격을 갖는 가쿠몬쥬크에서도 소독 학습의 개별 지도, 개인 학습의 원칙은 동일했다. 구체적인 사례를 보자. 막말 미토 번水戶藩의 아오야마 노부히사青山延壽라는 유명한 후기 미토학[5] 유학자가 있었다. 아오야마는 아주 기다란 방에서 가쿠몬쥬크를 운영했는데 소독 수업을 하던 아침 책읽기 풍경을 그의 손녀 야마가와 기쿠에가 다음과 같이 묘사했다.

> 쥬크에 모여든 수십 명의 아이들이 상기된 소리로 어떤 아이는 『논어』를, 어떤 아이는 『효경』을 각자의 나이와 학력에 맞춰 금방 배운 부분을 소독하고 있는데, 그 활기찬 모습. (야마가와 기쿠에, 『무사 집안의 여성』)

> (교실로 쓰고 있는) 기다란 방은 장지나 문지방으로 나누지 않고 류큐琉球(오키나와)산 다다미를 깐 넓고 텅 빈 방이었습니다. 책

---

[5]_후기 미토학後期水戶學: 에도 시대 미토 번에서 형성된 존왕론(천황의 절대적 권위를 중심으로 한 황실존중사상)을 중핵으로 하는 사상체계. 9대 번주藩主인 도쿠가와 나리아키德川齊昭(1800-60)가 실시한 번의 정치개혁을 계기로 실천적 정치이론으로 재편하였다. 결과적으로 국가적인 내우외환을 겪으면서 존왕양이운동(천황권위의 절대화를 주장하고 서양을 오랑캐로 규정하여 서양의 침략에서 일본을 지키려는 사상운동)의 사상적 지도이념이 되었으며, 메이지 시대 국가의 지배이념이 되는 국체사상의 원류로 기능했다.

상은 서랍이 없고 옆으로 길어 경전을 읽을 때 사용하는 책상과 비슷했는데, 공부가 끝나면 뒤집어 벽 쪽에 층층이 쌓아 놓습니다. 필기구를 넣는 문방구 — 가로 33~36센티미터, 세로 45~48센티미터나 되는 것도 있었던 것 같은데 — 는 뒤집어 놓은 책상 위에 반듯하게 넣어 놓습니다. 나무로 만든 학생들의 명찰이 문설주에 죽 걸려 있어, 전날 돌아갈 때 뒤집어 놓았던 것을 아침에 오면 자신의 이름이 보이는 쪽으로 돌려놓습니다. …… 학생들은 벽 쪽에 쌓아 놓은 자기 책상을 문방구와 함께 꺼내어 자리로 가져갑니다. …… 선생님에게도 배우지만 쥬크의 반장이라 불리는 교생격인 선배가 선생님을 대신하여 가르치거나 주의를 주기도 합니다. '아침 책읽기'의 소독하는 소리로 학생들의 실력을 어느 정도 파악할 수 있습니다. 많은 소리 중에서 '저 목소리는 누구누구의 것'이라고 금방 알 수 있듯이, 꼭 큰 소리를 내지 않아도 책 읽는 소리가 분명하면 아주 실력이 좋은 아이임에 틀림없습니다. (야마가와 기쿠에, 『무사 집안의 여성』)

이것이 가쿠몬쥬크에서 일어나는 소독 학습의 모습이다. 아침 책읽기라는 일과는 복독이나 온습의 과정으로 보이는데, 소독이 얼마나 개별적으로 이루어졌는지 파악하기에 충분하다.

사제 관계
번교에 입학한다고 하면 우리들 근대인은 공적인 기관인

학교에 입학한다고 생각해 버린다. 그러나 실제로는 번교의 특정한 선생에게 입문하여 그 제자가 되어 번교라는 교육장에서 학습하는 것이었다. 입학할 때 번교의 특정한 교사의 문인으로 입문하는 형식을 취하는 번도 드물지 않았다. 이같은 번교 입학은 학습의 주체인 학생이 스스로가 신뢰하는 교사를 선택하여 개별적으로 사사하며 교육을 받는다는 생각이 강하게 살아 있었음을 의미한다. 곧 개별적인 사제 관계를 축으로 교육관계를 파악하려는 사고방식이다. 공적으로 조직된 번교이지만 반드시 제도적인 관계로 발전해 가지 않는 교육의 사상이나 구조를 놓쳐서는 안 될 것이다.

예를 들어 돗토리 번鳥取藩[지금의 돗토리 현. 번은 지금의 현에 해당]의 번교 상덕관尙德館은 이런 개별적인 사제 관계를 축으로 한 교육관계의 원칙을 제도 안으로 수용한 전형적인 예이다. '관할 제도'라고 하는 제도 아래 입학한 학생은 유학자(4명) 가운데 특정한 선생을 선택하여 그 제자로 입문한다. 스승은 입문한 학생을 자신이 관할하는 6인 정도의 교원 중 한 사람에게 맡겨 소독을 비롯한 교육적인 지도를 받게 한다. 유학자(교수에 해당) — 교원(조교수나 조수에 해당) — 학생이라는 2중의 사제 관계가 형성되었던 것이다.

후쿠오카 번福岡藩에서는 1784년에 동학과 서학이라는 두 개의 번교가 동시에 설립되었다. 동학은 주자학을, 서학은 소라이학(카메이 난메이亀井南冥, 1743~1814)을 채용하여 학파와 사상을 달리해 대립, 대별하는 형식으로 설립되었다. 어느 편이든 학생은 자신의 의지로 자유롭게 사제 관계를 맺어 입학했는데, 역시 학생 측의 학습을 중심으로 한 제도라고 볼 수 있다.

독서의 순서

독서(소독)의 순서는 일반적으로 『대학』이나 『효경』에서 시작한다. 에키켄은, 초학자에게 경서(사서오경 등의 중국 고전)는 너무 어렵기 때문에 처음에는 『시경』의 적당한 부분이나 『몽구蒙求』 표제, 『삼자경三字經』 등 "구가 짧아 외우기 쉬운 것"부터 시작해야 한다고 주장한다. 경서를 읽는 경우에도 처음에는 『논어』의 「학이」편만 읽는다던지 하여 교육적으로 배려할 필요가 있다고 말한다. 주자학에서 사서의 소독 순서는 『대학』 『논어』 『맹자』 『중용』의 순이었다. 일본에서는 주자학에 한정하지 않고 대부분 이 순서로 소독이 이루어졌다.

텍스트의 신체화

소독은 '성인의 가르침'이라고 하는 소위 진리가 집약되어 있는 경서를 소리를 내어 암송하여 완전히 외우는 것을 말한다. 에키켄은 독서에서 중요한 것을 '삼도三到'라고 하여 다음과 같이 설명하고 있다.

무릇 글을 읽을 때에는 서둘러 빨리 읽으면 안 된다. 천천히 읽으며 자구를 분명하게 알아야 한다. 글자 한 자라도 잘못 읽으면 안 된다. 반드시 심도心到, 안도眼到, 구도口到를 해야 할 것이다. 이 삼도 중에서 심도를 먼저 한다. 마음이 여기에 없으면 보려고 해도 보이지 않는다. 마음이 이르지 못해 제멋대로 소리를 내어 읽으면 외울 수가 없다. 혹 빨리 문장을 외운다 해도 오래가지 못한다. 마음에 간직하여 많은 편수를 암송하면 자연히 외우게 되고 오래도록 잊어버리지 않는다. (가이바라 에키켄, 『화속동자훈』)

마음을 집중하여 책을 보고 입으로 반복하여 외워서 텍스트를 자연히 암송해 간다. 마음, 눈, 입 등 신체의 여러 기관을 동원하여 독서 행위가 이루어진다. 그렇기 때문에 소독이란 경서 텍스트를 완전히 자신의 신체 내부에 체득하여 '신체화'하는 과정인 것이다. 말하자면 '몸으로 기억한다'에 해당된다고 하겠다. 사서를 소독하여 암송해 버리면 "그 힘으로 의리에 통하고 [성인이 가르치는 바른 의미의 이해와 판단이 가능]" 바른 도리가 이해되며 "독서하는 힘이 생겨 학문의 바탕"이 서게 되며 그 이외의 책도 쉽게 읽을 수 있게 된다. 또한 작문에 힘이 생겨 한문의 작문도 쉽게 된다고 에키켄은 말하고 있다. 이렇듯 에키켄은 소독의 효용을 강조하고 있다. 에키켄이 말하는 "문장을 외우지 못하면 도움이 되지 않는다."는 말은 텍스트의 '신체화'에 의해서야 비로소 독서가 학문의 힘이 될 수 있다는 의미일 것이다.

그런데 텍스트에 쓰인 언어의 해석이나 의미를 알려주지

않고 단지 경서를 암송하는 것에 불과한 소독이라는 학습법에 의해 어떻게 "의리에 통하게 되며", 책을 쉽게 읽고 한문이나 한시를 짓는 능력이 생기는 걸까? 그 물음에 논리적으로 답하기는 거의 불가능하지만 다음과 같이 말할 수 있다.

소독에 의해 이루어지는 독서란 근대 이후에 행해지는 독서 행위와 전혀 다르다. 지금의 독서는 보통 묵독으로 이루어진다. 눈으로만 읽는 묵독은 혼자 빠른 속도로 읽는 것이 가능하다. 그것은 언어에 의한 이해와 지식의 축적이며 개념적 혹은 논리적인 의미를 이해하는 활동이다. 적어도 근대의 묵독은 의식화된 언어의 차원에서 행해지는 독서, 즉 책의 내용을 이해하기 위한 독서이다. 확실히 책의 내용 이해라는 부분에서는 훌륭한 방법이라고 할 수 있다. 이와 비교하면 소독으로 하는 독서는 '읽다讀'는 글자에 말씀 언변이 있는 것처럼 음독이다. 소독은 소리의 울림이나 억양, 리듬을 동반하여 반복 복송하는 이른바 몸 전체를 동원하여 행하는 독서이다. 의미의 이해와는 별도로 문장의 울림이나 리듬의 형태가 어린아이들의 영혼에 거의 대부분 생리화하여 체득된다. 독특한 한어漢語(한문)의 문형식이 신체 안에 각인되는 것이다. 소독에 의해 '신체화'된 텍스트는 '일상의 말과는 차원을 달리하는 정신의 말'로 변하며 또한 일정한 '사고 형식'을 생산하는 원천이 된다(마에다 아이, 『근대 독자의 성립』). 아다치 타다오安達忠夫는 "말의 울림, 말의 리듬, 말의 약동 그 자체가 (소독의) 생명"이라고 한다. 이러한 의미에서 소독의 원형은 어린 시절 엄마가 들려주시던 옛날이야기나 그림책을 읽어 주던 과정에 있다고 하겠다(아다치 타다오, 『독서의 장려』). 이론이나 이치, 의미 이해 등을 초월하여 펼쳐지는 것이 소독의 세계이며 유학이 지향하는 '지'의 지평인 것이다.

에키켄은 학문에서 '스스로 깨달아 얻는 것(自得)'의 중요성을 끊임없이 강조한다. 거기에는 언어나 문장의 훈고주석으로 시작하여 끝나는 학문(훈고주석학)에 대한 비판이 있었다. 에키켄은 훈고주석과는 대조적인 독서와 학문의 경지를 추구한다. 에키켄이 자득에 의해 추구하는 지知의 세계가 바로 위에서 말한 소독에 의한 독서에서 추구하는 것과 같다. 에키켄은 "자득이란 신중하게 잘 생각하고 마음을 도리에 합치시켜 자신의 것으로 만드는 것이다."(『대화속훈』)라고 설명하고 있다. 그 '신체화'의 구체적인 이미지도 다음과 같이 명료하게 제시하고 있다.

> 초학자가 아는 바와 속된 학문이 기록한 것은 피부(학문의 표면적인 것)에서 그칠 뿐이다. 군자의 아는 바는 피부에서부터 육신에 이르며, 육신에서 뼈에 이르고, 뼈에서 골수에 이른다. 그 과정을 몇 겹의 한계가 가로막고 있는지 모른다. …… 적어도 배워서 자득이 불가능한 사람은 구이의 학, 훈고기송의 학[6]일 뿐이다. (『신

6_구이의 학口耳の学, 훈고기송의 학訓詁記誦の習: 구이의 학이란 들은바를 그대로 전달하기만 할 뿐, 깨달아 체득하지 않는 학문자세를 말하며, 훈고기송의 학이란 문장의 자구의 의미만을 해석하여 암기하고 읽기만 할 뿐, 이해하고 실천하려는 생각이 전혀 없는 학문자세를 말한다.

사록愼思錄』)

자득이라는 경지가 피부에서 육체로, 육체에서 뼈로, 뼈에서 골수로 오직 신체 안으로 침투해가는 이미지로 서술되어 있다. 그것은 언어에 의해 행해지는 것과 같은 이해는 아니다. 언어로 행해지는 이해는 피부에 머무는 것에 불과한 표피적인 입과 귀의 학에 지나지 않는다고 하여 배척하고 있다. 유학의 학습이 추구하는 것은 골수까지 깊게 침투하는 '지'이다. 에키켄은 소독 과정을 통해서 행해지는 독서나 학문이 추구하는 '지', 사고의 형식을 이렇게 신체에 스며드는 이미지로 서술한다. "자득이란 무엇인가? 스스로 깨달아 얻는 것이다. 자득하는 이유는 그 기술을 급히 하지 않고 건너뛰지 않으며 깊게 나아가는 길로 삼아 힘씀이 오래되면 자연히 얻게 되기 때문이다."(『신사록』)라고 한 것처럼 실로 시간을 들여 순서대로 노력하는(반복하여 숙달하는) 것으로 신체 안으로 자연히 서서히 스며드는 '지'여야 했다.

소독을 통해 신체화된 텍스트는 그 자체로 실용에 도움이 되는 지식은 아니다. 그러나 후에 경험을 쌓아가는 동안에 다양한 장면 안에서 새로운 리얼리티를 느끼며 되살아난다. 말하자면 구체적인 실천의 장에서 실제로 느끼듯이 텍스트의 의미가 이해되고 또한 삶 안에서 도덕적인 실천주체로 구체화되어 나타나는 것이다. 경서라는 텍스트의 신체화에 의해 획득된 유학의 지란 이러한 성질을 갖고 있다.

소독 과정을 마치다

어린 시절에 시작된 사서 소독은 빠르면 10세 정도, 늦어도 13~14세 정도에 끝마치는 것이 일반적이었다. 사서 소독을 끝내면 한문으로 된 책을 읽는 능력은 충분하기 때문에 대부분의 책을 무난하게 읽을 수 있었다. 따라서 선생에게 직접 지도를 받지 않고도 역사서를 시작으로 아직 읽지 않은 여러 책들을 자기 힘으로 자유롭게 읽을 수 있는 단계가 된다. 물론 이때도 역시 큰 소리를 내며 읽는 음독 독서이다. 이것을 일반적으로 '자독自讀'이라 한다. 잘 알지 못하는 부분은 질문을 곁들여가며 읽어 가는데 선생에게 점검을 받는 경우도 많았다.

앞에서 지적한 것처럼 근세에 독서라고 하면 음독하는 것이었다. 그러면 묵독은 없었는가 하면 물론 있었다. 묵묵히 '책을 본다'는 의미에서 '간서看書[눈으로 읽는다]'라 불렀는데 스스로 자독이 가능해진 다음 단계로서, 될 수 있는 한 많은 책을 읽는 방법이라 생각했다. 책을 읽는 것이 학문의 주요 방법이라고 생각하여 박학을 중요하게 여긴 소라이학徂徠学[오규 소라이의 학문]에서는 특히 이 간서가 중요시되었다.

사서의 소독 과정을 마쳐 한문책을 자유롭게 읽을 수 있기까지가 이른바 학문의 기초 혹은 준비 교육의 단계이다. 많은 사람들은 이 단계에서 학습을 마쳤다. 에키켄의 『화속동자훈』 제3권의 '독서법'은 경서의 소독에 한정하여 논하고 있을 뿐 '강의講義' 단계의 학습은 언급이 없다.

강의는 학문을 본격적으로 배우는 단계이다. 막부의 대학에 해당하는 쇼헤이자카 가쿠몬죠[7]의 정규 입학 조건은 사서오경의 소독을 마친 자였다. 막부뿐만 아니라 소독 과정의 종료를 입학 조건으로 하는 번교도 적지 않았다. 비교적 큰 번의 번교는 소독 과정의 학생이 너무 많아져서 기초 과정은 알아서 배워오고 번교는 그 다음인 강의 단계부터 입학시킨 것이다.

강의 - 독서의 퍼포먼스

소독을 마친 다음 과정은 강의이다. 경서를 신체화하고 문자를 읽는 단계를 졸업한 다음은 그 경서 텍스트에 의미를 부여하는 단계이다. 강의는 오늘날 영어로 렉쳐lecture라 한다. 하지만 교사가 한번에 많은 학생을 대상으로 구술로 가르치는 수업 형태를 렉쳐라고 한다면 여기서 말하는 강의는 렉쳐와 다르다. 강의는 교사가 학생을 향해 구술 수업하는 것이 아니라, 학생이 경서 텍스트의 의미意를 강구講究하는(밝히는 것 혹은 학습하는) 것을 말한다. 그러나 학생이 경서 텍스트의 의미와 내용을 학습

---

[7] 쇼헤이자카 가쿠몬죠昌平坂學問所: 창평판학문소. 에도 막부의 학문소이며 막부의 직할학교. 원래 하야시라잔林羅山 가문의 개인 쥬크였는데, 1690년 성당聖堂과 함께 시설을 확충하여 유지마湯島로 이전하고 쇼헤이코우昌平黌라 했다. 관정이학의 金寬政異学の禁에 의해 막부의 관립인 쇼헤이자카 가쿠몬죠로 개칭되었으며, 메이지 유신으로 1871년 폐쇄되었다. 쇼헤이자카 가쿠몬죠는 막부의 개성소開成所, 의학소와 함께 동경대학의 계보를 잇는다. 현재의 사적에는 동경의과대학 유지마 캠퍼스가 자리하고 있다.

하는 것과 교사가 구두로 설명하는 것, 즉 교사가 가르치는 것은 실제로 혼용되는 경우가 많았다. 교사가 학생에게 텍스트의 의미를 강술할 때는 구별하여 강석講釋이라고 했으나, 근세에는 용어가 확연히 구별되어 사용된 것이 아니라서 강석과 동일한 의미로 '강해講解' '강서講書' '강설講說' '강경講經' 등의 용어도 사용되었다. 아무튼 강의가 경서 텍스트에 대해 방대하게 축적되어 있는 주소注疏[8]에 근거하여 의미를 부여해 가는 과정이라는 점에는 변함이 없다. 다케다 간지武田勘治는 강의도 크게 학생이 개별적으로 배우는 강수講授[경서에 의미 해석을 부여하는 강의]와 일제수업의 강석, 두 가지 형태로 나눌 수 있다고 했다. 전자의 강의는 학생 한 사람 한 사람에게 경서 텍스트에 입각하여 한 자 한 구의 의미를 가르친다. 학생은 선생으로부터 앞 시간에 배운 강의를 복습하고 매회 그것을 복습하여 이해를 확인하면서 새로운 진도를 나갔다. 같은 강수의 과정이라 해도 강수가 강석보다 초학자에 가까우며 보통 강수는 번교나 가쿠몬쥬크 등에서 매일 행해졌다. 또 강사는 소독을 가르치는 구독사보다 서열이 한 단계 높은 교사가 담당하는 것이 일반적이었다.

강석은 경서의 본문을 하나의 정해진 주注와 소疏에 의지하면서 강사가 학생들 앞에서 텍스트를 해석해 보이는 것을 말한다. 강석은 강사의 개인적 의견을 말하는 장은 아니다. "학문에

8_주소注疏: 경서의 본문에 대한 설명이 주注이며, 주를 다시 알기 쉽게 설명한 것이 소疏이다.

는 단지 독서 외에 달리 방법이 없다."(에무라 홋카이, 『수업편』)고 하는 것이 유학 학습을 지탱하는 학습관이었다. 즉 '성인의 가르침'으로 가득한 경서에서 어떻게 진리를 정확하게 이끌어 내는가가 학문의 과정이며, 소독도 강의도 모두 경서를 읽는 독서라는 행위였다. 강사 개인의 독창적인 의견보다도 (예를 들어 주자학이라면 주자의) 정확한 해석이 요구되었다.

강의라 해도 그것은 결국 경서를 어떻게 읽을 것인가라는 독서 방법 중의 한 과정이었다. 따라서 강석이란 독서는 이렇게 하는 것이라는 모범적인 독서 방법을 교사가 제자 앞에서 공개적으로 연출해 보이는 것이다. 경서의 이 문장은 이렇게 읽어야 한다는 것을 주석 등에 의지하면서 (학파에 따라 의거하는 주석은 완전히 다르지만) 그 근거를 포함하여 공개적으로 설명하는 것이다. 그렇다면 강석이란 경서 텍스트의 모범적인 읽기를 연출해 보이는 일종의 독서 퍼포먼스라 해도 지나치지 않을 것이다. 일제 수업의 형식을 취하는 강석은 일반적으로 정해진 날에 그리고 통상 아주 서열이 높은 교사에 의해 이루어졌다. 번교에서는 강당에 전 학생이 출석하여 행하는 것이 보통이었으며 아주 엄숙한 분위기였던 듯하다. 지금 시대라면 주임 교수의 강의 정도일 것이다. 권위를 보이는 퍼포먼스라 해도 좋다.

학생이 아닌 일반 무사나 경우에 따라서는 불특정 다수의 민중을 대상으로 한, 지금으로 따지면 공개강좌에 해당하는 강석도 있었다. 대부분 '월차 강석' 등으로 불리던 정기적인 강석으로 번의 일반 무사의 도덕적인 교화나 민중에 대한 사회 교화를 목적으로 행해졌다. 도덕 교화를 목적으로 한 이러한 강석의 경우에도 『논어』 같은, 경서의 비교적 잘 알려진 한 구절을 소재로 그것을 해석하는 형태(즉 강석의 형식을 취하여)로 이루어졌다는 점에서 근세[에도 시대] 학문관이 반영되었다는 것을 알 수 있다.

경서 텍스트와는 관련 없이 강사의 생각을 일방적으로 강의하는 이른바 강연류는 강담講談이라 하여 강의와 또 구별되었다. 예를 들어 이시다 바이칸石田梅岩을 시작으로 그 제자인 데시마 도안手島堵庵에 의해 보급된 심학도화류[9]는 전형적인 강담이었다. 강석이 경서류의 텍스트를 사용하여 그것을 해석하는 형태를 취하는 (학문 형식을 취함) 것에 비해, 강담은 경서를 사용하지 않고 청취의 흥미를 끄는 화제로 도덕 교화를 추구하는 통속적인 것으로 인식되었다. 즉 '학문'은 경서에 기초한다는 기본적 인식이 있었던 것이다. 그러나 강의·강석·강담 등의 표현이 종종 혼용되어 사용된 것 또한 사실이다.

집단으로 행해지는 회업

회업會業이란 학생이 모여 집단으로 실시하는 학습 형태의 한 모습으로 한두 명에서 열명 정도의 학력이 비슷한 학생들이 그룹으로 행하는 공동 학습을 지칭한다. 학습 단계로는 소독 과

9_심학도화心學道話: 이시다 바이칸의 제자인 데시마 도안이 통속적인 언어로 도덕 교화를 설명한 훈화집

정의 수료를 전제로 여기에 자독自讀(혼자 힘으로 책을 읽을 수 있는 능력) 과정을 거치고 강수講授를 한 번 마친 단계의 학생이 하는 학습이다. 따라서 독서에서는 이미 독간独看(묵독)을 마친 단계의 학습이 된다.

회업에도 크게 '회독會讀'과 '윤강輪講' 두 가지가 있다. 회독과 윤강은 순번을 정하여 순차적으로 텍스트를 읽어나가면서 다함께 질의, 토론하는 학습이다.

둘의 차이는 텍스트다. 회독에서는 경서 이외의 책을 텍스트로 한다. 예를 들어 사서史書(『사기』를 비롯한 중국의 정사류가 그 대표적)나 제자백가諸子百家의 글과 시문집류로, 이 단계에서의 독서는 의미를 해석하지 않고 음독하는 소독과는 달리 의미와 내용의 고찰까지 포함한 독서이기 때문에 회독은 공동으로 해석하면서 읽는 학습이 된다. 사서나 제자백가의 저작과 시문집류는 방대한 주, 소주를 갖는 경서가 아니기 때문에 읽는 것만으로도 그다지 어렵지 않게 의미 파악이 가능하다. 따라서 회독은 말 그대로 '읽기'에 중점을 둔다. 본래 혼자 행하던 독간을 서로 오류를 교정하면서 공동으로 행하는 독서, 즉 독서회(윤독회) 같은 것이다.

한편 윤강에서 대상으로 하는 텍스트는 경서이다. 경서에 대한 소독은 이미 끝내고 강의도 어느 정도 배웠기 때문에 이 과정은 주석서나 소주서류로 나누고 경서를 이단과 분별하면서 '정확히' 해석하여 이해하는(강의하는) 것이다. 실로 유학의 본래

연구(경학)의 공동 작업에 해당된다.

그러나 이 경우도 실제로 회업, 회독, 윤강 등의 용어를 엄격하게 구별하여 사용한 것은 아니며 서로 혼용된 경우가 있기 때문에 주의할 필요가 있다. 이 책에서는 독서 형태의 기본형을 설명하고 그 기본형을 표현하는 가장 일반적인 용어를 제시하고 있다.

회업, 회독, 윤강 모두 공동 학습으로 발표와 그에 대한 질의응답이 중심이다. 지금의 '연습'이나 '세미나'에 가까운 학습 형식이라고 하겠다. 리더 격인 회두會頭(회주會主, 판자判者라는 이름도 있다)가 전체 진행을 맡았는데 실력이 아주 좋은 상급생이나 교사가 하는 것이 보통이었다. 회두는 진행을 맡아 질의응답이나 논의가 분분한 경우에 바른 판정을 제시하고 때에 따라서는 학습자의 성적까지도 판정했다. 보고자는 물론 회업 참가자는 학습 예정 범위에 대한 텍스트의 충분한 예습이 필수였다. 즉 각자가 자신의 힘으로 텍스트를 '읽는 방법'이나 해석을 둘러싸고 주석서, 소주서 그 외의 책을 조사하는 작업이 요구되었다. 물론 그것은 독간이며, 반드시 교사에게 질문이 따른다. 이러한 회업 단계에 있는 친구와 부지런히 노력하여 유학자로서의 능력을 키워 가게 된다.

지금까지 소독·강의·회업이라는 크게 세 단계의 학습 단계에 대해 살펴보았다. 그것은 전부 독서에 관한 학습이었다. 유학이란 어디까지나 독서와 밀접한 학문이었다는 것을 이해할 수 있을 것이다. 유학자로서의 학문, 학습의 본체 부분은 거의 이것으로 끝난다. 그러나 이 외에도 시문을 지을 줄 알아야 했다. 한문을 구사하여 문장이나 시를 짓는 능력은 유학자로서 (근세에 조금이라도 교양이 있는 지식인으로서) 빼놓을 수 없는 교양이었다. 다만 이것은 표현 능력이기 때문에 일종의 기술적인 능력으로 간주되었고 그 때문에 시문의 과도한 몰입은 유학의 본분을 잃어버릴 위험이 있다고 해서 경계했다. 뒤집어 말하면 시문의 창작은 주어진 고전을 읽는 유학 학습과는 달리 적극적인 자기 표현이었으며 창조적인 활동이었다. 그 정도로 매력적인 활동인 만큼 교사 입장에서는 과도하게 몰입하는 것을 경계한 것이다. 이러한 시문에 대한 지도는 대개 학생이 제출한 작품을 교사가 첨삭하는 형태로 이루어졌다.

안사이학파의 학습법 강석주의

강석이나 회업 등의 학습방법을 둘러싼 의미 부여는 유학의 학파에 따라 큰 차이가 있다. 그 중에서도 안사이학[10](기몬학崎門學)과 소라이학徂徠學은 정반대라는 점에서 주목된다. 이 두 학파의 학문관의 차이가 학습과 교육 방법론상의 차이로 분명하게 드러나고 있기 때문이다.

10_안사이학闇斎學: 야마자키 안사이山崎闇斎(1618-82)의 학문을 지칭. 안사이는 에도 전기의 주자학자. 기몬학崎門學이라고도 부른다. 그는 요시다신도吉田神道와 주자학을 결합하여 스이카신도垂加神道를 제창했다.

안사이학파는 특히 강석을 중요시하는 학파였다. 주자의 학문을 '조술祖述'(충실히 재현하는)하는 것을 추구했다. 다시 말해, 주자의 유학을 스스로 추체험적[다른 사람의 체험을 자기의 체험처럼 느낌]으로 재현하는 것으로, 안사이는 그것을 '체인體認한다'[체험하여 체득하는 것]고 했다. 즉 주자가 도달한 '지'에 주자와 동일하게 체험적으로 서는 것이었다. 안사이야말로 '체인'에 달한 특별한 존재였다. 그 독특한 선생이었던 안사이가 주자학의 진리의 세계를 구어로 생생하게 전달하는 것이 안사이의 강석이다. 강석이야말로 가장 유효하며 중요한 학습방법이라고 생각했다. 무엇보다도 주자학은 난해하여 학생들의 자독이나 독간이라는 일반적인 학습(독서)으로 이해 가능한 성질의 것이 아니며 개념적인 언어로 전달될 수 있는 세계가 아니라고 안사이는 생각했다. 이理란 주자학의 근간을 의미하는 개념으로 경서의 배후에 저장되어 있는 진리라고 보았다. 그것은 독서가 아니라 '체험'한 안사이의 독특하고 구어적인 '강석'에 의해서만 전달 가능하다고 믿었다. 안사이의 강의는 그것을 직접 전달하는 이른바 신성한 방법이었으며 그런 의미에서 구어적 말하기라는 미디어였다. 물론 진리를 체인하는 것을 목표로 한 실천적인 방법이기도 했다(코야스 노부쿠니, 『에도 사상사 강의』).

이理를 '체인 자득'한 안사이의 강석은 특별한 신성성을 갖고 있다. 따라서 제자들을 앞에 두고 일제강의의 형태를 취했다. 그것은 지금까지 살펴본 개별 학습을 원칙으로 하는 기존의 유학 학습의 형태에서 이탈했음을 의미한다.

주자를 조술하는 것에 철저했던 안사이는 자신의 독자적인 저작을 남기지 않았다. 주자의 저작을 올곧게 조술하여 그것을 이해하는 수준에서 멈추었다. 그 대신 제자들이 안사이가 행했던 강석(주자학 텍스트의 강의)을 단편적인 말까지 충실히 기록하였고, 필록된 안사이의 강의록은 안사이학파 제자들에게 특별한 의미를 가진다. 신성한 것에 가까운 취급을 받아 중시되었기 때문에 후대의 제자들이 계속 필사하기에 이르렀다.

안사이학파에서 독서라는 유학의 일반적인 방법은 경시되었고 읽어야 하는 책도 사서, 『소학』, 『근사록』 등 극히 소수에 한정되었으며 읽는 순서까지도 정해져 있었다. 안사이의 이러한 강석주의(일제강의주의)와 독서 경시의 학습방법은 경서를 읽는 독서를 중시한 일본의 학문적 전통에서 보면 상당히 이질적인 것이었다.

소라이학의 독서주의

독서를 경시하고 집단강의 형식을 표방한 안사이학의 학습법에 가장 날카롭게 반발한 사람이 오규 소라이荻生徂徠였다. 소라이는 강석에 의한 학습법을 부정하여 『강석이 주는 열 가지 해악론講釈十害論』을 저술하였는데 주로 안사이학파의 강석을 비판한 것이다. 소라이에 의하면 안사이학의 강석 자체가 학문을 타락시키는 원인이었다. 반대로 생각하면 그 정도로 안사이의 강석이 보급되어 있었다는 뜻이 된다.

소라이는 왜 강석을 부정했는가? 그 해답은 소라이의 경서관, 나아가 독자적인 유학 사상에 있다. 소라이는 주자학의 열쇠가 되는 이의 개념을 인정하지 않았다. 따라서 경서의 텍스트 배후에 무언가 탐구해야 할 진리(이)가 있다고 생각하지 않았다. 소라이가 학습해야 할 대상은 '성인(선왕)의 도' 그 자체로서 그것은 눈앞에 펼쳐진 '육경'(오경 혹은 '시서예악詩書禮樂') 안에 구체적인 '물物'로 제시되어 있다고 생각했다. 소라이에 따르면 육경은 단순한 이론이나 집대성된 사상을 표현한 것이 아니다. 그것은 '물'인 '성인의 도'를 담고 있는 것이다. 따라서 육경 그 자체가 습득할 대상이 되었다. 소라이는 육경의 완전한 신체화를 무엇보다 중시했다.

육경 자체가 배움의 대상이라면 그것을 올바르게 대해야만 한다. 그래서 소라이는 육경의 언어(고대 중국의 언어, 소라이는 이것을 고문사古文辭라고 했다)를 배우는 방안을 제시했다. 소라이는 중세 이래 행해진 오쿠리가나[11]에 의한 일본식 한문 독서법을 배척했다. 경서는 본래 외국어, 즉 중국어로 쓰인 것이다. 그렇기 때문에 그것을 가에리텐[12], 오쿠리가나를 달아 '화독和讀(일본식

11_오쿠리가나送り仮名: 한자의 뜻을 새겨 읽을 때(훈독) 오른쪽 밑에 작게 다는 가나, 흔히 가다가나로 쓴다.

12_가에리텐返り点: 한문 읽는 순서를 한자 왼쪽에 표시하는 기호로 一·二·三·上·中·下·甲·乙·丙 등을 말한다.

훈독에 의한 한문 읽기)'으로 읽어 버리면 원문을 파괴하는 것이 되며 텍스트의 정확한 해석에 이를 수 없다. 따라서 이상적으로는 중국어의 원음(구어口語)으로 읽고 그것을 현대 일본의 구어로 번역해야 한다고 했다. 이 방법은 오늘날의 일반적인 외국어 학습방법과 다르지 않다.

그렇지만 쇄국 하의 일본에서 중국어(구어)를 배운다는 것은 상당히 어려운 일이었다. 따라서 소라이는 이상적인 이 방법이 실현 가능하다고는 생각하지 않았다. 그래서 실제로는 두 번째 방법을 취했다. 우선 경서를 화독하여 소독시킨다. 그러는 동안 흥미를 지속시키기 위해 이해하기 쉬운 한두 단락을 일본어 속어로 해석한다. 다만 흥미를 위해 깊이 있는 내용까지 설명해서는 안 된다. 여기까지는 에키켄이 취하는 방법과 다르지 않다. 즉 당시 보통의 방법이었다. 경서의 소독을 마치면 사전을 사용하면서 화훈(화독和讀)[13]이 있는 사서류를 자독시킨다. 사전을 한 손에 들고 자신의 힘으로 읽어나가다가 익숙해지면 구독점이 달려 있지 않는 텍스트로 옮겨간다. 이렇게 하면 화훈을 사용하여 읽지 않아도 무리 없이 간서가 가능해진다고 생각했다. 이렇게 눈과 마음으로 책을 읽는 간서이야말로 가장 중요한 독서법이라고 소라이는 확신했다. 그리고 소라이학파는 실제로 그것을 실천에 옮겼다(우노타 쇼야, 『책을 읽는 것은 책을 보는 것과 같지

13_화훈和訓: 한문에 오쿠리가나나 가에리텐을 붙여 읽는 일본식 훈독법이다.

않다』).

소라이는 '고문사古文辭[고대 중국의 언어]'로 쓰인 고대 경서를 일본인이 바르게 읽어 내는 것은 불가능하며 애당초 일본식 한문 훈독법으로 독서하는 것은 잘못된 것이라고 생각했다. 그러나 "오직 두 눈만은 온 세상 사람 모두 다르지" 않다. 즉 중국음으로는 발음이 불가능할지라도 눈(시각)으로 보고 있는 것은 중국인이 보는 것과 동일한 경서이기 때문에 눈을 동원하여 경서를 간서한다. 즉 일종의 묵독을 하면서 마음으로 깊이 있는 사색을 한다. 간서와 사색을 거듭하는 것으로 일본과 시간과 공간을 달리하는 고대 중국어의 텍스트에 (중국인과 동일하게) 통하게 된다. '마음과 눈'을 매개로 경서에 밀착하여, 경험을 반복함으로써 육경을 익히려는 독서, 이것이 소라이학의 학습이며 학문방법이었다. 발음하지 않고 눈으로 고문사에 숙달되어 한자 텍스트의 원문이 갖는 미묘한 뉘앙스까지 간서로 읽어내는 독서였다. 경서(혹은 한자 텍스트), 즉 중국 원문의 미묘한 의미나 뉘앙스까지 읽어내는 종류의 독서는 오직 원문의 간서와 마음의 사색을 지속적으로 수행하는 것이 아니면 얻을 수 없다. 그것이 경서에 숙달되는 과정이며 경서 텍스트를 신체화하고 내부화하는 독서이다.

여기서 안사이와 같은 특권적인 말하기는 없다. 학습자 한 사람 한 사람의 눈과 마음으로 직접 텍스트를 접하기 때문에 학습자의 자발적이며 자유로운 사고와 깊은 사색을 요구한다. 간서는 안사이의 강석과 같은 일제수업이 아니라 실로 한 사람 한 사람이 행하는 자기 학습과 개별 학습이었다. 이러한 간서를 통한 학습에서는 동료들이 일정한 집단을 이루어 서로 자극을 주고 점검하는 것이 필요하다. 소라이학에서는 회독과 회업의 학습 형태가 중시되어 강석이라는 일제수업이 출현할 여지가 거의 없었다.

학습방법에서 안사이학과 소라이학의 대립은 필연적이었다. 그것은 양자의 사상적인 위상의 차이에서 비롯되었다. 유학의 이러한 학습방법의 차이는 학파에 의해 습득되는 '지'가 서로 달랐다는 것을 보여준다. 그렇기 때문에 학습방법의 차이를 통해 근세 유학에서 '지'의 다양한 위상과 사상적인 관계를 파악할 수 있다.

제3장

가이바라 에키켄의 사상
: 근세 학습론의 사상적 배경

1 가이바라 에키켄은 누구인가?

후쿠오카 번의 번사藩士의 5남

지금까지 데나라이와 학문의 학습방법에 대하여 살펴보았다. 앞서 보았던 학습방법과 원리에는 대체로 에도 시대의 사회 전체가 투영되어 있다. 그리고 지금부터 다루는 가이바라 에키켄貝原益軒은 그러한 방법적 원리를 언어로 명확하게 설명한 학자였다. 에키켄의 학문과 사상은 이 학습방법에 사상적 근거를 제공하고 있다. 에키켄의 학습론과 그것의 토대가 되는 사상을 살펴보자. 그것은 근세 학습이 어떻게 언어화되고 이론화되었는지를 확인하는 작업이다. 동시에 근세 학습의 사상적 근거, 문화적인 의미와 관점을 생각하는 것이기도 하다.

여기에서는 에키켄의 교육, 학습론을 생성시킨 사상이 어떤 것이었는가를 살펴본다. 에키켄이 주장하는 학습론도 그의 사상 전체를 놓고 볼 때 비로소 그 의미가 분명해진다. 이를 위해서는 약간은 낯선 주자학에 대한 설명도 덧붙여야 한다. 하지만 에도 시대의 문화와 교육을 생각할 때 피할 수 없는 것이며, 또 근대 일본의 국민 도덕에도 영향을 준 사상이기 때문에 반드시 짚고 넘어가야 한다.

우선 에키켄은 어떤 인물인지 그 생애를 추적해보자.

에키켄(1630~1714)은 에도 시대 전기의 후쿠오카 번에서 태어나 그곳에서 벼슬을 지낸 저명한 유학자이다. 그가 태어난 시

기는 에도 시대가 드디어 안정을 보이기 시작한 간에이기寬永期,
이른바 쇄국이 형성되기 시작한 시기에 해당한다. 그리고 1700
년 전후 겐로쿠기元祿期(1688~1704)의 태평 시대를 살았으며 8대
쇼군 요시무네吉宗가 등장하기 2년 전에 85세로 세상을 떠났다.
당시로서는 아주 오래 살았다. 에키켄이 살았던 시대는 에도 시
대의 사회 체제가 완성되고 제도와 문화가 정착되어 매우 안정
된 시기였다. 결론부터 말하면 에키켄의 학문과 사상은 이러한
안정기의 사회 특징을 잘 반영하고 있다.

에키켄의 아버지 간사이寬齋는 후쿠오카 번의 유히츠야쿠右
筆役를 지낸 무사였다. 유히츠란 영내에서 정치적 기록과 문서
업무에 관계된 오늘날 서기관에 해당하는 직무였다. 어느 정도
의 학식과 교양이 없으면 할 수 없는 일이었다. 고쿠다카石高가
150석이었다고 하니 신분은 그렇게 낮지 않았다. 대체적으로
중견 무사 정도 됐던 것 같다.

에키켄은 가이바라 가문의 다섯 번째 아들(장남은 단명)로 후
쿠오카 성내의 대저택에서 태어났다. 막내였기 때문에 물론 가
업을 이을 입장은 아니었으므로 비교적 편했으며 그만큼 자유
로웠던 것 같다. 그러나 당연히 상속할 지위도 재산도 없었기
때문에 자신의 힘으로 인생을 개척해 나갈 각오가 없다면 기구
한 생활이 이어질 것은 뻔했다. 자신의 집을 소유하는 것은 물
론 결혼도 제대로 못하고 생을 마감할 수도 있었다. 에도 시대
에 장남이 아닌 자가 출세하려면 세상이 인정하는 특별한 능력

을 소유하거나 양자를 받아줄 곳을 찾는 수밖에 없었다. 양자로 가려 해도 똑똑하지 않으면 쉽지 않았다. 양자를 찾는 집은 많지 않았던 데 비해 양자가 되려는 사람은 많았기 때문이다. 에키켄이 학문(유학)을 추구한 것은 다섯째 아들인 그가 어떻게 자립할 것인지 고민한 것도 크게 작용한 게 분명하다.

에키켄의 아버지는 학문과 의학에 어느 정도의 소양이 있었던 것 같다. 또 상당한 수재였던 차남 손사이存齋는 지금의 국비 유학생에 해당하는 자격으로 번에서 교토로 유학을 갈 수 있었다. 삼남인 라쿠켄樂軒도 그와 함께 번 내에 이름이 알려진 대단한 학자였다. 즉 에키켄이 태어난 가정 환경은 지적으로 아주 윤택했던 것이다.

그러나 에키켄이 태어난 지 얼마 되지 않아 아버지는 무슨 이유에서인지 낭인의 몸이 되어 성에서 나와 후쿠오카 시내에서 불우한 생활을 하게 되었다. 그 와중에 에키켄이 여섯 살 되던 해 어머니가 병으로 세상을 떠났다. 그의 연보에는 그가 가정부 손에서 자랐다고 기록되어 있다. 아마 서민 여성이 돌보아 주었을 것이다. 여덟 살이 되던 무렵 아버지가 다시 관직을 얻었지만 부임지가 고쿠라 번小倉藩[지금의 후쿠오카 현 동부]과의 경계에 있는 산촌 인근이었기 때문에 거의 3년간 시골 생활이 이어졌다.

자기 학습의 체험

에키켄이 어린 시절에 하카타博多에서 살았고 이어 시골에서 생활한 경험은 서민 생활을 이해하는 토대가 되었다. 그가 만년(주로 70대)에 서민을 대상으로 한 계몽서를 양산하고 실제 생활에 도움이 되는 것이야말로 의미가 있다는 확신을 가진 것은 어린 시절 서민들 사이에서 체험한 경험이 바탕이 되었다.

에키켄은 열네 살 되던 때 교토에서 돌아온 둘째 형 손사이에게 처음으로 '사서를 구독'(이른바 소독)했다. 드디어 유학(주자학)을 배우기 시작한 것이다. 불교를 배척하는 주자학의 기본적인 입장도 형으로부터 배웠다. 사서의 소독은 앞에서 말한 것처럼 학문(유학)의 출발점이다. 학문의 기초학습은 6~7세 정도부터 시작하는 것이 보통이었다. 늦어도 10세 정도에는 시작해야 한다. 또 에키켄 자신도 후에 저술한 『화속동자훈』에서 소독은 7세부터 해야 한다고 주장한다. 14세에 소독을 시작했다면 학문의 접근은 비정상적일 정도로 늦은 것이다. 에도 시대는 15세를 어린이에서 성인으로 넘어가는 길목으로 간주한 시대였다. 에키켄이 14세까지 학문(유학) 지도를 받지 않았다면 에키켄의 아버지는 그에게 학문을 가르칠 생각이 없었다고 보아야 한다. 만약 그럴 마음이 있었다면 아버지가 직접 가르칠 수 있었을 것이며, 그렇지 않다 해도 사서의 소독을 지도하는 교사를 다방면으로 수소문했을 것이다. 가이바라 가문의 지적 환경에서 그러한 선택이 불가능했다고는 생각할 수 없다. 물론 에키켄의 어린 시절은 가이바라 가문이 아주 불우했던 시기다. 어쩌면 어린 시절에 정식으로 학문을 배우지 못했던 이유가 환경과 크게 관련되어 있을지도 모르지만 구체적으로 밝힐 만한 단서는 남아 있지 않다.

이 무렵 에키켄에게는 나아가 배울 수 있는 학문상을 제시할 스승이 없었다. 신뢰할 수 있는 전기적 자료로『에키켄 연보』가 있는데 조카인 가이바라 고우코貝原好古가 편찬한 것이다. 고우코는 훌륭한 조수였다. 오랫동안 곁에서 에키켄의 학문을 도와준 인물이기 때문에 그 연보의 신빙성은 정평이 나 있다. 그에 따르면 "에키켄은 일찍이 글을 배우지 못했지만 스스로 가나를 알고 초서를 즐겨 읽었다." 즉 누군가로부터 정식으로 글을 배우지는 못했지만 스스로 글자(히라가나)를 외우고 가나로 쓰인 초서류 읽는 것을 좋아했다고 기록되어 있다. 또한 형이 배우고 있었던『진겁기塵劫記』[1]라는 수학 서적을 마음대로 가져다가 독학으로 그 해법을 습득하거나,『헤이케 모노가타리[2]平家物語』『호우겐 모노가타리保元物語』『헤이지 모노가타리平治物語』같은 일본의 고대 전쟁을 기록한 전쟁서적을 읽는다거나『왜옥편倭玉篇』이나『절용집節用集』같이 당시 일반적으로 사용되었던 통속적인 사전류를 즐겨 사용하면서 글을 외웠다고 한다.

---

[1] 진겁기塵劫記 : 에도 시대 초기, 교토의 요시다 미츠요시吉田光由가 저술하여 널리 보급된 실용적인 수학 학습서
[2] 모노가타리物語 : 헤이안시대부터 가마쿠라 시대에 만들어진 허구 산문 문학작품

정리하면 에키켄은 어린 시절에 누구에게도 배운 적이 없지만 스스로가 흥미를 가지고 글을 읽고 외웠다. 이를 위한 지적 환경에는 부족한 면이 없었다. 아버지나 형의 책장이 가까이 있었을 것이며, 그들이 책을 읽는 모습을 일상적으로 접해 왔을 것이다. 아버지나 형처럼 에키켄이 책장에서 가나로 된 책을 꺼내 보는 것은 아주 자연스럽다. 항상 책을 접하면서 스스로 책을 읽는 힘이 점차 생겼다는 것이 여기서 강조하려는 점이다.

에키켄은 훨씬 뒤인 만년에 이르러 조금이라도 글자를 알고 있는 사람이라면 누구나 쉽게 읽을 수 있는 책[한문이 아닌 가나로 저술]을 연이어 저술하고 왕성하게 간행한다. 그중에는 어린이 학습에 대하여 상세하게 설명한 『화속동자훈』도 있다. 만년의 이러한 왕성한 저술과 출판 활동은 저서 간행의 습관이 없고 한문 저작에만 전념하던 당시 유학 지식인의 상식을 벗어난 일이다. 때문에 후에 사상사나 교육사는 에키켄에게 특별한 위치를 부여했다. 그가 실제로 그렇게 자각했는지는 모르지만, 위에서 살펴본 것처럼 만년의 저술과 출판 활동의 밑바닥에는 어린 시절의 자기 학습 체험이 있었던 것이다.

후쿠오카 번 유학자로서

에키켄은 19세 때에 아주 적은 녹봉을 받으면서 후쿠오카 번에서 벼슬을 했다. 어떤 재능을 인정받았기 때문에 새롭게 등용되었을 것이다. 그러나 주군과 맞지 않았는지, 과실이 있었는지 2년 후에는 관직을 떠났다. 그 후 부친의 도움으로 나가사키長崎나 에도 등으로 돌아다니면서 학문을 연마했다. 에키켄이 27세일 무렵 구로타 미츠유키黑田光之(1628~1707)가 새로운 후쿠오카 번주藩主로 임명되었다. 새로운 군주에 의해 그는 다시 후쿠오카 번에 등용되었다. 이번에는 학자로서 인정받은 것이다. 게다가 다음 해부터는 교토 유학이 내정되었다. 이후 7년 동안 교토에서 공부하고 35세 되던 해 후쿠오카로 돌아왔다. 오랫동안 공비로 공부한 것은 당시로서도 대단한 혜택이었다.

17세기 중엽의 교토는 오사카나 에도보다도 훨씬 선진적인 학문과 문화의 중심지로, 다수의 문인과 지식인이 모여들었다. 당연히 에키켄은 그러한 사람들과 교류하면서 당시의 지적 네트워크의 중심과 깊은 유대관계를 맺었다. 에키켄은 끊임없이 글을 썼는데 무엇인가를 기록해야 한다는 일종의 강박관념이 있었던 것 같다. 그의 노트에는 교토에서 친분 관계를 맺은 사람들의 이름까지도 아주 자세하게 기록되어 있다. 그 기록을 보면 학자나 문인뿐만이 아니라, 공가公家나 교양 있는 교토 쵸닌, 또 출판업자나 다양한 상인들까지 포함한 폭넓은 교우 관계를 맺은 사실을 알 수 있다.

중앙의 문화 세계와의 연계야말로 삼도[교토, 에도, 오사카]에서 떨어진 후쿠오카라는 지방 문인들의 문화적 수준을 유지하는 데 큰 힘이 되었다. 에도 시대에는 전국 각지에서 많은 교양인이나 문인들이 문화의 중앙에 참여해왔다. 문화의 중앙이란 우선 교토, 다음에는 오사카, 그리고 드디어 에도가 가세한다. 이렇게 삼도를 중점으로 한 문화적 연계는 점차 전국으로 퍼져 나갔다. 삼도는 정치나 경제의 중심이기도 했기 때문에 문화적 네트워크에 연결되는 것이 지방 도시의 정치 경제 문화에 중요하다는 것을 지방 인사들은 숙지하고 있었다.

이렇게 보면 우수한 인재를 문화의 중앙에 오랫동안 자유롭게 유학시킨 것은 의미있는 일이었다. 에키켄이라는 존재가 이후 후쿠오카 번의 학문과 문화의 수준을 높였다. 사람과의 연계가 모든 것의 기준이라고 인식한 것이다. 일반적으로 학문이나 문화, 교육 등의 영위는 눈앞의 성과를 성급히 구하는 것이 아니라 거시적으로 다루는 것이 중요하다. 에키켄의 7년 유학이 지금의 눈으로 보면 대단히 파격적인 대우로 보이지만 예외적인 것만은 아니었다. 적어도 에도 시대에는 문화에 대한 이러한 깊은 인식이 존재했다. 융통성이야말로 문화를 성숙시키는 원천인 것이다.

후쿠오카로 돌아온 에키켄은 번으로부터 150석을 받았다. 이것은 부친의 봉록을 물려받은 것이 아니다. 새롭게 지급된 봉록이며 그의 재능의 호평에 대한 대우였다. 그의 주된 일은 번주나 그 계승자를 '시강侍講'(학문적 지식을 제공하거나 교육하는 일)하거나 중신들에 대한 학문 교수, 『구로타 가보黒田家譜』 등 번의 공적인 역사나 사료의 편찬, 서적 출납 같은 학문과 문서에 관계된 일이었다. 다만 그가 재임하던 무렵 후쿠오카 번에 아직 번교는 설립되어 있지 않았고, 일반 무사에게 학문이나 교육이 필요하다고 생각하지 않았기 때문에 에키켄은 번교 설립을 자신의 임무라고는 여기지 않았다. 사족이지만 후쿠오카 번에서 번교가 설립된 것은 18세기 후기인 덴메이 연간天明年間 (1781~89)의 일이다.

에키켄은 문서에 관한 공적을 높이 평가받아 봉록이 점점 늘어 최대 300석까지 올랐다. 이윽고 그는 고령이라는 이유로 사직원을 제출했으나 좀처럼 받아들여지지 않다가 71세가 되어서야 은퇴가 허락되었다. 이는 그가 번 내에서 대체될 수 없는 지식인으로 중용되었음을 말해준다.

여기서 은퇴 이후 에키켄의 저술 활동에 주목해보자.

에키켄의 저작과 평가

에키켄은 '통계 105종'이라 불릴 정도로 방대한 저작을 남겼다. 권수를 전부 더하면 수백 권이 넘는다. 양적으로 방대할 뿐만 아니라 미치는 영역이 다양하다는 것에서도 그 유래를 찾기 힘들다. 그의 저작을 편의상 현대식으로 분류해 보면 경학(유학), 지리서, 기행, 본초[3], 양생養生, 계몽적 교훈, 자전과 사전류, 의례서와 같이 모든 장르에 걸쳐 있다. 이른바 유학자 에키켄이

---

[3] 본초本草: 한방의 약용으로 유용한 식물이나 동물 등에 대하여 특징과 유용성을 기술하고 분류, 정리하는 학문. 주저 『대화본초大和本草』는 이를 집대성한 박물학적 대작으로 일본 본초학의 고전으로 꼽힌다.

언급하지 않았던 부분은 없다고 해도 과언이 아니다. 그는 말 그대로 지식인이었다.

가이바라 에키켄의 저작 일람(약 100종 2백 수십 권)

경학(유학) 관련

근사록비고近思錄備考 14권卷(39세), 자경편自警編 1권(39세)

소학구독비고小学句讀備考 6권(40세)

초학지요初學知要 3권(68세), 자오집自娛集 7권(83세)

신사록愼思錄 6권(85세), 대의록大疑錄 2권(85세) 등

역사 사료 · 자료 관련

구로타 가보黑田家譜 14권(42~49세)

구로타 가신전黑田家臣傳 3권(62세)

치쿠젠국 제사연기筑前國諸社緣記 1권

조야잡재朝野雜載 15권 등

지리(지리지 포함) · 기행 관련

치쿠젠국 속풍토기筑前國続風土記 30권(59~81세)

치쿠젠 명기筑前名寄 2권(62세), 교성승람京城勝覽 1권

화주 순람기和州巡覽記 1권(66세)

제주 순람기諸州巡覽記 5권(84세), 부상기승扶桑記勝 8권 등

본초학 관련

대화본초大和本草 16권(79세), 화보花譜 3권(65세)

채보菜譜 3권(75세)

교훈류益軒十訓

군자훈 君子訓 3권(74세), 대화속훈大和俗訓 8권(79세)

화속동자훈和俗童子訓 5권(81세), 악훈樂訓 3권(81세)

오상훈五常訓 5권(82세), 가도훈家道訓 6권(82세)

양생훈養生訓 8권(84세), 초학훈初學訓 5권, 문훈文訓 4권

무훈武訓 4권 가훈家訓 1권(58세), 신기훈神祇訓 1권 등

사전류

일본석명日本釈名 3권(70세), 점례点例 1권(74세)

화자해和字解 1권(70세)

삼례구결三礼口決(70·76세 서례書礼·식례食礼·차례茶礼)

본조고언本朝古諺 2권(78세), 중화고언中華古諺 2권(78세)

화이아和爾雅 8권(호고편好古編)

기타

에키켄 선생 여재신서益軒先生与宰臣書 1권

극명초克明抄 1권(53세), 이생집요頤生輯要 5권(52세)

일본세시기日本歳時記 7권(58세 가이바라호고집貝原好古編)

만보비사기万宝鄙事記 8권(76세)

(※괄호 안은 간행시의 에키켄 연령을 나타낸다.)

에키켄은 다방면에 관심을 갖고 다양한 논의를 전개해왔다. 예를 들어 유학사에서는 『대의록』이라는 저작으로 주자학을 날카롭게 비판하여 고학古學(복고학) 형성에 길을 연 고학파의 선구자로 인식되어 왔다. 『대화본초』를 편찬하여 식물과 동물 등 자연계 사물을 망라하여 기술했다. 자연학에 주목한 과학사학자들은 에키켄에게 일본 전통에서 태어난 자연과학의 선구자, 혹은 합리주의적인 사고의 성립자라는 아주 높은 평가를 내렸다. '실학자' 에키켄이라는 견해는 이러한 입장을 잘 보여준다. 교육학의 영역에서는 일본에서 처음으로 아이들의 교육에 대해 체계적으로 논한 『화속동자훈』이라는 읽기 쉬운 한 권의 교훈서로 '일본 교육학의 시조' 또는 '일본의 존 로크'라고 '근대적' 기준에 의한 평가를 받았다. 나아가 유명한 『양생훈』에 끌리는 사람들은 양생법이나 건강법이 의학적 견지에서도 대단히 합리적이라며 주목한다. 지금도 문고판으로 읽히고 있다.

에키켄은 각각의 전문화된 현대 학문의 입장에서 다양하게 논의되어 왔다. 물론 그 하나하나는 에키켄의 일면을 어느 선에서 분명히 보여준다. 그렇다면 이 책들을 전부 모아 펼쳐놓으면 에키켄의 학문이나 사상의 의미가 전체적으로 해명될까? 아니면 에키켄의 전체상이 분명하게 보일까? 대답은 '아니다'이다.

현대의 세분화된 학문으로 분석해 종합한다 해도 에키켄에 대한 모자이크 조각조차도 그릴 수 없을 것이다. 에키켄 자신에게는 이 전부가 하나의 학문이었다. 따라서 이 학문들을 전체로서 파악하는 것이 에키켄의 학문을 파악하는 것이다.

에키켄의 각 전문 영역에 대한 위와 같은 평가는 근대라는 울타리 안에서 일방적으로 던져진 물음에 대한 평가였다. 보고 있는 눈은 현대에 둔 채로 말이다. 이는 근대 이후 세분화된 학문으로 문제를 구성한 채 요령 있게 말하기 위한 설명 원리로 시대를 거슬러 올라가 에키켄의 일면을 이끌어 내려는 것에 지나지 않는다. 바꿔 말하면 자신의 세분화된 문제 구조에 따라 에키켄의 한 면만 드러내는 작업을 해 온 것뿐이다. 일종의 '거슬러 올라가는 역사', 그것도 좁고 가느다란 관을 따라 올라가려는 '거슬러 올라가는 사관'에 지나지 않는다. 본말이 전도된 작업이다. 근세의 유학자 에키켄을 그의 '지의 현장'이나 에도 시대의 '지적 공간'으로 돌아가 그 지점에서 보지 않으면 에키켄 학의 의미를 파악할 수가 없다. 그의 다양한 저작을 전체로서 성립시킨 '지'의 성격과 의미를 무엇보다도 먼저 물어야 한다. 그러한 작업을 통해야 학문의 의미가 선명해질 것이다. 에키켄은 어떤 사람이었는가? 그리고 현대의 우리에게 무엇을 깨닫게 하고 무엇을 새롭게 '발견'하게 하는가? 다시 말해 에키켄은 현대의 우리에게 어떤 의미가 있는가? 이와 같은 질문을 여기서 던져야 한다.

지금부터는 에키켄의 사상과 학습론을 밝힐 것이다. 그것을 단서로 근세와 현대의 학습 문화와 문제점을 밝히려 한다. 이를 위해 우선 에키켄의 저작을 성립시킨 그 '지(학)의 현장'에 서는 작업부터 시작해야 한다. 독자들은 이것이 조금 멀리 돌아가는 방법이라 생각할지도 모른다. 그러나 근세의 입장에서 현대 교육을 들여다보려는 눈은 그러한 여정 위에서 열릴 것이다.

2 기의 사상

주자학 - 동아시아의 주변

여기서는 에키켄이 기氣 사상의 원리에 서 있다는 것을 밝히고자 한다. 우선 어떤 세계관이나 생명관, 신체관을 동반한 것인가를 살펴보는 것으로 시작하겠다.

에키켄은 주자학자였다. 주자학은 천지 자연의 여러 현상에서 인간의 도덕에 이르기까지 모든 것을 이理와 기氣의 개념을 사용하여 일관된 논리로 설명하는 장대한 철학 체계이다. 간단이 말하면 중국 고대 이후 기나긴 전통이었던 기의 사상에 형이상학적인 이의 철학을 도입하여 자연과 인간을 통일적으로 설명하는 이론, 그것이 주자학이다. 주자학을 대성한 사람은 12세기 중국 남송(1127~1279)의 주희(1130~1200)였다. 주자학이라고 불리는 이유가 여기에 있다. 주자학이 등장한 이후 점차 중국을 중심으로 동아시아의 학문과 사상의 주류를 차지하게 되었다. 동아시아의 역사에서 보면 주자학은 지의 최고봉이었다.

일본에서도 근세 사회 성립과 때를 같이하여 주자학이 배워야 할 중심 학문(유학)이 되었다. 일본의 근세 주자학은 후지와라 세이카藤原惺窩(1561~1619)에서 시작된다. 그는 원래 오산五山[4]의 선승禪僧이었다. 세이카가 불교(선학禪學)를 버리고 주자학자로 탈바꿈한 것은 바로 도쿠가와 이에야스德川家康가 세키가하라 전투[5]에서 승리하여 천하를 장악하던 게이쵸慶長 5년(1600)의 일이다. 이것이 근세 주자학의 성립을 의미한다. 세이카의 제자인 하야시 라잔林羅山이 세이카의 추천으로 도쿠가와 이에야스에 발탁되어 에도 막부에 중용된 사실은, 주자학이라는 학문과 새로운 시대 성립의 관계를 상징적으로 말해준다. 단순히 지리적 의미만이 아니라 학문과 사상 면에서도 일본은 동아시아의 주변에 위치하고 있었던 것이다.

에키켄은 주희보다 약 500년 뒤에 태어났나 17세기 동아시

4_오산五山: 오산제도는 인도의 오정사五精舍를 본떠 중국 남송 말기의 선종 보호와 통제를 위해 격식 높은 5곳의 절을 설치한 것에서 유래했다. 가마쿠라 막부는 중국 오산제도를 본떠 가마쿠라 5곳에 선종사원을 건립했다. 가마쿠라 막부가 멸망한 후에는 가마쿠라, 교토에 각각 오산제도가 정착된다. 교토의 오산은 가장 위에 남선사南禪寺를 두고 그 밑에 천용사天龍寺, 상국사相國寺, 건인사建仁寺, 동복사東福寺, 만수사万寿寺의 5대사를 배치했다. 막부의 외교문서를 작성하는 등 필요에 따라 사륙문四六文을 사용한 법어나 한시 등이 중시되어 오산의 선승들에 의한 한문학이 발달, 오산문학으로 번영하게 되었다.

5_세키가하라 전투関ヶ原戦闘: 1600년에 미노美濃의 세키가하라에서 일어난 전쟁으로 도쿠가와 막부(에도 시대의 개막)가 탄생하는 계기가 되었다.

아 주변의 지적 상황 안에서 주자학을 배웠다. 앞에서 말했듯이 둘째 형 손사이에게 학문의 초보적인 부분을 배운 뒤에는 특정한 선생에게 나아가 배웠다는 흔적이 없다. 에키켄은 서적을 통해 자력으로 학문의 깊은 경지에 도달했다. 글쓰기를 좋아했던 그는 언제 어떤 책을 읽었는지를 기록한 『완고목록玩古目錄』이라는 독서 기록을 남겼다. 이 책에 따르면 특히 나가사키를 통해 들어온 중국이나 조선판의 경서 주석서를 입수하여 적극적으로 읽었으며 특히 명明의 나정암羅整庵(1465~1547)이나 오정한 吳廷翰(1491~1598)의 영향을 강하게 받았다. 이것은 명대 주자학의 주리파主理派와 주기파主氣派 중에서 주기파의 입장을 수용했다는 것을 의미한다. 그가 이의 개념에 회의적이었던 것도 그 영향 때문이다. 그렇기에 주자학에 대한 회의를 나타낸 책으로 유명한 『대의록大疑錄』을 꼭 그의 사상적 독창성을 보여주는 것으로 간주할 필요는 없다. 또 이 책 때문에 에키켄이 주자학을 부정한 이토 진사이伊藤仁斎나 오규 소라이로 이어지는 일본 고학파의 선구로 간주되는 것이 '정설'이지만 그것도 의심스럽다.

기의 코스몰로지cosmology

기의 사상이란 무엇인가? 그것은 중국인이 고대부터 자연과 인간을 생각할 때 만물에 대한 사고방식의 기본 또는 바탕이 되는 것이다. 한방 의학 이론도 침구 의학도 기의 사상에 근거하고 있다. 최근 유행하고 있는 중국식 건강체조라 하는 기공도 원래 기의 사고에 근거해 있다. 기공은 이른바 마음을 가진 생명체를 충실하게 만들어주는 신체 양생법이다. 이렇듯 기의 사상은 단순한 과거의 사상이 아니라 현대에도 많은 사람들에게 영향을 주고 있는 사상이다. 기에 관한 책이 서점의 한 코너를 차지할 정도로 많이 출판된 것을 보면 현대인의 강한 관심을 끌고 있다는 것을 알 수 있다.

기의 사상은 우주·천지에 기가 가득 차 있다는 입장에 서 있는 사고방식이다. 우주는 기의 그릇이라고 해도 좋을 것이다. 기의 본래 이미지는 대기에 가까우나 분자나 원자같이 물질을 구성하는 최소 단위는 아니다. 분자나 원자와 같은 근대 과학에서 간주하는 비연속적인 물질이 아니라 일정한 작은 단위로 분할될 수 없다는 의미에서 '연속적인' 물질인 것이다.

기는 항상 끊임없이 '유행流行', 즉 운동하며 순환한다. 신과 같은 초월자나 어떤 힘이 우주 세계의 외부에서 운동시키고 있다는 것은 아니다. 유행(운동)은 기 자체 안에 내재된, 스스로의 속성으로 구비된 힘에 의한 것이다. 그렇기 때문에 기는 에너지를 가지고 있다. 기란 그러한 사물이라고 여겨왔다. 그것은 서양의 과학 개념이나 언어로는 설명할 수가 없다. 오히려 서양 과학으로는 설명이 불가능하다는 점이 일종의 신비로움을 동반한 것처럼 보일지도 모른다. 텔레비전 화면 등에서 접하는 마술과도 비슷한 불가사의한 기공사의 능력은 확실히 신비롭다. 그러나 초월적인 절대자를 가정하는 것은 아니다. 기의 사상은 기라고 하는 일종의 유물론적인 성격에 근거한 논리적 합리성을 갖추고 있다. 신비성을 동반한 종교로 파악될 수 있는 것은 결코 아니다.

기의 생성론

기는 우주와 만물의 생성·운동·소멸을 말한다는 점에서 일종의 코스몰로지cosmology[우주론]이다. 기는 운동 과정에서 비교적 정적인 '음의 기'와 동적인 '양의 기', 두 기로 나누어지고 모든 자연 현상은 기(음양의 두 기)의 운동에 의해 생성된다. 천지나 일월, 성신 등의 천체나 우주의 운동, 사계의 운행, 풍운우뢰와 같은 대기 중의 기상 변화도 모두 기의 운동과 작용으로 발생하는 현상이다.

천체나 자연의 현상만이 아니다. 식물을 포함한 모든 생명의 생성도 실로 기의 작용 그 자체이다. 기는 유행하고 운동하면서 점차 응축되어 간다. 응축되면 형태를 이루고 유형의 사물이 되어 거기에서 생명이 탄생한다. 반대로 말하면 모든 생명체(만물)는 기의 농밀한 '응축'의 결과이며, 유형한 기의 집합체가 생명인 셈이다. 만물은 체내의 기(생명을 이룬 근원의 기라는 뜻에서 원기元気라 한다)를 순환시키고 그것을 다시 양생하기 위해 음식을 먹고 호흡을 한다. 음식으로 만물의 기를 섭취하고, 호흡하여 천지의 기와 연결된다. 모두가 외부로부터 새로운 기를 흡수하는 것이다. 이렇게 만물의 생명 활동은 끊임없는 기의 활동이다.

죽음이란 기의 활동이 정지된 것이다. 에키켄은 "죽음이란 원기가 흩어지는 것이다. 그러므로 한번 죽으면 기는 소멸하여 사라진다."(『자오집』 7)고 했다.

기는 생명을 이루는 근원이다. 기가 충만한 천지의 공간은 생명을 낳는 바다와 같다. 풀과 나무, 벌레와 물고기, 새와 동물 그리고 사람을 포함한 무수한 생명이 천지의 공간 안에서 태어나 자라고 사라져 간다. 보다 중요한 것은 그러한 생명(만물)의 생성과 소멸 작용이 사계절의 순환, 바람과 비, 흐리고 맑음 같은 대자연의 변화와 밀접하게 관계되어 있다고 보는 것이다. 즉 모든 것이 기의 자기 발전이다. 자연의 질서와 규칙적으로 반복되는 환경이 크고 작은 다양한 생명의 활동과 일체가 되어 끊임없이 계속되고 있다. 기의 사상이란 이렇게 자연과 생명에 관한 현상을 모두 기의 자기 발전으로 설명하고 인식하는 사상이다.

자기와 자기를 둘러싼 자연 현상을 어떻게 파악할 것인가? 시대와 지역을 막론하고 사람들은 그것을 생각해왔다. 대자연의 배후에 초월적인 신의 존재가 있다고 여기는 사상이 세계적으로 주류를 차지했으나, 고대 중국인은 지금까지 살펴본 것처럼 기라는 생명력과 에너지를 내재한 '물질적 기체'가 있다고 생각해 왔다. 그것은 자연과 인간을 합리적인 이론으로 인식하려는 한 방법이었다.

마음이란 무엇인가 - 기의 심신론心身論

사람도 만물도 모두 기로 구성되어 있다. 그러면 사람과 사람 이외(만물)의 차이는 무엇일까? 간단히 말하면 그 차이는 구성하는 기의 양태에 있다. 주자학에서는 이것을 '기질氣質'이라고 한다. 사람은 '천지의 정기', 특별히 우수하고 순수한 기(기질)를 선천적으로 타고나는데 그 이외의 생명체는 각각에 상응하는 기의 편차·맑고 탁함이 있다. 그 때문에 사람은 만물보다 뛰어나 마음의 작용이 풍부하며 만물의 영靈(『서경』)으로 서열상 최고 지위를 차지하고 있다. 오륜오상五倫五常의 특별히 뛰어난 도덕성이 오직 사람의 마음에만 선천적으로 구비되어 있는 것은 사람을 구성하는 '기질'의 우수성 때문이다.

여기서 기의 양태가 마음을 규정한다는 것에 주목해보자. 사실은 주자학을 포함하여 기의 사상에서 마음은 기의 영묘한 작용이라고 생각했다. 생명의 근원인 기의 작용이 마음 및 정신 활동을 생산한다는 것이다. 원래 신체도 기로 구성되어 있고 마음도 기가 생산한다. 신체와 마음이 모두 기에 근거하고 있기 때문에 둘은 기로 연결된 하나로 분리될 수 없다고 생각했다. 이른바 심신일원론이다.

참고로 지금의 현대 과학으로는 마음이 어떻게 생겨났는가에 대해 설명이 불가능하다. 마음의 과학을 표방한 심리학에서도 마음이 일으키는 현상을 관찰, 기록하고 그 법칙성을 실증적으로 찾을 뿐 마음이 생겨나는 메커니즘에 대한 질문은 처음부터 포기했다. 만약 가능하다면 그것은 대뇌 생리학의 임무일 것이다. 이 점에서 중국의 기의 사상은 일정한 코스몰로지와 생명관의 근원, 마음과 신체를 일체화시켜 설명하는 이론이다.

장수하는 방법을 제시한 저작으로 지금까지도 신봉자가 많은 에키켄의 『양생훈』은 사람의 원기를 유지, 순환, 양생하는 방법을 구체적으로 기록한 책이다. 일상적인 신체의 사용법을 중심으로 서술하고 있는데 "마음을 기르고 신체를 기르는 공부는 둘이 아니라 하나이다."라고 한 것처럼 신체 양생법은 그대로 마음의 수양법이라고 여겼다. 건강을 유지하기 위한 신체의 운동은 또 마음을 기르는 도덕의 방법이기도 하다. 신체의 사용을 통해 마음을 기르는 사고는 에키켄이 예禮로 신체를 규율화하는 형식을 통해 '마음을 바르게' 한다는, 뒤에 서술할 예 사상으로 이어진다. 에키켄의 예 사상의 배후에는 기의 사상과 그에 근거한 심신론이 있다.

이理의 철학

지금까지 서술한 것처럼 주자학은 중국의 전통적인 기의 사상을 전제로 하고 있다. 그 위에 정이천程伊川(1033~1107)이 이론적으로 정비한 이의 철학을 도입함으로써 주자학이 성립되었다. 주자학이 형성된 시대가 송대였기 때문에 후의 명학(양명학)과 대비되어 주자학은 송학宋學으로도 불렸다.

그러면 이란 무엇인가.

기의 유행에 기초한 자연과 생명의 활동은 서로 분리되어 무질서한 것이 아니라 일정한 질서가 있다. 개개의 사물에도 일정한 질서가 있는데 그것을 전체적으로 포괄하는 대자연에도 역시 질서정연한 규칙이나 법칙이 있다. 주자학의 이 철학은 요컨대 그 질서정연함을 설명하기 위한 이론이다. 봄이 오면 반드시 여름이 오고 이에 따라 꽃에는 싹이 나고 이윽고 꽃을 피워 열매를 맺는다. 그것이 거꾸로 된다거나 순서가 잘못되는 경우는 없다. 너무나 질서정연한 법칙 아닌가? 나팔꽃 씨앗에서 나팔꽃이 피는 것이 당연하지 해바라기가 피는 경우는 없다. 별의 운행도 주야의 교대도 또 동물의 생태도 아무렇게나 이루어지는 것이 아니라 변함없는 질서에 근거하여 전개되지 않는가? 세계의 조직이나 질서의 올곧음은 만물의 생성을 말하는 유물론적인 기의 사상만으로는 제대로 설명할 수 없다. 이것을 일관된 논리로 설명하기 위해서는 다른 이론이 필요하다. 여기서 도입된 것이 이의 개념이었다. 원래 이의 개념 자체는 주자학이 사상적으로 대립하던 불교 신학에서 은밀히 들여온 것이며 그것을 주자학적으로 대체시킨 개념이라고 흔히들 말한다.

주자학에서 이는 기와 어떤 관계일까? 이와 기의 관계는 형이상과 형이하의 관계로 파악한다. 기가 형이하의 개념인 것에 비해 이는 형이상의 개념이다. 형이상, 형이하라는 것은 중국 고대의 아주 오래된 고전 중 하나인 『역경』에 "형이상인 것을 도라 하고 형이하인 것을 기라고 한다."(「계사전」)는 문장에 근거한 말이다. 그것은 서양철학에서 말하는 피직스physics[물리적 현상], 메타피직스metaphysics[형이상학, 원리체계]에 가까운데 그 단어의 번역어는 아니다. 오히려 반대이다. 근대에 들어와 서양철학의 개념을 접하게 되자 그 번역어로서 『역경』의 형이상, 형이하라는 말을 선택하여 사용한 것이다. 정이천은 『역경』의 형이상의 도를 이로 바꾸어 형이하의 기(『역경』의 기器에 대응시켜 사용하고 있다. 다시 말하면, 도를 理로, 器를 氣로 바꾸어 사용한 것)와는 별도로 이라는 것이 세계 만물 안에 존재한다고 생각했다. 그것이 세계질서가 정연하게 이루어진 이유이며, 모든 사물에 의미를 부여하는 근거라고 했다.

간단히 말해 기가 있으면 반드시 이가 존재한다. 따라서 만물에는 이가 내재해 있는 것이다. 여기에는 예외가 있을 수 없다. 그러므로 "하나의 사물에는 하나의 이가 있다". 예를 들어 나팔꽃의 씨앗에는 처음부터 '나팔꽃의 이'가 내재해 있다. 그렇기 때문에 나팔꽃의 줄기가 자라 여름 아침에 나팔꽃이 피는 것이 당연하고, 나팔꽃이 아닌 해바라기가 피는 것은 있을 수 없다. 이렇게 모든 사물에는 있어야만 할 것이 갖추어져 있다. 그것은 각각의 이가 각각에게 깃들어 있기 때문이다. 나팔꽃은 나팔꽃이며 해바라기가 될 수 없다. 즉 만물은 제 안의 집에 있는 이에 의해 존재를 나타낸다. 나팔꽃의 이는 해바라기의 이와도 사람의 이와도 다르며 그 대상에만 있는 본래의 존재를 구성한다. 이것이 각각의 존재 방식을 이루는 이(이것을 주자는 소당연의 법칙

所当然之則 — 그렇게 되어야만 하는 까닭 — 이라 했다)이다. 그러나 세계 전체를 설명하기 위해서는 이러한 개별자인 이만으로는 부족하다. 이와는 별도로 우주 전체의 질서를 규정하는 또 하나의 이의 개념이 필요하다.

세계에 존재하는 만물은 개별적으로 각각 존재할 수 없다. 즉 개개의 사물에 내재한 이는 다양하지만 서로 관계없이 존재하는 것은 아니다. 만약 그렇다고 한다면 세계 전체에 퍼져있는 규칙과 정확한 질서를 설명할 수 없지 않은가? 그러므로 개개의 다양함을 넘어 이는 근원적으로 하나라고 생각할 수밖에 없다. 그것을 '태극太極'이라 한다. 태극권의 태극으로 그것을 도안화한 것이 한국의 국기이다. 만물의 근거라는 의미에서 주희는 이것을 '소이연의 이유所以然之故(사물이 존재하는 근거)'라고 했다. 즉 근원적으로 하나의 이가 있고 그것이 분화하여 만물의 개별자 안에 내재하게 되었다는 것이다. '이일분수理一分数'(모든 사물은 개별의 이를 구비하고 있으며 그것은 보편적인 하나의 이와 동일함)라는 말이 그것이다. 사계절이 규칙적으로 움직이며 이와 함께 만물이 서로 조화롭게 존재하여 세계가 전체로서 정연한 질서를 이루고 있는 것도 각각의 이가 하나의 근원적인 '이=태극'에 기초하고 있기 때문이다.

사람도 천지 안에서 생성된 존재이다. 당연한 말이지만 사람도 이가 처음부터 내재하여 태어난 것이다. 사람의 이는 마음에 있으며 사람의 본성(인성)은 바로 이라고 생각했다. 그렇기에

'성즉리性卽理', 즉 사람의 본성은 이라는 주장이 주자학 인성人性의 정의이다. 주자학 성선설의 이론적 근거가 여기에 있다. 사람은 선한 성에 따라 살아가는 한 도덕적일 수밖에 없다. 성인이란 이 인성(천리)에 입각하여 살아가는 사람을 이르는 말이다.

3 에키켄의 사상

천지를 섬긴다

주자학에 대한 설명에 많은 부분을 할애했다. 다시 에키켄의 사상으로 돌아가보자. 에키켄은 기의 사상에 대해서는 주자학과 거의 차이가 없었지만 이의 개념에서는 주자학에 위화감을 가졌다. 주자가 말하는 것처럼 이를 실체성을 가진 것이라고는 이해할 수 없었다.

에키겐은 "도는 음양陰陽이 유행流行하며 순수하여 조리條理 있는 것을 말한다. 이것은 음양의 본연으로 혼란함이 없는 것이다. 이는 기의 이이기 때문에 이와 기를 나누어 두 개의 사물이라 할 수 없다."(『대의록』상)고 했다. 도란 음양 2기의 운동이 질서정연하여 조리가 있다는 의미이다. 그러므로 이는 '기의 이'이기 때문에 주자가 말하는 '기에 대응하는 이'는 아니다. 실체적인 것은 이가 아니라 기이며, 그 기의 운행에서 보이는 법칙성이나 질서가 이일 뿐이라고 에키켄은 주장한다.

앞에서 서술한 것처럼 주자학에서는 사람에 내재하는 이가 '본연의 성'이라 하는데, 그것이 바로 사람의 본성이며 본래적인 선의 근거로 간주되었다. 사람은 노력을 하면 누구라도 성인聖人이 될 수 있으며 자신이 천지를 관통하는 이와 일체화할 수 있다는 것을 논리화한 것이다. 모든 사람의 마음에 갖추어져 있는 이를 깨달으면 천지와 하나가 될 수 있다고 주자학은 주장한다. 따라서 주자학의 이의 사상은 사람의 무한한 가능성을 인정하는 근거가 된다.

그런데 에키켄은 이의 실체성과 근원성을 아무래도 믿을 수가 없었다. 즉 주자학 도덕론의 근거까지도 부정한 셈이다. 그러면 에키켄은 무엇을 도덕론의 근거로 삼은 것일까? 바로 '천지를 섬긴다'는 그의 독자적인 사상이다.

> "천지는 만물의 부모이고, 사람은 만물의 영이다."라고 『서경』에서 성인이 말했다. 이는 천지는 만물을 낳는 근본이자 대부모임을 말한 것이다. 사람은 천지의 올바른 기(正氣)를 받아 태어나기 때문에 만물보다 우수하며 마음이 깨끗하여 오상의 성을 타고나 천지의 마음을 (자신의) 마음으로 삼고, 만물 중에서 성품이 훨씬 더 귀하기에 만물의 영이라고 하는 것이다. (『대화속훈』, 서두)

사람이나 만물은 천지가 사물을 낳는 '생생生生' 운동에 의해 태어난다. 그러므로 천지는 사람이나 만물을 낳는 '대부모大

父母'인 것이다. 특히 사람은 천지의 기 중에서 가장 순수한 정기를 받아 태어났다. 특별히 우수하고 밝은 마음과 오상五常의 성(인의예지의 덕)을 갖추어 태어났다. 그렇기 때문에 만물의 영의 위치에 있다고 하는 것이다. 사람이 이렇게 금수, 곤충, 초목 등 모든 생명체보다 뛰어난 것은 대부모인 천지의 은혜 덕분이다. 사람은 천지간에 살면서 천지가 낳은 다양한 만물을 먹거나 마시면서 양육되어 간다. 그러한 것도 모두가 "천지의 지극한 은혜"를 받아 살아가는 것을 의미한다.

이러한 생각에는 (금수초목이 아니라) 사람으로 태어난 것 그 자체에 천지의 은혜를 자각하는 논리가 내재되어 있다. 즉 '사람으로서의 자각'을 천지 및 만물에 대한 관계로 환기시키고 있다. 이러한 이유로 사람으로서의 올바른 섬김, 다시 말하면 사람의 길을 천지의 은혜에 대한 보답인 '보은' 안에서 찾는다. 에키켄은 그것을 '천지를 섬긴다'고 표현하고 있다.

에키켄의 사천지설事天地說(천지를 섬기는 설)에 따르면, 천지를 섬긴다는 것은 천지의 마음에 따르는 것을 의미한다. 천지의 마음이란 사물을 낳는 마음이며 사람에게는 인의 덕목이다. 그러므로 천지를 섬긴다는 것은 실제로는 인을 실천하는 것이 된다. 인을 실천한다는 것은 오륜오상에 따라 "인륜(군신, 부자, 부부, 형제, 붕우의 도를 바르게 행하는 것)을 사랑하고", "사물을 사랑하는" 것이다. 사물을 사랑하는 것이란 금수나 초목을 올바른 예에 맞는 방식으로 사용하며, 바른 때(적절한 시기)에 따라 얻으며, 마음대로 얻거나 죽이거나 먹거나 하지 않는 것을 의미한다.

위에서 분명히 알 수 있듯이 에키켄의 학문은 당시의 유학과는 달리 인륜세계(인간의 도덕 세계)만을 대상으로 한 것은 아니었다. 사물, 즉 자연의 세계까지 포괄하는 학문을 취하고 있다. 『대화본초』라는 본초학의 대저를 저술하여 자연계의 만물에 대한 지식을 상세히 기록하고 있는 것도 그러한 입장에 있었기 때문이다. 사물의 세계를 배제하지 않고 천, 지, 인 삼자의 연속적인 관계를 묻고 그 범주 안에서 사람의 존재 방식을 생각한다. 여기에 에키켄의 독자적인 유학의 특질이 있다. 천지의 도를 규범으로 삼아 인간과 만물 사이에서 어떤 방식으로 관계하며 살아가면 좋은가라는 실천적인 과제가 바로 에키켄의 유학 사상이 규명하려던 문제였다.

참고로 에도 전기 다른 유학자들에게서는 자연의 세계까지 학문의 범주로 삼은 유학을 찾아볼 수 없다. 나카에 도쥬中江藤樹, 구마자와 반잔熊沢蕃山, 야마자키 안사이, 이토 진사이, 오규 소라이 모두 학문의 대상을 인간의 세계에 한정하고 있었다. 이 점에서 에키켄은 특별했다.

자기 억제의 도덕론

앞서 살펴본 것처럼 에키켄의 도덕론은 천지의 은혜에 대한 보은의 윤리로 제시되어 있다. 이러한 윤리관 아래에서 에키켄이 실제로 중요시한 덕목은 무엇일까?

옛 사람은 겸손을 천하의 미덕으로 삼았다. 겸손에는 자랑하는 마음(矜)이 있다. 긍(矜)은 '자랑하다'라고 읽는다. 자랑한다는 것은 자만하는 것을 말한다. 자랑스럽게 여기면 스스로 옳다고 여기기 때문에 다른 사람에게 구하지 않는다. 이렇게 되면 악으로 옮겨가는 것은 뻔한 일이다. (『대화속훈』 3권)

에키켄은 자랑, 자만처럼 자기를 강하게 내세우는 태도를 악덕이라 부정하며 자신을 억제하는 '겸손'과 같은 도덕을 높게 평가한다. 강한 자기 억제가 그의 도덕론의 기조를 이루는 것은 그의 인간 이해, 즉 사람의 마음과 지성에 대한 이해와 관련되어 있다. 에키켄은 "한 사람의 지혜는 한정되어 있다. 사람의 마음은 때에 따라 아주 변하기 쉽다. 타인의 마음도 자신의 마음도 모두 믿을 수 없다"고 말했다. 또 "나의 마음이 반드시 도리의 잣대(도리를 판단하는 기준)가 될 수 없다."(『대화속훈』 8권)고 했다. 인간의 마음은 불완전하여 마음이나 지성, 판단력에 의존할 수 없다는 자각이 에키켄의 사상을 둘러싸고 있었던 것이다.

이처럼 에키켄은, 사람은 천지에 의해 태어나므로 천지에 대한 보은이 사람의 살 길이라고 보았다. 사람이 자기의 마음 안에서 자율적으로 살아가는 근거를 찾는다는 것이 아니다. 사람은 천지를 섬기고 이에 의거함으로써 비로소 천지 질서의 일부로 연결되는 아주 보잘것없는 존재라고 생각한 것이다. 당연하지만 이러한 생각에는 원래부터 전면에 내세울 자기가 자기의 내부에는 없다.

"사람은 천지의 자식이다. 천지를 본받아(기준으로) 행해야 한다." 거나 "하늘은 끊임없이 운동한다. 사람은 이를 본받아 항상 일하지 않으면 안 된다. 땅은 항상 제자리에 멈추어 움직이지 않는다. 사람은 이를 본받아 항상 삼가며 조용히 행하고 다니며 마음을 써야 한다."(『대화속훈』 3권)고 했듯이, 사람이 살아가면서 따라야 할 규범이 천지의 도에 있다. 주자학에서 말하는 것처럼 자기의 마음(이)이 아니라 자기를 생성한 천지에 의거해야 한다. 의존해야 할 근거가 자기 마음의 외부에 있다. 이는 자기 마음에 이가 내재하고 있다고 보는 주자학의 자율적인 삶의 태도와 거리가 먼 도덕론이다.

이것은 확실히 수동적이며 보수적이지만 자기가 불완전하다고 자각하고 천지의 은혜에 대답하는 책임의식의 도덕론으로, 스스로를 강하게 규율하는 측면을 간과해서는 안 된다. 여기에는 천지생생의 도(만물을 생성하는 천지의 운동)를 본받아 날마다 힘써 끊임없이 삼가는 인간의 근로정신이 나타나 있다. 주자학과 양명학은 천하와 국가를 자신의 한 몸으로 감당해 나가는 장대한 주체를 기대하고 있다. 그러나 에키켄의 경우 좌우로 흔들리지 않고 부여된 자기의 본분에 따라 깊게 노력하는 주체였다. 자기를 억제하고 삼가고 노력하는 것은 그 자체가 강력한 실천주체로, 에도 시대의 사회와 잘 맞는다. 에키켄은 대체로 안정되었지만 비교적 폐쇄적인 에도 시대의 공동체 안에서 살아가기에 적합한 강인한 실천 주체의 삶의 방식을 말하고 있다.

'術술'의 학 - 만물에 관계하는 법

앞에서 살펴본 것처럼 에키켄의 학문 과제는 천지의 도를 규범으로 하여 사람이 만물과 어떻게 관계를 맺어가야 하는가라는 실천적인 문제에 있었다. 그 과제에 답하는 에키켄의 구체적인 방법이 예禮와 술術이었다. 예는 사람이 모든 상황에서 취해야 할 행동, 몸의 형식이다. 뒤에 설명하겠지만 몸의 표현방법으로서의 예는 넓은 의미로 말하면 '술'이기도 하다.

에키켄은 술의 중요성을 강조한 유학자였다. 그는 모든 일마다 사람이 취해야 할 '법술法術'이 있다고 하였다. 농부의 작물 재배, 부인의 베짜기, 목수의 집짓기, 의사의 치료, 주방장의 요리 등 어느 것이나 일정한 '술'을 동반한다. 유학도 수기치인修己治人의 법술, 즉 자기를 인간적으로 완성시켜 덕에 의해 세상 사람들을 다스리기 위한 커다란 술, 바로 그것이다. 그것을 에키켄은 유술儒術 혹은 학술 등으로 부른다. 어떤 일을 행하려고 할 때 그것이 무슨 일이든지 사람은 술에 의거해야만 한다. 그리고 술은 배우지 않으면 얻을 수 없다고 에키켄은 말한다. 술은 실천을 위한 구체적인 방법인 것이다.

술이 배우지 않으면 얻을 수 없는 것이라면 학습 대상(스승)의 옳고 그름이 중요해진다. "스승은 사람의 모범이자 배우는 자의 법효法效가 된다. 그러므로 스승이 바로 선 뒤에 학술이 바르게 된다."(『초학지요初學知要』 상권)고 하여 술은 스승을 모범으로 삼아 그것을 모방하여 학습한다는 모방과 숙달의 학습을 강조하고 있다. 여기에서 에키켄의 교사론을 엿볼 수 있다. 교사는 가르치는 주체라기보다 배우는 자가 닮기 위한 모범으로서 존재한다. 따라서 어떻게 가르칠 것인가가 아니라 얼마나 좋은 모범이 될 수 있는가가 교사의 과제가 된다(에키켄의 교사론은 4장 3절 참조).

술은 개개의 길마다 셀 수 없이 많다. 사람은 술을 알고 통하는 것이 필요하다. 예를 들어 '양생술'을 모르면 신체를 해쳐 생명의 위기에 봉착한다. 당시는 언제 병에 걸려 죽을지 모를 정도로 목숨을 잃기 쉬운 시대였다. 에키켄이 만물과 적절하게 관계 맺는 법, 만물을 다루는 법의 구체적인 방식으로 술을 중시한 이유 중 하나에는 이러한 배경도 있었다.

물리의 학

에키켄의 학문은 술을 설명하는 데 초점이 맞추어져 있다. 술을 알기 위해서는 대상인 사물의 성性을 알지 않으면 안 된다. 예를 들어 작물을 배양할 때 그 작물이 갖는 성질을 자세히 알지 못하면 농업은 불가능하다. 채소 농사에는 그 채소에 적합한 토양, 파종 계절, 필요한 기온, 채광, 밀도 등 어느 하나라도 알지 못하면 풍년을 기대할 수 없기 때문이다. 나무 한 그루, 풀 한 포기의 작은 것이라 할지라도 될 수 있는 한 많은 지식을 갖는 것, 그 지식이 어떤 종류던지 간에 사람이 무엇을 하기 위한 전제 조건이 된다.

여기서 에키켄은 '사물의 성'을 '물의 이'로 파악한다. 이 사물의 성을 아는 학문을 그는 주자학에서 말하는 격물궁리格物窮理로 보았다. 그것을 『대화본초』 서문에서 물리의 학이라 칭하고 있다. 물리라는 말은 주자학과 관련된 텍스트에 자주 등장하는 용어인데, 물리의 학이라는 말을 사용한 것은 에키켄이 처음이다(츠지 데츠오, 『가이바라 에키켄의 학문과 방법』). 에키켄이 말하는 물리의 학은 술학의 전제를 이루고 있다. 그리고 일본 본초학의 대저 『대화본초』는 자연계의 모든 사물의 성을 기록하려 한 격물궁리의 책이다.

학습서를 저술한 에키켄

에키켄은 방대한 저작들을 남겼으나 유학자 본래의 경서에 관한 저작은 적다. 한문 저작인 『신사록』과 『대의록』은 마음가짐에 관한 노트 같은 성격을 띠며, 『자오집』은 소논설문을 집성한 것이다. 비교적 이른 시기에 출판된 『근사록비고』와 『소학구독비고』는 『근사록』과 『소학』에 관한 주요 주석을 발췌하고 거기에 자신의 논평을 첨가한 것이다. 처음부터 독창성과는 다소 거리가 있는 저작이다. 『근사록』과 『소학』은 주자가 편찬한 주자학 입문서였다. 그렇다면 에키켄의 두 저서는 주자학의 교과서를 배우기 위한 참고서, 즉 초학자가 학습할 때 필요한 안내서이자 학습서이다. 학습을 위한 술에 관계된 저작의 일종이라고 할 수 있다. 결국 에키켄은 나카에 도쥬나 이토 진사이, 오규 소라이처럼 사서오경을 연구하여 주석을 붙이는 유학자 본래의 본분에는 충실하지 않았다. 창조적인 학문 활동보다는 교육과 계몽 활동에서 자신의 역할을 찾았다.

에키켄이 저술한 것은 앞에서 말한 궁리의 책과 예에 관한 책, 술에 관한 책이다. 『삼례구결三礼口訣』은 서례書礼·식례食礼·다례茶礼에 관한 예법을 담고 있다. 『만보비사기万宝鄙事記』는 일용백과사전의 성격을 띤 책이며, 언어와 명칭의 기원을 기록한 『일본석명』, 속담을 모은 『화한고언』 『일본세시기』 등은 실용적인 책으로 예에 관한 보조적 지식이라 볼 수 있다. 『점례点例』 『화자해』 『심화규범心畫規範』 『서학답서書學答書』 등은 한문의 구독, 작문, 습자 등을 위한 학습술의 중요한 저작이다.

소위 '에키켄 십훈'으로 알려진 알기 쉬운 가나로 쓰인 교훈서도 다양한 술을 배우기 위한 학습서였다. 가장 많이 읽히는 『양생훈』은 몸과 마음 모두 건강히 장수하기 위한 양생술 책이다. 『화속동자훈』은 아이들이 스스로 배워야 하는 술이 잡다하게 기록되어 있다. 예들 들어 "무릇 글자를 쓰고 배울 때 묵(먹)을 똑바로 세워 단정히 가는데 가는 부분이 삐뚤어지면 안 된다. 손을 더럽히는 일이 없도록 한다. 붓을 높이 들어 쌍구법[6]으

6_쌍구법: 필법의 하나로 엄지 손가락과 집게 손가락, 가운데 손가락으로 붓대를 감싸 잡는 방법

로 붓을 잡아 단정히 글자를 써야 한다."(데나라이법)처럼 세세한 부분까지 주의사항을 나열하고 있다. 『악훈樂訓』에서도 "즐거움이란 무엇인가"라는 논의보다는 "어떻게 하면 즐길 수 있는가"와 같은 실천적인 방법이 주로 쓰여 있다. 즐기기 위한 술의 책인 것이다. 인간 도덕을 논한 『대화속훈』도 도덕을 추상적이거나 논리적인 논의로 전개한 것이 아니라, 사람과 교제할 때의 구체적인 상황에 입각하여 적절한 방식을 자세하게 기록하고 있다. 이른바 도덕 실천을 위한 '도덕술의 책'이라는 느낌이다.

총론의 사상

그 외의 많은 저서들도 실천적인 방법이나 실용적인 기술에 대한 서술이 중심을 차지하고 있다. 그러나 이러한 서술이 주를 이룬다고 해도 간과할 수 없는 것이 있다. 그의 책 전부가 책의 서두에 총론을 기록하고 있다는 것이다. 『양생훈』이나 『화속동자훈』에서도 우선 첫 부분에 총론이 자세히 서술되고 그 뒤에 구체적인 술이 전개된다. 앞에서 말한 것처럼 『대화본초』는 물리의 학으로 규정되어 있는데 총론에 해당하는 범례 부분에 천지를 섬긴다는 사상이 분명하게 서술되어 있다. 모든 사물의 성을 기술한 『대화본초』가 천지를 섬긴다는 것으로 집약되는 그의 사상에서 어떤 의미가 있는지를 제시하고 있다. 이처럼 '술'을 논하기에 앞서 에키켄은 반드시 자신의 학적 기반에 기초한 사상적인 의미를 부여한다. 삼례는 물론이고 양생, 데나라이 그리고 즐거움까지도 유학의 용어와 개념으로 의미를 부여했다.

에키켄이 말하는 다양한 술(기술)은 단순히 개별적으로 존재하는 것이 아니다. 겐로쿠元祿 9년(1696) 미야자키 야스사다宮崎安貞의 유명한 농서 『농업전서農業全書』가 간행되었다. 농업에 관한 전반적인 지식과 기술이 구체적으로 기술되어 에도 시대에 가장 많이 읽힌 농업서였다. 에키켄은 그 책의 서문을 써 줄 것을 요청받았다. 농업 기술의 집성서에 에키켄의 사상적인 의미가 부여된 것이다. 반대로 말하면 에키켄의 유학(사상)에 바탕을 둔 총론을 전제로 미야자키 야스사다처럼 술을 논하는 많은 학자들이 혼란 없이 적극적으로 술의 학에 전념할 수 있게 된 것이다. 에키켄의 사상으로 술의 학이 일정한 세계관 아래 안정된 자리를 차지하게 되었다.

출판미디어 붐을 탄 학습서

에키켄의 저술은 당시 유학자의 상식에서 분명히 벗어나 있었다. 유학자의 학문이란 경서의 주석과 연구이며 그 저작은 한문으로 쓰는 것이 일반적이었다. 그런데 에키켄은 쉬운 속어로 학문을 말하며 실용적인 어학사전, 백과사전류를 저술하고 대부분을 출판했다. 민중을 향해 자신의 유학 사상을 기초로 한 학습서나 사전을 쓴 것이다. 대부분이 지역과 시대를 초월하여 많은 독자를 확보했으며 베스트셀러나 스테디셀러가 되었다.

예를 들어『화속동자훈』의 서문에는 이렇게 쓰고 있다.

> 후세 백성의 아이들은 양육이 올바르지 못하다. 그들이 평소에 접하면서 듣고 배우는 것은 모두 덕성을 해치고 예법을 경멸하여 헤치는 것뿐이다. 이에 나는 이 때문에 경솔함을 마다하지 않고 옛 사람이 자제를 가르치는 뜻을 이어 가나로 책을 쓰느니라. 가난한 마을에 사는 아이들 중에 선생 없고 배움 없는 자들이 책을 읽는 데 편리하기를 바랄 뿐이다.

다시 말하면 선생도 학문도 없는 가난한 시골의 아이들이 이 책에 의지하여 배울 수 있도록 쉬운 속어로 쓴다는 뜻이다. 에키켄이 글을 읽을 수 있을 정도, 데나라이쥬크에서 어느 정도 학습한 보통 민중이 스스로 공부할 때 안내서가 될 수 있는 학습서의 저작을 의도하고 있었다는 것은 분명하다.

에키켄이 살았던 17세기 말에서 18세기 전반기, 이른바 겐로쿠 시대는 인쇄 출판 미디어가 가미카타上方[간사이 지방]를 중심으로 급속하게 대두되던 시대였다. 이하라 사이카쿠井原西鶴의 우키요조시[7]가 수천 부도 넘게 팔리던 시절, 다시 말하면 글

7_우키요조시浮世草子: 에도 중기 소설의 한 형태. 이하라 사이카쿠의『호색일대남好色一代男』(1682년 간행) 이후 오사카, 교토를 중심으로 이루어진 현실주의적이며 오락적인 쵸닌문학을 지칭. 우키요浮世라는 말은 세상사나 호색好色이라는 것을 의미한다.

을 읽는 서민이 증가하여 출판이 사업으로서 성립되던 초창기였다. 에키켄의 저작 활동은 겐로쿠 시대 우키요조시와 문화적 기반을 공유하고 있었던 것이다.

에키켄은 출판이라는 새로운 문화 미디어에 눈을 뜬 선구자였다. 유학자 이외에 다른 선각자도 물론 있었지만 유학자 중에서는 그가 최초였다고 생각한다. 출판업 붐에 편승하여 자신의 저작을 출판하는 것으로 학문, 즉 한문이라는 지적 언어로 쓰인 세계와는 거리가 멀었던 일반 대중에게 학문을 개방하는 것이 가능하게 된 것이다. 읽기 쓰기가 가능하여 스스로 학습하려는 학습 욕구가 사회적으로 고양되기 시작한 것이 이에 앞서 마련돼 있었음에 틀림없다.

에키켄의 저작을 손에 들고 전국에서 스스로 공부하는 사람들의 모습을 상상해보자. 에도 시대가 시작되어 100년 남짓한 이 시점에서 메이지 시대가 되기까지는 150년 이상이 남아 있었다. 에도 시대는 한문으로 된 글을 배우는 본격적인 '학문'까지는 나아가지 못했다고 할지라도 데나라이쥬크에서 읽기, 쓰기로 끝나지 않고 가나로 쓰인 책을 통해 학습하는 서민이 의외로 많았다. 이렇듯 공부하기 좋아하는 마음은 역사가 오래된 것이다.

제4장

가이바라 에키켄의 교육론

1 근세 서민의 학습의욕

『화속동자훈』의 출판과 그 배경

겐로쿠元禄 시대(1688~1704)가 끝나고 몇 년 지나지 않은 호에이宝永 7년(1710), 81세가 된 가이바라 에키켄은 『화속동자훈和俗童子訓』이라는 읽기 쉬운 속어로 된 교육서를 저술하여 간행했다. 제목의 '화和'는 '한漢(중국)'에 대한 일본을 가리키며, '속俗'은 '아雅'의 반대로 학문에 능통한 '고상'한 지식인과는 다른 일반 서민의 세계를 지칭한다. 즉 중화의 나라 중국이 아닌 일본의 사서오경 같은 한문 고전을 읽을 수 없는 서민들을 위해, 그들이 자식들을 어떻게 교육하면 좋을지 혹은 배우는 측에서 본다면 어떻게 자습하면 좋을지 등을 기록한 책이라는 의미이다. 책의 저작 의도는 에키켄 자신이 서문에 서술하고 있는 것을 보면 알기 쉽다. 그런데 이 서문만은 웬일인지 한문으로 썼다. 학문적인 격조를 보여주고 싶었는지도 모른다. 앞에서는(137쪽) 한문을 그대로 인용했는데, 여기서는 현대어역으로 인용해보자.

> 지금 서민의 아이들은 올바른 교육을 받고 있지 않다. 아이들이 하루 종일 보고 듣고 익히는 것은 모두 도덕성을 해치고 예법을 경멸하며 자신을 돌아보려고 하지 않는 것뿐이다. 그래서 필자는 비록 당돌하지만 옛 성인이 아이들을 가르치던 뜻에 따라 가나仮名로 써 보았다. 가까운 시골에, 배울 스승도 없고 교육적인

환경이 갖추어져 있지 않는 마을의 아이들이 열심히 읽고 깊이 생각하는 데 이 책이 도움이 되었으면 한다. (『화속동자훈』 서문)

　서문에서 알 수 있듯이 『화속동자훈』은 아이들이 공부할 때 참고할 수 있는 텍스트로, 학습서라 보아도 된다.
　이 책은 널리 그리고 오랫동안 많은 사람들에게 읽혔다. 영리를 추구하는 민간 출판업자가 출판했는데, 에도 시대에 적어도 세 번은 목판되었다. 책값이 저렴하지 않던 시대에 이 책을 사서 읽은 독자가 상당수 존재했다는 사실을 말해주고 있다. 지금도 농촌 등에서 조사해보면 대부분이 에키켄의 속어로 된 교훈서를 소장하고 있는데 그 중에서도 이 책은 종종 접할 수 있는 대표적인 책 중의 하나이다.
　이 책과 같은 학습서가 널리 보급되었다는 사실은 유학자가 아닌 일반인 중에서도 학문에 관심을 보이는 사람들이 많이 출현하여 어떤 방법을 써서라도 공부하려는 의욕이 사회 안에 퍼졌다는 것을 보여준다. 에키켄은 시대의 이러한 사회적 수요를 민감하게 파악하여 이 책을 썼다. 물론 모든 민중이 아닌 어느 정도 한정된 사람들을 대상으로 했다. 그러나 민중이 출판이라는 문자문화 미디어를 이용하여 학습에 대한 의욕을 갖게 된 것은 그때까지 일본 역사상 없던 일이다. 『화속동자훈』이라는 학습서의 출판은 역사적으로 대단히 중요한 의미를 갖는다. 에키켄은 학습에 대한 사회적 수요를 파악하여 출판이라는 미디어를 활용한 최초의 지식인이었다. 에키켄의 저작이 양산되기 시작한 이른바 겐로쿠 시대는 이러한 시대의 서막이라 볼 수 있다. 에키켄은 시대의 요청에 부응하는 것이 자신의 천명이라 확신했다. 그것을 보여주는 말이 그의 저작 곳곳에 나타난다.

예를 들어 속어의 통속서나 '방기외루方技猥陋의 책(잡다한 '술'에 관해 기록한 책)' 등에서 유학자의 직분이 아니라는 세간의 비판에 대해 에키켄은 "서민과 아이들을 도와주는", 즉 무학의 서민과 아이들에 도움이 되는 책을 쓰는 것은 "바라건대 서민들의 일상생활에 약간의 도움이 될 것"(『신사록』 6), 다시 말해 사람들의 일상생활에 도움이 되고 싶은 마음의 발로라고 말했다. 『대화속훈』의 서문에는 이러한 일이야말로 자신의 뜻이라고 선언하면서 그것이 자기의 사회적 사명이라는 확신을 표명했다.

교육사의 평가

『화속동자훈』에는 아이들의 교육과 문자, 독서의 학습 등이 집약적으로 제시되어 있다. 당시에는 아이들의 교육에 대한 체계적인 책을 볼 수 없었다. 그 때문에 에키켄은 '일본 교육학의 시조' '일본 교육학의 개조'라고까지 불렸다. 그러나 에키켄에 대한 이러한 평가에는 찬성할 수 없다. '일본 교육학의 시조'라는 평가는 근대 유럽에서 만들어진 '교육학'이라는 학문 체계를 '교육학 이전'의 과거 일본에 투영하여 에키켄 시대의 역사와 문화의 문락에서 벗어난 채 '근대의 시발점 찾기'만을 하고 있기 때문이다. 근대의 세분화된 '학문'의 시선으로 에키켄을 제멋대로 본 비역사적인 견해에 불과하다.

결론적으로 말하면 에키켄은 이 책에서 몇 번이나 지적한 것처럼 독창적인 설을 제시하고 있지 않다. 하물며 새로운 이론의 전개를 보이지도 않았다. 당시 극히 일반적인 교육과 학습과정이나 방법을 구체적으로 실천할 수 있도록 자세하고 쉽게 설명한 것에 지나지 않는다. 중국의 『소학』이나 『예기』 등에 근거한 기술조차도 적지 않다.

그렇다면 『화속동자훈』의 의미는 무엇일까? 지금까지 말한 것처럼 근대 '교육학'의 선구가 아니라 그때까지 일부 학자 세계에 한정되었던 학문과 학습을 널리 개방한 것, 여기에 그 출판의 의미가 있다. 즉 실천적으로 알기 쉽게 서술되어 있는 점이 중요하다. 많은 근세인들이 막연히 느끼고 있었던 어린이 교육에 관한 생각과 구체적인 방법을 아주 명확하게 설명해 보였기 때문에 많은 사람들의 지지를 얻은 것이었다. 그것도 유학이라는 당시 '보통' 학문을 토대로 대중적인 언어로 표현했다. 이것이 『화속동자훈』의 기술에 신뢰성을 부여한 것이다. 교육과 학습의 방법이 '학문'이라는 토대를 배경으로 서술되었다.

『화속동자훈』에 서술된 것을 바탕으로 근세인은 어떤 방법으로 학습하고 어떻게 의미를 부여했는가, 아이들의 교육은 어떻게 생각했는가 등을 살펴볼 수 있다. 그러한 텍스트로써 이 책을 읽기 바라는 바이다.

2 모방과 숙달

조기 교육

『화속동자훈』에는 무엇이 쓰여 있을까? 논점은 다수에 걸쳐 있지만 한마디로 말한다면 '미리 하기'가 될 것이다. 이 말에 함축된 사상이 에키켄의 교육사상을 이해하는 기본이 된다.

> 미리 한다는 것은 일찍이라는 의미이다. 어린아이가 아직 나쁜 것에 물들지 않았을 때 미리 가르치는 것을 말한다. 일찍 가르치지 않고 나쁜 일에 물든 다음에는 가르쳐도 선한 쪽으로 옮겨가지 못한다. 혼을 내도 나쁜 행위를 멈추기 어렵다. 옛 사람은 어린아이가 처음 음식물을 입에 대고 말하기 시작할 때부터 미리 가르쳤던 것이다. (『화속동자훈』 1권)

여기서 '미리 한다'는 말이 의미하는 것은 아이들이 자라 나쁜 것에 눈뜨기 전 조기에 아이를 가르쳐야 한다는, 일종의 조기 교육 사상이다. 나쁜 것에 물든 후에는 늦기 때문에 아이들이 음식을 먹고(이유식 단계), 간단한 언어를 말하기 시작하는 유아 단계(만1세 정도)부터 빨리 교육해야 한다는 것이다.

에키켄은 이 논리의 근거를 『예기禮記』나 『공자가어孔子家語』, 『논어』 등 경서 고전에서 찾고 있다. 스스로의 주장이 단순히 자신만의 생각이 아니라 공자의 사상, 즉 사서오경에 근거한 것이 아니면 유학자는 그 정당성을 주장할 수 없다. 논리의 정당성의 근거를 경서에 두는 것은 유학자의 상식이었다. 그러므로 단어의 근거는 그리 중요하지 않다. 에키켄이 이것을 어떤 의미로 주장했는가가 중요하다.

또한 그는 조기 교육에 대해 다음과 같이 서술하고 있다.

어린아이는 열 살이 되기 전 조기에 교육하여 훈계해야 한다. 천성이 악하다(性惡) 해도 잘 가르쳐 배우게 하면 반드시 좋아지기 마련이다. 아무리 훌륭한 자질을 소유한 사람이라도 나쁘게 키우면 반드시 나쁜 쪽으로 옮겨가게 된다. 어린아이가 악해지는 것은 가르침이 없기 때문이다. 습관을 들인다는 것은 예를 들면 말을 길들이는 것과 같다. 아무리 버릇이 나쁜 말이라도 말을 잘 다루는 사람이 타면 나아진다. (『화속동자훈』 2권)

이 인용문에서는 왜 아이들을 열 살 전에 가르쳐야 하는지 그 이유를 설명하고 있다. 사람의 선악은 태어나면서 부여받은 '천성'에 의한 것이 아니다. 예컨대 천성이 악하다 하더라도 교육을 통해 선으로 옮겨갈 수 있으며, 훌륭한 기질을 가지고 태어난 사람이라도 태어난 후의 교육이 나쁘면 악해진다. 그것은 아무리 버릇이 나쁜 말(난폭한 말을 포함해 개성이 강한 말)이라도 조련사의 훈련에 따라 길들여지는 것과 동일한 원리라고 에키켄은 말한다. 에키켄이 말의 비유를 사용한 것은, 당시 사람들이 말을 길들이는 방법을 경험적으로 잘 알고 있었기 때문에 쉽게 이해할 수 있다고 판단했기 때문이다. 여기서의 비유는 사실 말뿐만이 아니다. 꾀꼬리의 예까지 끌어들여 다음과 같이 이어진다.

> 꾀꼬리 새끼를 기르는데 처음 지저귈 때부터 잘 지저귀는 다른 꾀꼬리 한 마리를 곁에 두고 그 소리를 들려주면 반드시 잘 지저귀게 되고 이후에도 변하지 않는다. 이것은 처음부터 좋은 소리를 들려주어 배우게 한 것이다. (『화속동자훈』 2권)

에도 시대에는 꾀꼬리 지저귀는 소리를 비교하는 것이 서민의 즐거움 중에 하나였다. 꾀꼬리 소리 콘테스트까지 있었다고 한다. 나도 시골에서 자랐기 때문에 경험한 적이 있다. 이른 봄 꾀꼬리가 지저귀는 소리는 확실히 탁하다. 그런데 봄이 깊어짐에 따라 점차 아름다운 소리로 바뀐다. 사람들은 그 과정을 즐기며 기른다. 그리고 울음소리의 완성도는 일정한 학습에 의해 이루어진다는 것을 근세인들은 깨달았다. 새끼 꾀꼬리 곁에 이른 시기부터 아름다운 소리를 가진 꾀꼬리를 두면 새끼는 그것을 듣고 흉내내며 점점 좋아진다는 것이다.

위에서 에키켄은 사람의 선악은 타고난 '천성'보다도 이후에 받는 교육에 따른다는 점을 강조한다. 말이나 꾀꼬리도 그러한데 하물며 만물의 영장인 사람(모든 생물 중에 아주 우수한 존재, 『서경』의 말)은 두말할 것도 없다. 이러한 입장에서 에키켄은 "자녀의 현명하고 어리석음은 대부분 부모의 능력(기술)"(『화속동자훈』 2권)이라고 하며 부모에게 교육의 책임이 막중함을 강조한다. 인간에게 생후의 교육이 얼마나 커다란 의미와 역할을 가지는지 이른바 '교육 가능성'의 중대함을 에키켄은 인식하고 있었던 것 같다. 실제로 이 말은 영국의 존 로크의 교육 인식과도 어깨를 나란히 할 정도의 '근대적'인 교육사상이라고 평가되는 경우가 많다. 그러나 이것은 한 면만 본 것에 지나지 않는다. 에키켄은 다음과 같은 이야기도 했다.

> 무릇 사람은 좋은 일도 나쁜 일도 아무것도 모르는 어린아이 때부터 배워 습관이 드는 것이다. 제 집에 출입하듯 일단 마음속에 주인처럼 이미 천성으로 굳어 버리면 나중에는 좋은 일 나쁜 일을 보고 들어도 변하기 어렵다. 천진난만한 어린 시절부터 빨리 좋은 사람을 붙여 착한 길을 가르쳐야 한다. 묵자가 하얀 실이 물드는 것을 슬퍼한 것도 당연하다. (『화속동자훈』 1권)

어린아이의 마음은 처음에는 무엇에도 물들어 있지 않다. 무엇이 선이며 무엇이 악인지를 모르는 이른바 백지 상태인 것이다. "무릇 어린아이는 지혜가 없다. 마음도 언어도 행동도 모두 옆에서 돌보아주며 따르는 사람을 보고 듣고 배우면서 그 사람을 닮아간다."(『화속동자훈』 1권)고 한 것처럼 아직 지혜智가 없는 단계의 유아는 자기를 둘러싼 모든 것(특히 아주 가까운 보육자)

을 보고 듣고 따라한다. 모방하여 '배워 습관이 드는 것' 그것이 아이들 마음의 주인이 된다. 이른바 '모방'과 '숙달'에 의해 마음의 주인이 되어 버린 것은, 타고난 '천성'과 다르지 않다. 따라서 일단 마음의 '주인'이 되었다면 그 후에 아무리 가르쳐도 그것을 변화시키기는 곤란하다고 에키켄은 주장한다. 여기서는 앞에서 말한 것과는 반대로 '교육의 무력함'을 강하게 자각하고 있음을 알아차릴 수 있다. 바로 이렇게 인식했기 때문에 아이들의 마음이 나쁜 것에 물들기 전에 '미리' 가르치는 것이 얼마나 중요한가를 에키켄은 반복해서 강조한다.

에키켄은 아이들의 인간 형성에서 중요한 원리를 이끌어 내고 있다. 교육의 가능성이나 무력함같은 문제가 아니다. 유아가 자신의 눈과 귀를 통해 '보면서 배우고 들으면서 배운' 것을 '닮아가는' 과정, 이른바 모방하는 힘이 바로 인간 형성에 결정적인 요인이라고 지적한다. 우리들은 에키켄에게서 어린아이가 <u>스스로</u> 모방하는 힘이 있다는 점을 읽어야 한다. 처음에 모방한 것이 버릇이 되고 마음의 주인이 되어 물들어 간다. 새끼 꾀꼬리가 옆에 있는 꾀꼬리의 울음소리를 닮아간다는 사실을 증거로 삼고 있는 점에서 에키켄의 주장을 명료하게 읽을 수 있다.

또한 에키켄은 공자의 '72제자해七十二弟子解'(『공자가어』)의 말을 인용하여 다음과 같이 말하고 있다.

　　공자가 '유성(정확히는 소성少成)은 천성처럼 습관은 자연처럼幼

成如天性 習慣如自然'이라고 한 것은, 어린 시절에 배워 익힌 것은 천성적으로 가지고 있는 것과 같고, 또 오랫동안 배워 익힌 것은 좋은 일도 나쁜 일도 노력하지 않아도 자연히 잘할 수 있다는 뜻이다. 선악은 모두 성에서 나오지만 습관에 기인하는 것도 많다.
(『대화속훈』 2권)

어린 시절부터 오랫동안 익숙해진 습관으로 몸에 배인 것은 선이든 악이든 자각적인 노력 없이도 자연스럽게(의식하지 않은 채 자기 스스로) 행동할 수 있다. 그것은 태어나면서 소유한 천성과 다르지 않다. 게다가 에키켄은 행동은 선천적인 천성이라기보다는 습관, 즉 생후 교육에 의해 몸에 배는 것이 많다고 덧붙이고 있다. 그는 분명한 자각 없이 이루어지는 모방과 숙달의 과정이야말로 인간 형성의 가장 중요한 계기라고 생각했다. 미리 가르친다는 그의 교육론은 이러한 원리에 기초하고 있었다.

무엇을 가르칠 것인가?

그러면 에키켄은 미리 가르친다는 것을 통해 무엇을 얼마나 가르치려고 했던 것일까? 같은 책에서 말한 내용이다.

무릇 어린아이를 양육할 때에는 오직 의義를 지키고 올바른 행동을 하도록 가르쳐야 한다. 잠시 잠깐의 사랑을 베풀어서는 안 된다. 의리를 지키고 올바른 행동을 하도록 가르치는 것은 올바

른 의리로 어린아이의 나쁜 부분을 훈계한다는 말이다. (『화속동자훈』 1권)

'잠시 잠깐의 사랑'이란 아이가 너무나 사랑스러운 나머지 아이가 바라는 요구를 쉽게 받아주는 것, 응석을 받아주는 것을 말한다. 그것은 아이의 사치를 조장하기 때문에 금물이라고 에키켄은 말한다. "의리를 지키고 올바른 행동을 가르침"이란 올바른 의리(올바른 규범, 구체적으로는 '예禮'의 질서)의 기준에 따라 아이가 제멋대로 행동하는 것이나 사욕 등의 나쁜 것을 억제하도록 훈계하는 것을 의미한다.

여기서 중요한 것은 에키켄이 '가르친다'는 것을 어떤 일을 적극적으로 가르쳐 주입시키는 것이 아니라 좋지 않은 일을 '훈계한다'고 생각한 부분이다. "어린아이는 열 살이 되기 전에 빨리 가르쳐 훈계해야 한다"(『화속동자훈』 1권)거나, "가르쳐 훈계하는 것이 늦어지면" 등과 같이 '가르친다'는 말을 대체로 '훈계한다'는 문맥에서 언급하고 있다. 다시 말해 '가르친다'는 것은 실제로는 '나쁜 것을 훈계'하는 것이었다.

에키켄은 『일본석명日本釈名』이라는 일종의 일본어 어원사전을 편찬했다. 이 책의 '가르치다教[오시에]'항을 보면 "가르친다는 것은 억제하는 것이다. 사람의 악을 억제하고 좋은 것을 보여주는 것"이라고 정의하고 있다. 역시 '가르친다'는 것은 적극적으로 좋은 일(선)을 가르쳐 주입하는 것이 아니라 좋지 않은 일을 했을 때 그 악한 것을 억제함으로써 반대로 무엇이 좋은 것인가를 알게 했음을 알 수 있다.

이것은 오늘날 어른이 아이에게 일정한 커리큘럼에 따라 체계적, 적극적으로 가르쳐 주입하는 것과 다르다. 앞에서 말한 것처럼 아이는 외부로부터 교육을 강요받는 것이 아니라 자신의 힘이나 오관을 동원하여 주변 사람이나 환경을 '보고 듣고 배우며' 다양한 활동을 반복하면서 끊임없이 학습해 간다. 아이가 스스로 활동하여 자력으로 학습하는 것, 그것이 대전제라는 점에 주의해야 한다. 그 위에 아이가 마땅한 규범(의리)을 일탈한 경우에는 내버려두지 말고 지적하여 엄하게 나무라는 것, 이것이 에키켄이 말하는 '가르친다'는 것이다. 오히려 '가르치지 않는(가르쳐 주입시키지 않는)' 교육이라고 하는 편이 적절하다.

앞에서 언급한 에키켄의 어원사전 『일본석명』에서 '배우다 學[마나부]' 항에는 이렇게 쓰여 있다.

> '마ま'는 진실함誠이다. '나부なぶ'는 배우는 것이다. 진실함을 배우는 것이다. 진실하도록 배우는 것이다. 아이가 데나라이하는 것과 같다. 글자를 모방하여 올바른 표본과 같이 쓰도록 배우는 것이다.

에키켄은 '배운다'는 것을 어린이가 데나라이하듯이 올바른 모범을 모델로 삼아 가능한 한 그것과 닮는 것을 의미한다고 보았음을 알 수 있다.

입지立志의 중시

어릴 때부터 선을 즐겨 행하고 악을 싫어하여 멀리한다. 뜻은 전일해야 한다. 이러한 자세가 없다면 학문을 해도 도움이 안 된다. 아이들은 첫째 여기에 뜻을 두어야 한다. 이러한 내용을 어린 소년들을 위해 거듭 고하는 바이다. (『화속동자훈』 2권)

이처럼 에키켄은 학문의 전제에 입지를 두고 그 중요성을 거듭 강조했다. 예를 들면 "뜻이 올바른 것이 만사의 근본이다."(『화속동자훈』 2권), "(학문이라는) 길에 뜻을 두는 자는 마땅히 그 뜻을 성실하고 공경한 태도로 지켜야만 한다."(『신사록』 1)고 했다. 그는 왜 이렇게 '입지'를 중시하는 것일까? 에키켄에게 '입지'는 어떤 의미일까?

에키켄이 말한 모방과 숙달에 기초한 교육의 기본 전제에는 아이나 학습자의 자기 활동이 있었다. 즉 아이가 스스로의 힘으로 모방하고 숙달하는 것으로 인간 형성이 이루어진다는 것이었다. 여기에는 가르치는 쪽의 문제가 아니라, 어떻게 활동하고 학습할 것인가라는 배우는 쪽의 문제가 일차적인 요인이 된다. 이러한 맥락 안에서 입지의 의의를 찾아야 한다.

마음가짐이란 자기가 세우는 것이지 타인이 주관하는 것이 아니다. 모름지기 자신이 분발해야 한다. 이러한 이유로 피일휴皮日休

는 성인은 사람에게 길은 제시하지만, (배우려는) 마음가짐을 제시하지는 않는다고 했다. (『신사록』1)

마음가짐이란 타인에 의존하는 것이 아니라 자신에 근거하는 것이다. 그렇기에 당연히 스스로 분발해야 한다. 피일휴의 말에서 입지의 의미를 분명하게 읽을 수 있다. 성인은 배워야 할 '길'은 제시해 주지만 배우고자 하는 '마음가짐'까지는 제시해 줄 수 없기 때문에, 마음가짐은 학습자 측의 문제가 된다. 배우는 사람이 능동적이며 자발적인 학습 의욕을 갖는 것이, 학문하기 위한 절대적인 전제라고 간주한다. 학문은 밖에서 주어지는 것이 아니라 학습자가 스스로의 힘으로 배워 얻는 것이라고 하는, 앞에서 살펴본 학습관에 의거한 주장이다.

말하자면 스스로가 어떠한 자세로 길(학문)에 임하는가이다. 학습의 동기 부여, 의욕이라고 하면 쉽게 이해될 것이다.

학습자의 입지를 중시하는 것에는 왜 배우는가라는 배움의 목적이나 의미를 잊어버리지 않도록 끊임없이 자각하는 필요성도 들어 있다. 배움의 목적은 에키켄의 말을 빌리면 "성인의 길"을 배우고 "선을 행하고 악에서 떠나" 바르게 사는 데 있다. 또 자기가 얼마만큼 이 세상의 인류, 만물과 올바르게 관계를 맺으며 살아가는가, 그 의미와 방법(예, 술·기술)을 체득하는 것이다. 또는 배워서 지식을 얻는 것이, 날마다 살아가는 가운데 어떠한 의미를 주는가라는 문제를 끊임없이 자문하는 것이다. "뜻이 없는 자는 넓게 보고 박식하다고 해도 자기에게는 아무런 이익이 없다."(『신사록』 1)는 말이 그것을 보여준다. 즉 자신에게 학문이란 무엇인가라는 끊임없는 질문이 배우는 일의 정당성과 유효성을 유지해 준다.

이러한 사실을 요약하면 학문에 입지를 둔다는 것에서 두 가지의 의의를 이끌어낼 수 있다. 첫째, 배우는 주체의 능동성이나 자발성을 이끌어내 그것을 유지하며 배우는 의욕을 지속적으로 갖게 한다. 본인이 배우고 싶다는 학습에 대한 자발적인 의욕을 갖는 것이 바로 학습을 의미 있게 만드는 절대 조건이라는 사실이다. 입지를 중시하는 에키켄의 중요한 메시지가 여기에 있다. 둘째, 왜 배우는가, 스스로가 배우는 것의 의미를 살아가는 가운데에서 찾는 사상적인 토대의 자각이 입지 안에 포함되어 있다. 즉 에키켄의 학습관에는 언제나 배움에 대한 세계관적인 의미 부여가 전제되어 있었다. 그것은 이미 서술한 것처럼 '천지를 섬기는' 사상이라 할 수 있다.

3 교사의 역할

보육자의 중요성

모방과 숙달을 기본원리로 하는 에키켄의 교육사상과 학습관에서 교사의 의미는 무엇일까? 『화속동자훈』에서 계속 강조하는 '유모' 선정의 중요성을 살펴볼 필요가 있다.

> 어린아이를 키우는 데는 앞에서도 말했던 것처럼 먼저 유모나 돌보아 주는 사람을 골라야 한다. (중략) 어린아이는 지혜가 없으며 마음도 말도 세상의 모든 행동도 옆에서 돌보는 사람을 보고 들으며 닮아간다. 유모나 옆에서 돌보는 사람이 나쁘면 아이도 그를 닮아 잘못된다. (『화속동자훈』 1권)

유모란 '옆에서 돌보아 주는 사람'과 동일한 뜻으로 아이를 매일 보살피는 친근한 보육자를 뜻한다. 오늘날에는 대개 어머니일 것이다. 아이 스스로 모방하는 힘, 그것이 인간 형성의 기본적 계기가 된다면 최초로 모방할 대상(환경)은 유모(부모)가 된다. 아이는 아주 친근한 보육자를 '보고 듣고 배우면서' 모방하기 때문에 어떤 사람이 보육자가 되는가가 아이에게 결정적인 영향을 미친다.

아이에게 부모는 최초이자 최대의 환경이지만 부모를 선택할 권리가 없다. 그러나 이 인적 환경이 아이에게 결정적인 영향을 미친다. 그렇게 본다면 부모가 자각하여 스스로의 행동양식을 규제하면서 아이를 위해 가장 좋은 환경이 되도록 노력해야 한다. 에키켄이 말하고자 하는 것은 바로 이것이다.

에키켄의 교사론

이제 에키켄의 교사론을 살펴보자. 원리적으로는 유모 선택론의 연장선에 있다.

> 어린아이에게 학문을 가르치고자 한다면 처음부터 인품이 좋은 스승을 구해야 한다. 학문에 자질이 있다 해도 나쁜 스승은 따르게 하지 마라. 스승은 아이가 따라 배우는 표본이기 때문이다. 학문은 내용을 잘 살피는 데 중점을 두어야 한다. 배우는 내용이 나쁘면 오히려 본성을 해치게 된다. 일평생 노력해도 좋은 길로 나아가지 못한다. 한번 나쁜 것을 배우게 되면 나중에는 좋은 것을 들어도 바뀌지 않는다. (『화속동자훈』 1권)

스승(교사)은 아이(학습자)가 '본받는 표본', 즉 모방의 대상이다. 교사는 아이에게 마땅한 자기상이며 규범을 체현하는 존재다. 이처럼 교사에 관한 논의조차 '가르친다'는 교사의 측면이 아니라 '배운다'는 학습자의 측면에서 설정되어 있다는 점에 주의해야 한다. 학습자(어린이)가 혼자 힘으로 배우는 활동이 인간 형성이나 학문 학습의 출발이라는 관점이 교사론에도 일관되게 나타나고 있다. 따라서 앞에서 유모 선정이 중요하다고 한 것과 같은 논리로, 어떤 교사 밑에서 배울 것인가 하는 교사 선정의 중요성도 역설하고 있다.

『초학지요初學知要』 상권에서는 이렇게 말하고 있다.

> 스승인 자는 사람의 모범이자 배우는 자의 표본이다. 그러므로 스

승이 좋아야 배우는 내용이 올바르게 된다. 학문의 내용이 올바르게 된 후에 학문에 도움이 있다. 이와 같이 배우는 내용의 좋고 나쁨, 마음心術의 선악은 모두 여기에서 기인한다. (「택사우擇師友」)

즉 교사란 학생들이 배우는 모범이다. 그렇기 때문에 교사 선정의 기준으로 좁은 의미의 학문(학문의 재능, 학문적 역량)보다도 '배우는 내용이 참되고 옳으며 본성과 행동이 바르고 엄격함', 즉 선한 인격적인 측면을 중시하고 있다. 그것은 교사에 대한 신뢰감과 관련되어 있다.

교사가 모방해야 될 규범인 이상, 절대적으로 신뢰할 수 있는 존재여야만 한다. 강한 신뢰감만이 학습자의 자발적인 모방 의욕을 만들어 내기 때문이다. 다시 말하면 신뢰하고 존경할 수밖에 없는 선생이기 때문에 아이는 그 선생을 자신의 존재 모델로 생각할 수 있다. 어린 시절을 돌아보면 좋아하고 존경하는 선생님의 수업에서는 나도 모르게 선생님이 칠판에 쓰는 서체까지 흉내내려고 노력했다. 신뢰감이 있으면 아이는 그냥 놔두어도 하고 싶은 마음이 생겨나 공부하게 된다. 에키켄은 교사와 아이의 관계에서, 교사에 대한 신뢰감이 절대적으로 필요한 조건이라고 생각했다. 오규 소라이도 선생님을 신뢰하는 것이 교육의 절대 조건이라고 강조한다. 이를 위해서는 아이(학습자) 측에서 자신이 따를 수 있는 선생님을 선택해야 한다. 에키켄은 학습자가 교사를 선택하는 것이 당연하다고 생각했다. 에키켄뿐만 아니라 에도 시대에는 그러한 인식이 일반적이었다.

학습하는 측에서 교육문제를 파악한 에키켄은 교사가 무엇인가를 적극적으로 가르치는 주체라고 생각하지 않았다. 그래서 에키켄은 가르치는 것을 전문으로 하는 직업인 교사가 꼭 필요하다고는 생각하지 않았다. 그렇다고 교사의 존재를 무용하다고 여긴 것이 아니라 오히려 반대였음을 말해두어야겠다.

> 보잘것없는 기술이나 곡예를 하는 데에도 반드시 선생이 있다. 배운 후에야 할 수 있다. 하물며 광대한 인간의 도리, 자신의 몸과 마음을 닦은 후에 국가를 안녕히 하는 일에 있어서랴. 크고 작은 일에 어찌 선생이 없고 배우는 일 없이 이루어지는 이치가 있겠는가? (『신사록』 2)

이처럼 작은 '기술'이라도 배우지 않으면 알 수 없는 것이다. 사람은 세상만사 모든 일을 배울 필요가 있다. 배우기 위해서는 반드시 좋은 스승이 필요하다는 것이 에키켄의 지론이었다.

그러나 교사는 학습자를 향하여 언어나 이론으로 지식을 '가르쳐 주입시키는' 존재가 아니라 좋은 모범으로서 학습자 앞에서 행동하는, 이른바 선행자先行者의 모습이었다. 학습자가 그러한 모습을 보면서 감화, 영향을 받으며 스스로 학습해 가기를 바랐던 것이다. 가르치지 않는 교사, 가르치지 않는 교육, 실로 '배어드는 형'의 교사 모습이 그려져 있다.

4 신체로 배우는 학습: 예 교육 시츠케[1]

신체의 규율화

에키켄의 '미리 하는' 교육에서는 아이가 스스로 하는 모방과 숙달의 과정이 중요했다. 아이는 자신의 손발이나 눈, 귀, 오관을 통해 보고 듣고 배우면서 신체적인 활동으로 모든 지식을 체득한다. 무의식적인 습관이 될 때까지 반복함으로써 몸에 철저하게 배게 하는 것이다. 그것은 물론 언어로 가르쳐 '주입하는' 과정이 아니다. 언어화된 것, 언어로 전달 가능한 것은 마음에 지각화된 의식의 단편에 불과하다. 여기서 말하는 모방과 숙달은 언어에 의한 의식의 회로를 통하지 않는, 언어에 의해 의식화되는 지知와는 상이한 일종의 '신체지身體知'의 획득을 추구하는 것이라 볼 수 있다.

에키켄이 말하는 가르친다는 것은 실제로는 '가르치지 않는' 교육이었다. 해야 한 일을 미리 언어로 가르치는 것이 아니라, 아이가 자유롭게 행동하게 하고 그 행동이 일정한 규범에서 벗어날 때 훈계한다. 이렇게 아이가 스스로 깨닫는 것을 기대하는 교육방법이었다. 지극히 실천에 입각한 교육방법이다.

에키켄의 이러한 교육방법은 오늘날 말하는 '시츠케'와 교

1_시츠케しつけ: 사회 집단의 규범, 규율이나 예절같은 관습에 맞는 행동이 가능(규범의 내면화)하도록 훈련하는 것. 시츠케躾는 身에 美가 결합된 일본식 한자로 자신의 몸을 어떠한 틀(예의 범절)에 맞게 가꾼다는 의미가 있다.

감된다. '시츠케'는 언어로 미리 조리 있게 주입하는 것이 아니라 실제 생활에서 마땅한 규범을 벗어났을 때, 정도에 맞게 주의를 주고 훈계하여 신체가 기억하게 만든다. 습관화하는 것이다. 생활상의 일정한 몸의 '자세型'라고도 할 수 있다. 시츠케에 관해서는 야나기타 구니오柳田國男의 글이 참고가 될 것이다.

> 시츠케라는 말은 작물재배 등에서 사용되었으며 시츠케 봉공奉公이라는 말도 있었다. 본래는 '제구실을 하는 사람(이치닌마에)'[2]으로 만드는 것을 의미함이 분명하지만, 다른 한편으로 부모에게 종종 야단맞고 종종 벌 받는 것을 시츠케라고 생각했다. 그래서 아이들이 이것을 흉내내어 '놀려준다'는 의미로 '시츠케루'라는 방언까지 생겨났다. 왜 이렇게 되었는가는 중요하지 않다. 다시 말하면 지금의 학교 교육과는 반대로, 마땅한 것은 가르치지 않으면서 마땅하지 않는 말을 하거나 행동을 했을 때 훈계하거나 깨닫게 하는 것이 시츠케의 법칙이었다. 아주 어릴 때부터 우리들은 자신의 눈과 귀, 또는 힘으로 마땅한 것[규범]을 배우지 않으면 안 되었다. 이렇게 하여 시츠케에는 오늘날의 덕목과 같은 말은 없어지고 단지 [신체가 아닌] 마음으로만 깨닫는 것이 많았다. 일본의 전통에는 글자는 물론 말로도 표현하지 않으면서 묵묵히 전해져 오는 것이 있었다. (『교육의 원시성』)

2_이치닌마에―人前: 성인 한 사람이 할 수 있는 노동량. 일인분

야나기타가 말하는 시즈케의 법칙은 에키켄의 교육방법과 원리적으로 다르지 않다. 단지 야나기타가 말하는 시즈케가 에키켄에게는 예로 표현되었다. 에키켄이 주장하는 예의 사상적인 의미는 별도로 검토해야 하지만, 요약하자면 인간 사회에서 '타자'에 대한 올바른 관계 방식을 의미한다. 여기서 타자는 자기 이외의 타인뿐만 아니라 천지가 생산하는 생명을 가진 모든 존재(만물)를 포함한다. 다음으로 『삼례구결三礼口訣』이라는 에키켄의 저작을 바탕으로 예에 대해 구체적으로 알아보자.

작법作法의 예

삼례란 서례書礼, 식례食礼, 다례茶礼를 말한다. 삼례구결이란 『서례구결書礼口訣』 3권, 『식례구결食礼口訣』 1권, 『다례구결茶礼口訣』 1권을 포함한 총칭이다. 서례란 일상생활에서 문자를 쓰거나 여러 가지 책을 쓸 때 알아두어야 하는 서법에 관한 예법으로 자세한 내용을 구체적으로 기록한 것이 『서례구결』이다. 이 책에는 편지를 주고받는 것에 관한 '서법고실書法故実'을 시작으로 '귀천서법貴賎書法·묵계墨継·용자用字·서식도書式図·명칭名称·명수名数·신기神祇·관위官位·질병사상疾病死喪·승가僧家·공공工功'의 3권 12조, 도합 319항목에 이른다. 이 책이 얼마나 자세한지 한 예를 들어보자.

세로로 편지를 쓸 때는 2행 중간 약간 위에서 먹을 찍어야 한다.

다음은 3행 중간 아랫부분에서 먹을 찍어야 한다. 뒤에는 번갈아 먹을 찍고 귀인의 이름이나 그 외의 문장이 시작하는 곳에서 먹을 찍는다. 어떤 경우라도 행의 윗부분을 마른 붓[3]으로 써서는 안 된다. 행의 처음 부분에서는 먹을 찍지 않도록 한다(생략). (에키켄회 편,『에키켄 전집益軒全集』1권, 1910)

'식례'란 마찬가지로 여러 가지 식사에 필요한 예법으로 이것도 66개 항목을 들고 있다. 예를 들어 식사에 초대받았을 때 예절로 "먼저 밥그릇을 왼손으로 들고 다음에 젓가락을 들고 한 번 두 번 밥을 뜨고 내려놓고 왼손으로 국그릇을 들어 국의 건더기를 먹는다. 다시 밥을 먹고 국물을 마시고 건더기를 먹고(어떤 사람이 말하길 이와 같이 세 번 해야 한다) 상 위의 음식을 먹는다. 상위에 차려놓은 음식이 두 가지 있으면 왼쪽에 있는 것부터 먹어야 한다. 젓가락을 들었다 내려놓는 일거수일투족에 대해 최대한 자세하게 기록하고 있다.

에키켄은 위의 사항들을 말 그대로 예에 관한 책이라 보았으며 모든 것을 이렇게 하지 않으면 상대방에게 결례가 된다고 생각했다. 그 섬세한 마음 씀씀이는 정말 놀라울 정도다. 기존의 예서禮書에 불만이 있었던 에키켄은 스스로의 학문에 근거하는 권위있고 올바른 예법서를 저술하려는 의도로 이 책을 썼는데

3_마른 붓枯筆: 물기가 거의 없는 붓에 먹을 조금만 묻혀 사용하는 필법으로 찰필擦筆이라고도 한다. 먹을 듬뿍 묻혀 사용하는 습필濕筆과는 반대의 방법이다.

서문을 보면 그 취지가 분명하게 나와있다.

예를 지탱하는 사상적 근거는 "예는 천지의 항상됨(변하지 않은 법칙)이며 사람이 본받을 규범이다."(『화속동자훈』 1권)라든지, "사람은 천지의 자식이다. 천지는 법으로 행한다."(『대화속훈』 3권)고 하듯이 끊임없는 '천지의 운행'이며 이에 근거하여 구축된 그의 학문이었던 것이다.

유학의 세계에서 예라고 하면 말할 것도 없이 중국의 『주례』『의례』『예기』같은 예서에 나타난 예이다. 시서예악詩書禮樂의 하나로 공자가 아주 중요시했던 예는, 인간 사회의 문화적인 이상을 보여주는 기준이며 인간 생활의 전체를 망라한다. 따라서 크고 작은 다양한 예가 있다. 그 중에서도 유학은 보통 왕례王礼와 가례家礼를 아주 중요하게 여겼다. 왕례란 천자가 하늘과 땅(특히 하늘)에 제사를 지내거나 제후가 사직社稷(토지의 신과 오곡의 신)에 제사를 지내는 국가적인 의례, 외교 사절을 알현할 때의 외교 의례 같은 정치 제도나 의식 등 정치적 세계의 모든 예를 말한다. 가례는 말 그대로 각 집안의 생활 속에서 이루어지는 예이다. 선조를 제사지내는 예(제례), 망자를 보내는 상례葬式(장례식) 혹은 여러 가지 관冠(성년식)이나 혼婚(혼례) 같은, 관혼상제의 총칭이다.

하지만 에키켄이 열정적으로 역설한 예는 위에서 말하는 왕례도 가례도 아니었다. 훨씬 더 일본의 일상에 입각한 신체작법身体作法이다. 그것은 "예는 천지의 변하지 않는 것으로 사람이 본받을 규범이다. 예가 없으면 인간의 작법도 없으며 금수와 마찬가지이다. 그러므로 어릴 때부터 삼가 예를 지켜야 하는 것이다. 사람이 행하는 모든 일이 예이다. 세상만사 모든 일에 예가 있으면 사물의 조리가 서 행하기 쉽고, 마음 또한 정하기 쉽다."(『화속동자훈』1권)에 분명히 나타나 있다. 읽으면 알 수 있듯이 오늘날 우리가 작법作法이라 하는 것과 거의 차이가 없다. 주로 사람이 일상에서 행하는 모든 행동거지라 보면 된다. 에키켄이 알기 쉽게 쓴 또 다른 교훈서『문훈文訓』에도 "어릴 때부터 일상적인 행동거지를 배워야 한다. (중략) 어린아이 때부터 부모에 효도하고, 형제의 우애를 지키며, 임금에게 충성하고, 벗과 교제하고, 먹고 말하고 행하는 법을 먼저 배우게 해야 한다."(상권)고 하였는데 그 중에서도 '음식의 예'나 서간을 쓸 때 필요한 '서례'가 특히 중요하다고 말하고 있다.

또 "사람이 몸으로 행하는 것이 많다고 하지만 간단히 말과 행동 두 가지에 지나지 않는다. (중략) 언행을 분류하면 몸의 기술은 네 가지이다. 보고 듣고 말하고 행동하는 것, 이 네 가지의 기술에 모두 정해진 법이 있다. 이것을 예라 한다."(『대화속훈』6권)고 했다. 즉 사람이 신체로 행하는 방식(신체의 기술)은 눈으로 보고 귀로 듣고 입으로 말하고 몸으로 행동하는 네 가지의 일로 집약된다. 목수의 곡척(목수가 일에 사용하는 자)과 같이 올바른 법(행동의 기준)이 있으며 그것이 예라는 것이다. 신체 기술로서의 예는 일종의 신체 작법과 다르지 않다.

신체에서 마음으로

사람과 교제하는 데는 항상 예의를 바르게 해야 한다. 예의의 시작은 먼저 예법에 맞는 몸가짐威儀을 하는 것이다. 예법에 맞는 몸가짐이란 몸의 자태를 말한다. 의복을 바르게 하고 안색을 가지런히 하고 형태를 단정히 하며 말을 순하게 하는 것이다. (중략) 언어, 용모는 속마음이 밖으로 드러나는 증거이다. 말과 자태를 보면 마음속의 선악은 알기 쉬운 것이다. (『대화속훈』 8권)

여기서 말하는 예도 인간 사회의 다양한 상황에서 취하는 일정한 질서인 신체 형식을 말한다. 일상생활의 틀型이라 보아도 된다. 그것을 우선 예의 체계라 해두자. 사람은 예의 체계에 따라 의복을 바로 입고 용모를 단정히 하며 언어 사용에 조심해야 한다. 왜냐하면 신체로 표현되는 언어나 용모는 밖으로 드러난 속마음이므로 그에 따라 그 사람의 선악을 알 수 있기 때문이다. 이렇게 일상의 일거수일투족에 이르기까지 신체 활동의 총체는 예라 불리는 작법에 의해 규율화되고 구속된다.

예를 따르는 것은 사람이 사람이 되는 이유로 "만약 사람에게 예의가 없다면 금수와 무엇이 다르겠는가?"(『신사록』 1)라고 한 것처럼 에키켄에게 중요한 문제였다. 더욱 주목할 점은 그 예가 외면의 신체에 한정된 것이 아니라 "예가 있으면 마음도 또한 정해지기 쉽다."고 했듯이 마음 상태까지도 규정하는 것으로 여겨졌다는 것이다. 그렇기 때문에 예를 따르는 것으로 마음도 올바르게 안정되어 날마다 올바로 살아갈 수 있다고 생각했다. 예라는 신체 기법이 결국 마음을 바르게 만든다는 에키켄의 생각에는 '신체에서 마음으로' 향하는, 앞에서 살펴본 에키켄 심신론의 방법 원리가 분명하게 존재하고 있음을 알 수 있다. 이 논리는 마음을 수양하기 위해서는 밖으로 드러나는 신체상의 규율들을 날마다 예로써 실천하는 것이 중요하다는 것을 이끌어 낸다. 일본의 학교생활은 교칙에 따라 규율주의를 취하는 경우가 많은데 그 사상사적 계보는 이러한 논리에 있다고 할 수 있다. 이 점은 6장에서 다시 한 번 고찰할 것이다.

예의 학습

예가 사람에게 빼놓을 수 없는 신체의 기법이라면 배우지 않으면 안 될 것이다. 에키켄이 "어린아이 때부터 일본의 예에 따라 행동거지, 음식, 술과 차의 예, 배례拜礼 등을 가르쳐야 한다."(『화속동자훈』 1권), "7세가 되면 이제 예법을 가르쳐야 한다. (중략) 8세가 되면 나이에 상응하는 예의를 가르쳐 무례를 경계해야 한다. 이 무렵부터 행동거지, 어른들 앞에 나아가 섬기고 물러나는 것과 어른들과 손님에게 말하고 물음에 대답하는 법, 어른 앞에 음식을 차리고 내가는 법, 술잔을 꺼내고 술병을 들어 술을 권하며 안주를 차려내는 법, 차를 권하는 예까지도 가르쳐 배우게 해야 한다."(『화속동자훈』 3권)고 한 것처럼, 어렸을 때부터 일상적 실천의 자리에서 신체적으로 반복하여 배우고 이에 숙달하는 것이 요구되었다. 이러한 신체 기법의 훈련이 미리 하는 교육으로 이어진다. 이것은 현재 시즈케라는 말로 부르는 것과 전혀 차이가 없다.

신체, 및 어린이라는 주제

유학은 고루한 도덕학이라는 이미지가 강해서인지 마음의 수양을 첫째로 여긴다고 생각하는 경향이 있다. 주자의 학문은 본원적으로 보편적인 이가 마음에 내재하며 마음의 본래성을 이끌어낸다고 말한다. 이러한 생각을 바탕으로 기의 원리에 서 있는 신체보다는 이에 근거한 마음의 수양을 첫째로 생각했다. 주자학은 본래 '마음에서 신체로' 향하는 마음의 수양을 첫째로 생각하는 마음의 학문이었다. 그러나 에키켄은 그렇지 않았다. 마음보다도 오히려 신체를 첫 번째로 중요시하면서 신체에서 마음으로, 즉 신체의 수양을 통해야만 마음의 수양에 달한다고 생각했다.

에키켄이 주자학과는 반대로 신체의 중요성을 부각시킨 것은 왜일까? 또 그 의미는 어디에 있는 것일까? 이론적으로 말하면 에키켄이 주자학의 이의 본원성을 부정했기 때문에 오는 필연적인 귀결이었다. 이것을 심신론(마음과 신체의 관계성)에 입각해서 말한다면, 에키켄이 마음의 자율성을 인정하지 않고 마음의 권위를 부정한 결과다. "사람의 마음은 때때로 변하기 쉽다.

타인의 마음도 내 마음도 모두 믿을 수 없다."(『대화속훈』 4권), "내 마음은 반드시 도리의 척도가 될 수 없다."(『대화속훈』 8권)고 한 것처럼 에키켄은 사람 마음의 불안정함이나 판단력의 위험성을 정확하게 자각하고 있었다. 마음의 약함을 잘 알고 마음을 신뢰하지 못했다. 그것은 사람이 천지의 은혜로 태어나 천지의 덕택으로 살아가는 아주 보잘것없는 존재라는 자기 인식과 일체된 문제였다. 즉 에키켄이 주자학의 이의 본원성을 믿지 않았다는 것은 사람의 마음이 신뢰할 수 없는 불완전한 것이라는 인식이기도 했다.

사람 마음의 자율성을 불신하는 것이 신체에 주목하게 만든 것은 분명하다. 자신의 마음 안에 보편적 진리가 있다고 믿기 때문에 주자학은 마음의 미세한 양태를 탐구하는 데 학문의 가능성을 둘 수 있었다. 그러나 이러한 전제를 상실한다면 의지할 수 있는 가능성은 신체밖에 없게 된다. 믿을 가치가 없는 위험한 마음이 아니라 행위의 주체인 신체의 존재가 바로 선을 이룰 수 있는 확실한 계기가 된다. 그렇다면 발견할 수 있는 학습 방법은 믿기 힘든 사람의 마음을 통로로 삼는 것이 아니라 직접 신체를 대상으로 한 교육의 시스템에 있다.

이렇게 보면 끊임없는 모방과 숙달에 의해 자기를 생성해가는 유년기의 의미가 커진다. 즉 아이가 무의식적으로 행동하는 모방과 숙달의 과정이 바로 신체를 동원한 교육 학습 시스템의 원형인 것이다. 에키켄은 이러한 생각을 바탕으로 어린이 교육이나 학습의 문제를 탐구할 주제로 떠올린 것이다.『화속동자훈』은 이러한 신체를 수단으로 하는 교육이나 학습의 원리를 아이의 자기 생성 과정에 입각하여 역설한 것이다.

의식화된 마음, 즉 언어를 매개로 가르쳐 주입하는 방법이 아니라, 신체적인 자기 활동을 통한 학습방법이었다.

지금까지 근대의 교육 세계에서는 언어화된 지식이나 마음의 문제에 관심을 기울여왔다. 언어를 통해 이론적으로 체계화된 지식 교육(교과의 커리큘럼)이나 도덕 교육이 교실 안에서 행해져 왔다. 반대로 말하면 교육의 신체성이나 학습의 신체성에 관해서는 전혀 배려하지 못했다. 근대 교육 시스템에서 문제되는 신체라는 것은, 과학적 대상인 자연의 영역, 즉 인체 조직이나 건강, 위생 문제(이과나 보건) 혹은 단련해야 될 육체(체육) 같은 것이었다. 이것은 모두 주체로서 마음과 분리된 영역에서 파악된 신체였다. 에키켄을 통해 깨달은 것처럼 근세의 마음과 신체의 관계를 교육이나 학습 시스템 안에서 생각하는 것은, 근대 교육이 지금까지 신체의 문제를 은폐해 왔다는 것을 표면화하고 신체의 문제를 교육의 주제로 새롭게 제기하려는 시도이다.

나는 에도 시대 에키켄의 교육이나 사상을 살펴보는 것으로 근대 학교가 이렇게 보인다는 것을 말하고 싶었다.

제5장

도제제와 내제자

1 직인의 교육법

직인의 도제제

이 장에서는 직업의 기술·기능이나 예능 기술을 배우는 교육 시스템을 다룬다. 이른바 도제徒弟 제도나 내제자內弟子 제도라 불리는데, 근대 국민 교육과는 이질적인 원리로 성립된다. 도제 제도는 목공이나 불상 제작자와 같은 숙련된 수공업 기술로 물건을 제작하는 직인職人의 수업에서 생기며, 내제자 제도는 주로 전통적인 예능을 배울 때 나타난다. 그러나 내제자 제도는 훨씬 광범위하여 의학이나 학문 등의 수업까지도 포함한다. 도제나 내제자는 용어가 다르긴 하지만 원리적으로 거의 공통된 교육 시스템이라 보아도 된다. 상인의 전통적인 직업 양성 시스템은 특히 뎃치[1] 고용제라 불렸는데 상가商家라는 일정 조직을 통해 이루어졌다는 점에서 스승과 제자의 개인적 관계에 바탕을 두는 직인 도제제나 내제자 제도와는 약간 차이가 있지만 시스템 자체의 원리와 사고방식은 도제 교육의 한 종류이다.

도제 제도는 '오야가타'[2]에게 제자로 들어가 함께 거주하면서 생활한다. 제자는 의식주는 보장되지만 아무리 일해도 무급

1_뎃치丁稚: 직인이나 상인의 집에 함께 거주하면서 잡일에 종사, 기술이나 상술을 배우는 소년을 말한다.
2_오야가타親方: 제자를 지도 감독하는 역할을 맡은 사람으로 부모의 역할을 대신한다는 의미도 있다. 내제자 제도에서는 스승, 상가에서는 주인이 오야가타이다.

이 원칙이었고, 오야가타의 몸시중을 들거나 가사일 등 잡일을 해야 한다. 즉 오야가타의 손발, 값싼 노동력이 되어 일을 돕는다. 일정 기간 동안 이렇게 수업이자 노동을 지속함으로써 필요한 지식이나 기술, 마음 자세 같은 삶의 방식을 자연스럽게 익혀가면서 이치닌마에가 되어 간다. 이치닌마에가 되어 독립한 후에도 오야가타와의 종속적인 사제 관계는 사라지지 않는다.

궁목수 니시오카 츠네카즈의 경우

니시오카 츠네카즈西岡常一(1908~95)라는 직인이 있었다. 법륭사法隆寺 목공인 도편수(동량棟梁)의 집안에서 태어났다. 조부인 니시오카 츠네요시西岡常吉 역시 법륭사의 도편수였다. 니시오카는 어린 시절부터 할아버지 밑에서 궁목수[3]로 엄격히 교육받아 후계자가 되었다. 그리고 법륭사의 해체 수리를 시작으로 법륜사法輪寺 삼중탑의 재건, 약사사藥師寺의 금당이나 서탑西塔과 가람을 재건할 때 도편수를 맡았다. 니시오카의 기술은 어디에서도 찾아보기 힘들 정도로 탁월했다. 그 공적으로 문화재 보존 기술자로 지정되고 나아가 문화 공로자로 존경받았다. 그는 나무에 대한 깊은 통찰력을 바탕으로 나무를 활용하는 명장이었다. 그 기술의 경지는 저작이나 자서전 등을 통해 많은 사람에게 널리 감명을 주고 있다.

3_ 궁목수宮大工: 주로 신사나 절 등의 건축, 수리, 보수를 맡은 목공

여기서 만년의 니시오카 츠네카즈에게 직접 들은 것을 토대로 저술된 『나무의 생명, 나무의 마음, 하늘』을 중심으로 기술을 습득하는 교육의 특징을 검토해 보려 한다. 니시오카가 말하는 기술의 습득에는 에키켄의 학습(교육) 원리가 그대로 옮겨지고 있다고 볼 수 있기 때문이다.

견습見習

기술 교육에서 먼저 견습의 중요성이 강조된다. 견습이라는 말은 초보자가 현장에서 실습한다는 의미로 지금도 일상적으로 사용되는 말이다. 말 그대로 현장에 데리고 가서 직인의 일을 보여주고 그 세계를 몸으로 느끼게 하는 것을 의미한다.

예를 들어 니시오카의 할아버지는 그가 소학교도 들어가기 전인 5, 6세 무렵부터 매일 법륭사의 탑두를 수리하고 있는 현장에 데리고 갔다.

> 할아버지가 저를 데리고 가서 어떤 일을 시킨 것은 아닙니다. 가만히 보고 있으라고 하셨을 뿐입니다. 도편수 교육의 일환이었던 것이지요. (시오노 요네마츠塩野米松, 『나무의 생명, 나무의 마음, 사람』

> '보고 배우는 것'이라고 종종 말씀하셨습니다. 확실히 일은 보고 기억해 가는 것이지요. 할아버지는 경험을 통해 이러한 사실을

잘 알고 계셨기 때문에 마음과 몸으로 궁목수가 무엇인지를 저에게 가르쳐 주려 하셨던 것입니다. (니시오카 츠네카즈, 『나무의 생명, 나무의 마음, 하늘』)

후에 니시오카의 제자로 들어가 후계자가 된 궁목수 직인 오가와 미츠오小川三夫라는 사람이 있었다. 니시오카는 얼마동안은 오가와를 제자 자격으로 부르지 않았는데, 오가와는 그 이유를 이렇게 말하고 있다.

제자에게 일을 가르치려면 일하는 현장이 있어야 하는 겁니다. 니시오카 선생님도 법륜사라는 현장이 생기기 전까지는 나를 부르지 않았어요. 사람은 현장에서 자연히 일을 배워가는 법이니까. 이것은 니시오카 선생님에게 배운 교육법이었습니다. (오가와 미츠오, 『나무의 생명, 나무의 마음, 땅』).

직인이 일하는 현장에 서서 그 세계에 참여하면서 보고 배우는 것이 모든 것의 기본이며, 또 그것이 얼마나 중요한지를 말하고 있다.

'보다'라는 기초 과정
견습 행위는 사물을 배우기 위한 아주 기본적이고 보편적인 과정이다. 본다는 행위가 모든 기술의 기초가 되는 것은 인간에게만 해당하는 것이 아니다. 약간 비약이긴 하지만, 침팬지 사회에서도 동일한 현상이 관찰된다. 어린 침팬지는 성장하는 과정에서 다양한 것을 학습해 간다. 학습할 때 대상을 확실하게 보는 과정이 성장 과정에 포함되어 있다는 보고가 있다. 그 예를 소개해보겠다.

아프리카 서부, 기니아라는 나라의 봇소우 마을 숲에 사는 야생 침팬지의 생태를 교토대학 영장류 연구소의 연구자가 지속적으로 조사했다. 이 침팬지 집단은 돌로 만든 받침대와 해머를 사용하여 기름 야자수 열매를 쪼개 먹는 독자적인 문화를 가지고 있다. 그것은 자연석을 이용한 일종의 원시적인 석기 사용이라 할 수 있다. 역사 수업에서 배운 타제석기를 사용하는 인류의 선조와 흡사한 모습이 아닌가?

침팬지가 야자열매 쪼개는 것을 자세히 관찰한 동연구소의 마츠자와 데츠로松沢哲郎에 따르면 이 기술은 세 살 반부터 다섯 살 사이에 습득된다고 한다. 그 때 습득하지 못하면 결국 배우지 못한다. 습득에 이르기까지는 몇 가지 단계가 있는데 먼저 한 살 무렵까지는 부모나 어른들이 야자열매 쪼개는 것을 관찰하며 유심히 본다. 즉 보는 것에 관심을 집중하는 단계이다. 한 살 무렵이 되면 돌을 집어 스스로 여러 가지 시도를 한다. 자신이 본대로 흉내를 내면서 스스로 해 보지만 처음에는 잘 되지 않는다. 그러면 다시 한 번 유심히 살펴본다. 보고는 반복해서 해 본다. 그렇게 반복하면서 빠르면 세 살 반, 늦어도 다섯 살 무렵에 대부분 이 기술을 습득한다(마츠자와 데츠로, 『침팬지는 침팬지인이다』).

침팬지는 무리마다 봇소우 마을의 '야자열매 쪼개기'와 같이 다른 곳에서는 볼 수 없는 독특한 문화가 있다고 한다. 작은 가지로 개미 무덤 굴에서 흰개미를 잡거나 나뭇잎을 숟가락처럼 사용하여 물을 마시거나, 분업으로 조직적인 수렵을 한다거나 하는 다양한 문화가 각지의 무리에서 관찰되고 있다. 각각의 무리에 고유한 문화가 있다는 것은 집단 안에서 문화가 전승되고 있음을 말해준다. 애당초 유전이나 본능만으로는 설명하기 어려운 문화이기 때문이다. 전승을 학습이라는 말로 대신해도 괜찮다. 문화 전승(학습)의 기본적인 단계가 보고 배우기라는 사실은 중요하다. 에키켄이 쓴 언설이나 직인 도제 교육방법을 놓고 마츠자와의 침팬지 연구를 살펴보면, 보고 배우는 것이 모든 학습에 공통된 기본 과정이라고 생각해도 무리가 없다. 즉 보고 배우기 ― 모방 ― 숙달이 일반적인 학습 과정이다.

에키켄은 아이들은 주위(환경)를 보고 배우면서 모방하는 것으로 모든 일들을 습득해 간다고 주장한다. 새끼 꾀꼬리가 아름답게 울어대는 어미 꾀꼬리의 우는 법을 모방하는 것과 같은 원리이다. 새끼 꾀꼬리는 우는 어미 꾀꼬리의 제자로 들어가 24시간을 함께하는 것으로 일종의 도제 교육을 받는 셈이다. 그렇게 보고 듣고 익힌 것은 타고난 천성과 다르지 않다는 에키켄의 말을 기억하자. 보고 배우기 ― 모방 ― 숙달의 학습 과정은 이른바 '제2의 자연' 형성 과정이다. 다만 나도 꾀꼬리가 우는 법을 배우는 과정을 '꾀꼬리의 문화'라 부르는 것에는 약간 저항감이 든다.

견습은 체득형 교육의 원점이다. 왜냐하면 견습은 어른(스승)이 아이(제자)에게 의도적으로 주입하는것이 아니라, 아이 자신이 어른을 모델 삼아 자발적으로 보고 배워가는 행위이기 때문이다. 머리말에서 아즈마 히로시의 일본과 미국의 자녀교육 실험에서도 일본 어머니는 아이에게 자신이 했던 것을 보고 배우게 했다는 것을 기억하자. 이러한 의미에서 침팬지에 관한 마츠자와의 다음과 같은 지적은 시사적이다.

> (야자열매를 쪼개는 데 도구를 사용한 것은) 부모의 영향이라기보다 자신의 내부에서 생각해낸다. (중략) 석기 사용법은 어린 침팬지가 주체적으로 기억하는 것이지 어미가 적극적으로 가르치는 것이 아니다. (중략) 모든 것은 새끼가 어미를 움직이게 하는 것이다. 마치 움직임의 감촉을 확인하려는 듯이 어미가 해머를 가지고 내리치는 팔에 자신의 팔을 걸어보는 새끼도 있다. 잠시 동안 그렇게 해 본 후에 스스로 돌을 주워 쪼개려고 한다. (마츠자와 데츠로, 『침팬지는 침팬지인이다』)

침팬지의 학습에서도 어른 침팬지가 적극적으로 가르치는 것이 아니라 새끼가 자발적으로 배워간다는 사실이 서술되어 있다. 에키켄이 『화속동자훈』에서 말하는 것과 취지가 거의 같지 않은가? 애당초 침팬지 무리에서도 주입형이 아니라 체득형 학습이 이루어진다는 것이 된다.

언어로는 전달할 수 없는 것

도제제에서는 제자가 스승과 함께 생활한다. 그렇기 때문에 24시간 스승을 보고 배우는 것이 가능하다. 보고 배운다는 것은 제자가 눈으로 보면서 스스로 온 몸으로 느끼며 의식화할 수 없는 것까지 배우는 것을 의미한다. 아이가 생활 속에서 옆에 있는 아버지를 보면서 아버지가 눈치 채지 못하는 사이에 아버지의 모습을 '그대로 본뜨고' 있는 것처럼 말이다.

도편수는 제자를 키울 때 함께 밥먹고 생활하며 일의 실제를 보여줄 뿐입니다. 도구를 봐주거나 깨끗하게 가는 방법을 가르치거나 '이렇게 하는 것이다'와 같은 말은 일절 하지 않습니다. (중략) 일일이 자세하게 가르치는 것은 없지요. 일의 실제를 보여준 후에는 모든 것이 제자의 능력에 달렸습니다.

교육은 '가르쳐敎' '키우는育'이라고 쓰지요. 도제 제도는 키우는 것일 뿐입니다. 더부살이하면서 함께 피부로 느끼지 않으면 안 됩니다. (중략) 생각하면서 해 보는 것. 이것을 몇 번이고 반복하여 손으로 기억하게 합니다. (니시오카 츠네카즈, 『나무의 생명, 나무의 마음, 하늘』)

이렇게 도제 교육은 제자가 스승을 보고 배우면서 스스로의 힘으로 익혀 가는 학습 과정이었다.

그렇다면 스승은 왜 제자에게 적극적으로 가르치지 않는 것일까? 말로 직접 가르치는 편이 효율적인 경우도 있지 않은가? 여기에는 몇 가지 이유가 있다. 그러나 직인이 전해줄 수 있는 기술은 애당초 말로 가르칠 수 없는 것이라고 여긴다는 점이 가장 중요할 것이다.

목수의 기술을 종이에 써서 문자나 그림으로 가르쳐 전달해주면 좋겠지만, 그렇게는 할 수 없지요. 뭐니뭐니해도 자신이 직접 해 보이지 않으면 안 되는 겁니다. (중략) 간단하게 입이나 책으로 가르칠 방법이 없습니다. (니시오카 츠네카즈, 『나무의 생명, 나무의 마음, 하늘』)

개중에는 착각하는 인간도 있지. 이카루가 공사鵤工舍를 학교라 생각하여 배울 참으로 오는 놈들도 있어. 여기는 학교가 아니요. (중략) 목공 기술 같은 것은 가르쳐 줄 수 있는 게 아니야. 자기가 습득할 수밖에 없는 게지. (오가와 미츠오, 『나무의 생명, 나무의 마음, 땅』)

이 말에는 직인의 기술이라는 것은 말이나 논리로 가르칠 방법이 없다는 자각이 분명하게 드러나 있다. 언어로 전달할 수 없는 것, 즉 기술을 전하는 방법. 그것이 도제제라고 하겠다.

> 도구의 사용법은 도구와 솜씨뿐이라고 생각하겠지만, 각각의 나무에 대해 목수가 어떤 생각을 품고 있는지, (중략) 그것은 나무를 마주한 순간 처음으로 생겨나는 호흡과 같아서 전달할 방법이 없어요. 또 스승의 무심한 행동이나 걸어가면서 툭하고 내던지는 말, 소나무를 보고 오중탑을 생각한다거나 하는 인간이 느끼는 여러 가지 것들이 있잖아요? 일과 일 사이를 그러한 것이 꽉 메우고 있어서 그것이 목수의 직감을 만들어 내지요.
> 종종 똑같은 물건을 보고 함께 있는 친구들과 동시에 웃는 경우가 있잖아. 말도 신호도 보내지 않았는데 같이 느끼고 같은 반응을 하는 거죠. 그와 비슷한 것이 스승과 제자 사이에도 생겨나는데요. 이런 '직감'은 저절로 생겨나는 것이어서 가르쳐 주기에는 부족한 무언가가 있지요. 그것을 본인이 퍼뜩 깨닫는 순간 스승에게 있던 것이 자신에게로 전해지게 되는 것 아닐까요. (오가와 미츠오, 『나무의 생명, 나무의 마음, 땅』)

오가와의 말에 따르면 언어로 전할 수 없는 것이란 단순히 도구나 솜씨로 표현하는 구체적인 기술의 영역에 한정되지 않는 것이다. 오가와는 "나무와 마주하여 처음으로 생겨나는 호흡과 같은 것"이라 하면서 나아가 직감이라고 표현했다. 또한 "일과 일 사이를 메우고 있는" 스승의 다양한 작업의 모든 것을 "알아차리는 사이에 스승으로부터 자신에게 전해져", "동일한 물건을 보고 동시에 웃는", 무의식적으로 공명하고 거기에 협조하여 들어맞는 감각, 그것이 도제 생활로 배양된다고 했다. 스승이 무엇을 느끼고 생각하고 있는지 말로 설명하지 않아도 알아차리는, 스승과 공감하는 관계가 제자에게 요구되는 것이다. 이러한 것은 스승의 미묘한 숨소리까지 이해하지 못하거나 신체적인 감각으로 스승의 리듬을 느끼지 못하면 불가능하다. 분명히 말이나 논리를 초월한 차원이다. 일상생활까지 포함하여 스승과 시공간을 함께해야만 전달되는 세계가 있다.

이 점과 관련하여 샤미센三味線으로 유명한 츠루사와 간지鶴沢寛治의 내제자 시절 에피소드가 흥미롭다.

내가 스승의 급사를 하고 있었는데 차를 드실 때라 생각하여 …… "이제 차를 내올까요?"라고 말하자 매섭게 노려보면서 "이 녀석아, 그렇게 몰라? 차를 마실지 다른 것을 먹을지 모르겠느냐 말이다. 그것도 모른다면 필요 없다."고 말씀하셨습니다. (쇼타 구미코, 『'기술'을 통해 아는 것』 인용)

남은 식사 정도를 보고 스승이 지금 차를 마시고 싶어 하는지 어떤지 그 마음을 꿰뚫는 일, "그러한 일이 안 되면 샤미센

연주는 정말 불가능하다."고 혼쭐이 났다. 내제자가 식사 시중을 드는 중에 스승의 마음을 읽는 것이 샤미센을 연주하는 것과 도대체 무슨 관련이 있다는 것인가? 물론 직접적으로는 어떤 연관성도 없다. 그러나 스승을 섬기면서 샤미센을 연주하는 스승의 리듬이나 숨소리, 그리고 마음의 움직임까지 피부로 느끼지 못한다면 높은 경지의 예술에 오를 수 없다는 의미일 것이다. 내제자가 스승으로부터 깨달아 알아차리는 능력은 일상생활의 시중이든 예술의 수련이든 간에 차이가 없다. 예술을 수련할 때만 느끼려고 노력하는 것은 불가능하다. 예술을 떠난 일상의 장에서도 끊임없이 스승의 숨소리까지 느끼려는 노력이야말로 내제자가 되는 가장 큰 의미일 것이다. 그렇기에 옆에서 시중들면서 스승이 말하기 전에 마음 속 요구를 파악할 수 없다면 스승의 예술을 자신의 것으로 만들 수 없다.

쇼타 구미코生田久美子는 스승 옆에서 잡일에 종사하는 내제자의 교육적 의의를 '기술', '세계로의 참가'라는 말로 이끌어내고 있다. 쇼타는 『'기술'을 통해 아는 것』에서 기술의 세계 전체에 흐르는 공기를 자신의 피부로 느끼며 스승의 생활 리듬(호흡의 리듬)을, 더욱이 해당 기술의 사이사이에 존재하는 틈을 자신의 호흡 리듬으로 채워 갈 수 있다고 설명한다. 그리고 스승과 제자 사이의 이러한 관계를 인간 간의 리듬과 맞물려 협조한다는 의미의 '동조entrainment'의 상태로 파악한다. 엔트레인먼트는 주로 유아와 어머니 사이에 보이는 떨림과 같은 동조적 작용을 가리키는 심리학 용어이다.

쇼타의 이러한 지적은 니시오카의 제자 오가와의 말을 빌리면 "일과 일 사이를 메우고 있는" 여러 가지 일들을 "깨닫는 순간 스승으로부터 자신에게로 전해진다"는 것에 해당된다. 이처럼 쇼타는 도제 교육에서 신체로 기억하게 하는 모습을 사실적인 표현으로 묘사했다.

2 가르치지 않는 교육

능동적인 학습

언어나 논리로 전달할 방법이 없다는 것은 스승이 가르쳐주려 해도 가르쳐줄 수 없다는 의미이다. 그렇기 때문에 도제 교육 혹은 체득형 교육은 가르치지 않는 교육이 된다.

> 대패를 간다는 것이 무슨 뜻인지 묻지만 그것은 다른 사람에게서 배울 수 없는 것이지요. 내가 제자 오가와에게 말한 것은, 대팻밥을 보여주고 이렇게 하는 거라고 한 게 전부입니다. (니시오카 츠네카즈, 『나무의 생명, 나무의 마음, 하늘』)

스승은 실제로 해보일 뿐이다. 그러고 난 후에는 제자가 직접 스승이 했던 것과 똑같이 해보고, 생각하고 연구하며 노력을 거듭해 가는 수밖에 없다. 스승도 이렇게 하라 저렇게 하라고 말하는 것이 아니라 제자가 연마하는 모습을 보면서 "빙 돌려 하는 말이지만 생각이나 창조력이 부풀어 오르는 말"(니시오카 츠네카즈, 『나무의 생명, 나무의 마음, 하늘』)을, "그냥 한마디 툭 내던질" 뿐이다. 제자는 당시에는 금방 그 의미를 알아차리지 못하지만 이것저것 해보다가 드디어 어느 단계에서 "아마도 이러한 의미였나 보다라는 것을"(니시오카 츠네카즈, 『나무의 생명, 나무의 마음, 하늘』) 깨닫게 된다. 스승은 그러한 말을 "그냥 한마디 툭 내던지는" 것이 중요하다.

가르치지 않는 교육은 모든 도제 교육의 공통점이다. 예를 들어 앞에서 본 츠루사와 간지도 다음과 같이 말하고 있다.

> 지금 한 것처럼 "자! 가르쳐 주지"라고 해서 미리 이렇게 하라, 저렇게 하라고는 하지 않아요. 단지 사람을 가르치고 반응을 듣고 '해봐'라고, '그런 말을 한 것'이라고, 혼나는 것이 테스트 같은 것이지요. (중략) 3대째 고시지越路 씨나, 3대째 오오스미大隅 스승에게 지겹도록 혼났지요. 이것도 안 된다, 저것도 틀렸다, 그러면 도대체 어쩌란 말인지? '성실하게 하면 된다'(중략), 이 정도밖에는 가르쳐 주지 않았습니다. (우메모토 다카오梅本堯夫, 『우리 음악의 전통적 교육법』)

스승이 가르쳐주는 것을 제자가 기다렸다가 그것을 배운다는 수동적인 방법은 아니다. 실제로 스승의 기술을 보거나 스승이 누군가를 가르치는 것을 보면서 스스로의 힘으로 능동적으로 궁리하며 배워가야 한다. 그렇기에 "예능은 가르쳐 줄 수 있는 것이 아니라 배우는 것"이라거나 "예능은 스승으로부터 훔치는 것"이라 말하는 것이다.

앞장에서 본 것처럼 에키켄은 『화속동자훈』에서 아이 자신이 눈과 귀로 보고 듣고 배워 대상을 닮아가는 과정이야말로 인간 형성에 결정적인 요인이라고 생각했다. 따라서 아이에게 가르쳐 주입시킬 필요가 없고 다만 그릇된 행동을 했을 때 훈계하는 것으로 충분했다. 마찬가지로 도제 제도 아래 기술 교육도 제자가 주체적이며 적극적으로 배우는 활동이 근본에 있었다. 그러므로 스승이 가르치지 않는 편이 효과가 있으며 제자가 자신이 해보고 좋지 않는 것이나 불충분한 점을 스승에게 지적받았을 뿐이다. 침팬지 사례에서 본 것처럼 어른이 가르치는 것이 아니라 아이가 자기 맘대로 배우는 것이었다. 앞에서 인용한 마츠자와 데츠로의 말을 기억하자.

도제제 교육은 에키켄이 『화속동자훈』에서 말하는 아이가 배우는 원리와 부합한다는 것을 금방 알게 될 것이다.

아집을 버린다

스승이 적극적으로 가르치는 것이 아니라 자신의 힘으로 어떻게 스승의 기술을 몸으로 익혀 모방할 것인가, 아니면 훔칠 것인가는 제자의 문제였다. 그렇기에 스승이 어떻게 가르치는 가가 아니라 제자가 어떻게 배울 것인가라는 제자의 자세가 더 중요했다. 보고 배워 모방하는 것이 기본이기 때문에 제자는 어떻게 스승의 기술을 그대로 수용할지 묻게 된다.

    제자에게 순수함이 요구되는 이유가 여기에 있다. "몸으로 사물을 기억하는 데에는 쓸데없는 것에 물들지 않는 편이 좋다."(오가와 미츠오, 『나무의 생명, 나무의 마음, 땅』), 또 "(제자는) 일단 태어난 그때의 순수한 마음이 되지 않으면 남이 말하는 것이 이해되지 않습니다. 순수하고 자연스러우면 정말이지 (자기에게로) 전해집니다. 그 안에서 길을 발견하는 것입니다."(니시오카 츠네카즈, 『나무의 생명, 나무의 마음, 하늘』)라고 말하고 있다. 스모의 요코즈나 다카노하나橫綱貴乃花가 NHK 텔레비전 프로그램에서, 강해지기 위해서는 순수함이 첫째라고 스승(부친인 다카노하나貴の花)에게 배워 그렇게 노력하고 있다고 말해 깊은 인상을 주었는데, 이 문제와도 관련이 있다.

    이렇게 도제 교육에서는 순수함을 강조하고 아집을 버리는 것이 요구된다. 에키켄이 겸손을 선한 덕이라 하여 특별히 중시한 점을 기억하자. 그는 자기를 내세우는 자랑이나 오만을 악덕이라 배척하면서 오직 자기를 억제하는 도덕론을 강조했다. 에키켄 자신이 믿음의 안식처로 삼는 근거는 천지에 있었지 자신의 내면이 아니었다. 그러므로 자기를 텅 비워 겸손한 것이 스승으로부터 가르침을 받는 데 가장 필요한 마음가짐이라고 말하고 있다.

제자가 되어 스승을 섬기는 것은 자신의 위치가 높다고 하더라도 오만하지 않고 스승을 높이며 존경하는 것이다. (중략) 내 마음을 텅 비게 하여 자만하지 않고 (중략) 겸손해야 한다. 스승의 가르침은 마음을 다해 궁리하여 익혀야 한다. 이것이 제자되는 자가 스승을 만나 배우는 방법이다. (『화속동자훈』 2권)

도제제에서도 배워야 할 마음이나 기술은 자기의 내부에 있지 않다. 스승이야말로 그것을 실제로 체현하는 존재이다. 제자가 모방할 규범(스승)은 자기의 밖에 있다. 제자는 그 기술과 마음을 스승에게서 받아들이면서 모방하지 않으면 안 된다. 예를 들어 식사를 준비하는 경우에도 스승의 식사 리듬이나 미묘한 숨소리, 거기에 마음의 움직임까지 느끼는 것이 요구된다. 따라서 자기를 비워 스승의 움직임에 마음을 집중하지 않으면 안 된다. 도제제에서 반드시 필요한 제자의 태도는 스승을 보고 배우며 모방하기 위해 아집을 버리고 자기를 비우는 것(자기 억제)이다. 이러한 이유로 제자에게는 순수함이 요구되었다.

나는 대학생 시절에 노가쿠를 잠시 배웠던 경험이 있다. 학생 클럽 활동이었는데 부원들은 우타이謠[노래]와 시마이仕舞[춤, 연기 등을 연습하는 것] 연습을 하지 않으면 안 되었다. 우타이는 배웠기 때문에 재미있었다. 소리를 내는 것으로 일정한 표현이 가능하기 때문이다. 그러나 시마이는 고통스러웠다. 스승이 작게 분절한 부분 부분을 연기로 보여준다. 그러면 그 일거수일투족을 그대로 흉내내는 일을 반복한다. 스토리를 자기 나름대로 이해하여 그 해석을 바탕으로 연기하는 것은 처음부터 부정된다. 자신이 해석할 여지도 없고 이해할 필요도 없이 스승의 춤 동작을 모방하는 것이 요구될 뿐이다. 때문에 한 번도 재미있다고 생각한 적이 없었다. 우리 근대인이 소유한 '자기' 의식이나 개성 같은 것은 존재하지 않는 세계임을 몸으로 실감했다. 예능 습득의 장에서는 '자기', '자아' 의식 같은 것이 없는 편이 낫다.

보통 도제 교육에서는 스승으로부터 칭찬받는 일이 없다. 오히려 칭찬하지 않는 것이 원칙이다. 이것은 순수함과 자신을 텅 비울 것을 요구하는 것과 공통된 태도이다. 이와 관련된 니시오카 츠네카즈의 말이 있다.

> 할아버지도 저를 한 번도 칭찬해주지 않았습니다. 화낼 때는 화냈지만요. 잔소리가 심한 노인이었어요. 그러나 칭찬하지는 않았습니다. (중략) 잘못 칭찬하면 금방 우쭐해지거든요. '이렇게 해서 될까'라는 기분을 늘 갖는 것이 중요하지요. (중략) 직인은 우쭐하면 끝장입니다. 그렇기 때문에 제자를 키울 때 칭찬하지 않는 겁니다. (니시오카 츠네카즈, 『나무의 생명, 나무의 마음, 하늘』)

에키켄도 아이를 칭찬하는 것을 아주 싫어했다. "아이가 잘한 일이 있고 재능이 있어도 칭찬하면 안 된다. 칭찬하면 오만해져 마음을 해치고 (중략) 부모가 칭찬하는 아이는 대부분 나쁘게 되고 학문도 예능도 보잘것없게 된다."(『화속동자훈』 1권)라고 했다. 칭찬하면 "오만해져 마음을 해쳐버려" 자신의 우둔함이나 부덕함을 자각하지 못한다. 그 때문에 자신의 재능만으로도 충분하다고 생각하여 공부도 하지 않고 스승에게 가르침을 구하려는 마음도 잃어버리게 된다.

이렇게 보면 칭찬하지 않는 교육은 결국 아집을 버린 순수함이 요구되는 것과 같은 맥락이었다. 그리고 에키켄의 학습도 도제 교육과 학습 원리를 공유하고 있다는 점도 똑같다. 더욱이 데나라이쥬크의 학습에서 살펴본 것처럼 개별 교육과 자습을 원칙으로 한 학습이 결국 근대 학교 교육과는 달리, 오히려 스승이 소유한 것을 모방하는 도제 교육 학습에 원리적으로 가까웠다는 것을 말해준다. 동일한 공부, 학습이라고 해도 그것을 지탱하는 원리는 근대 학교 교육과는 크게 다르다. 그것은 습득하는 문화나 '지'의 성립이 다르다는 것을 반영한다.

의지의 중시

도제 교육은 제자의 능동적인 자기 활동을 기본으로 하고 있었다. 따라서 여기서는 제자가 갖는 의지, 이른바 학습 주체의 마음가짐이 무엇보다도 중요해진다. 니시오카 츠네카즈는 자신의 아들에게 궁목수 도편수의 후계자가 되기를 강요하지 않았다. 이 점에 대해, "아들들이 스스로 하겠다고 생각하면 그것으로 충분하지, 달리 하고 싶은 일이 있다면 그 일을 해도 좋겠다

싶었습니다. 싫어하는 것을 억지로 시키면 좋은 목수가 되지 못하니까요."(『나무의 생명, 나무의 마음, 하늘』)라고 말하고 있다. 한편으로 제자가 된 오가와에 대해서는 다음과 같이 말한다.

> (오가와는) 아주 패기가 있는 자라 생각했습니다. (중략) 그의 각오를 알고는 그때 처음으로 내 자식들에게 해줄 수 없었던 것을 그에게 해주자고 생각했어요. 처음부터 도편수로 키우려고 여겼답니다. (니시오카 츠네카즈, 『나무의 생명, 나무의 마음, 하늘』)

여기서 '패기'와 '각오'라고 표현된 오가와의 의지가 니시오카로 하여금 도편수 교육을 결심하게 만들었다. 배우고 싶은 주체의 자발적인 의욕이 바로 교육의 대전제라고 생각한 것이다.

에키켄이 배우는 자의 입지가 배움의 대전제라고 강조한 것(4장 참조)을 기억해보자. 입지가 학습자의 자기 활동이나 능동성의 문제와 표리 관계에 있었다는 것도 앞에서 언급했다. 도제 교육이 가르치는 과정이 아니라 제자가 배우는 과정을 기초로 성립됐다는 사실을 기억한다면, 제자의 배우고 싶다는 절실한 의욕이 가장 중요한 것은 당연하다. 역시 자발성, 능동성의 계기가 중요시되었던 것이다.

제6장

현대 학교와 학습 문화

1 자기 학습의 문화

학교화 사회 조망

교육이라 하면 많은 사람들이 학교 교육을 연상할 것이다. 그 정도로 현대는 학교 교육이 차지하는 비중이 크다. 현대를 '학교화 사회'라 하는 경우도 있는데 이는 사회에서 필요하다고 여기는 모든 내용을 학교에서 교육하는 사회를 말한다. 여기서 아이들이 배우는 내용은 합리적으로 짜여진 교과 지식만이 아니다. 커리큘럼처럼 분명한 형태로 제시할 수는 없지만 아이들이 학교에서 습득하는 것이 있다. 예를 들어 정해진 시간이나 약속을 지키지 않으면 안 된다거나 많은 학생들이 모였을 때는 조용히 해야 한다는 규율은, 비록 언어로 보여주지는 못한다 해도 학교 생활을 통해 습득되도록 학교 측에서 배려한다. 학교 교육으로 얻을 수 있는 '잠재적 커리큘럼'이라고도 하는 이러한 내용까지 포함하여 사회에 필요한 모든 내용을 학교에서 학습한다. 이러한 학교 교육이 차지하는 비중이 극단적으로 커진 사회를 '학교화 사회'라 한다. 관점을 바꿔보면 오히려 사회 그 자체가 학교에서 체득되어 규율화된 질서로 구성되어 있다. 학교화 사회라는 말에는 학교가 사회를 규정하고, 학교와 사회의 관계가 뒤바뀐 사회라는 의미도 포함되어 있다.

학교 교육의 비중이 커진 것은 근대 공교육 제도가 보급과 함께 강화된 결과이다. 아무리 길게 잡아도 역사적으로는 기껏

해야 약 100년도 되지 않는다. 아니다. 학교화 사회 현상은 고도 경제 성장 이후 30~40년에 지나지 않는다는 견해가 일본 현실에 가까울 것이다. 모든 아이가 일정 연령대를, 그것도 상당히 긴 기간동안 학교라는 특정 시설에 강제적으로 구속되어 일률적인 교육을 받지 않으면 안 되는 현상은 장구한 인류 역사의 관점에서 보면 아주 최근에 일어난 극히 특이한 사태에 속한다. 다른 말로 하면 모든 아이가 반드시 학교에 가야 한다는 근대 공교육 제도의 사상은 오랜 역사의 눈으로 볼 때 최근에 나타난 상당히 편협한 사상이다. 그렇기에 공교육 제도를 자명하다거나 최상의 교육 형태라고 생각할 필요는 없다. 이후에도 변함없이 오랫동안 지속될 것이라 생각한다면 착각에 지나지 않는다.

학교 제도의 과도한 침투에 따라 현재 많은 문제가 발생하고 있다. '교육 황폐'나 '학교 황폐', 나아가 '교실 붕괴' 등과 같은 낯설게 여겨졌던 말들이 이제는 그리 신기하지 않다. 상황은 여기까지 진행되었다. 이미 좁은 폭의 개혁이나 시정을 통해 기술적으로 해결할 수 있는 단계를 훨씬 지나버렸다. 오히려 근대 학교에 의한 공교육 제도가 이미 그 역사적 역할을 다했다고 생각하는 편이 사태 해결에 도움이 될 것 같다.

이러한 문제를 지금까지 살펴본 전통적 학습 문화의 관점에서 얼마나 풀어낼 수 있을까? 직면하고 있는 문제 상황을 역사 문화의 저변에서 파악하려는 것이 이 장과 이 책의 목표이다. 그러면서 무엇을 들여다볼 수 있는가를 제시하려는 것이다.

통신 교육

현대 일본 사회에는 다양한 통신 교육이 이루어지고 있다. 직장에 다니는 사람들이 일하면서 배우는 경우도 있고, 아이들이 학교 공부를 보충하기 위해 이용하거나 시험을 목표로 활용하는 교육도 있다. 일본인은 정말 공부하기 좋아하는 민족이다.

대학의 통신 교육은 현재 제도적으로 인정받고 있다. 대학의 통신 교육부에 입학하면 교재가 우송되고 학생이 각자 자습을 하면서 정해진 답안이나 리포트를 대학으로 보낸다. 대학은 그것을 채점하고 첨삭 지도하여 학생 앞으로 반송해 준다. 또한 일정 기간 집중적인 영상 강의도 실시하고 있다. 이렇게 정해진 과정과 기간 안에 일정한 커리큘럼에 따라 학점을 취득하면 정식으로 대학이나 단기대학의 졸업생으로 인정받는다. 대학의 통신 교육이 계속되는 것은 언제나 일정수 학생이 이 시스템을 이용하고 있다는 것을 말해준다. 1999년부터 정식으로 통신제 대학원도 만들어졌다.

통신 시스템을 통한 고등 교육은 결코 새로운 것이 아니다. 빠르게는 이미 메이지 시대에 '강의록'으로 시작되었다. 근대 일본의 강의록 시스템을 아마노 이쿠오天野郁夫의 「독학과 강의록」(『일본의 교육 시스템』) 자료를 바탕으로 소개하고자 한다.

강의록이란 메이지 10년대 말 무렵 도쿄 전문학교(지금의 와세다早稻田 대학), 메이지법률학교(지금의 메이지 대학), 화불和佛 법률학교(지금의 호세이法政 대학) 등 당시의 주요 사립대학 대다수가 시작한 통신 교육이다. 당시 고등 교육을 받으려는 의욕과 능력이 있으면서도 지리적·경제적 사정으로 정규 학생이 되지 못한 청년들이 적지 않았다. 그러한 전국의 학생을 대상으로 각 대학(이러한 사학私學은 제도적으로 오랫동안 전문학교 상태에 있었다)이 강의록이라는 이름으로 교사의 강의를 인쇄, 배포하여 지방 학생에게 교육의 기회를 제공했다. 지금의 통신 대학 제도와 원리적으로 다르지 않다. 다만, 흥미로운 점은 무엇이든지 서양을 모델로 삼았던 당시의 교육 환경에서 강의록이라는 통신 교육 제도만은 서양 교육을 모방한 것이 아니라 일본 사학의 독자적인 발명이었다는 것이다. 사족이지만 최초로 강의록을 시작한 것은 영국법률학교(지금의 쥬오中央 대학)였다.

강의록으로 독학하는 학생은 많았다. 예를 들면 화불법률학교의 강의록으로 배우는 교외생이 1890년(메이지 23)에는 660명이었는데 1892년에는 5,000명, 1893년에는 8,500명에 달했다. 다른 대학의 사정도 크게 다르지 않아 정규 재학생보다 강의록 학생이 몇 배나 많았다. 이들은 일정 조건 아래 정규 학생으로 편입하는 것도 가능했다. 그 경력을 거쳐 총장까지 된 사람도 있다. 와세다대학의 다나카 호즈미田中穗積가 그 예이다.

1870년대 말에 시작된 강의록 형식의 통신 교육은 교원, 법조, 의사 외에도 국가시험 응시 자격을 준다는 점이 독학자들을 매혹시켰다. 강의록 통신 교육 자체는 이후에도 성격을 바꾸어 가며 사회적으로 꾸준히 보급되어 갔다. 나중에는 '대일본국민

중학회'와 같이 중등 교육 수준의 강의록(중학 강의록)이나, 나아가 직업 지식의 습득을 목적으로 하는 실업적인 강의록과 통신 교육이 이루어지게 되었다. 예를 들어 대일본 국민 중학회가 발행한 잡지 『신국민新國民』 1917년 1월호에 따르면 창립 이래 15년간 47만 명에 가까운 졸업자를 배출했고, 같은 해 5월호에서는 신입 회원이 10만 명이었다. 같은 해 중학교 입학자 수가 46만 명이었다니 얼마나 많은 강의록 회원, 즉 정규 학교에서 배우지 않는 독학자가 존재했는지를 알 수 있다. 대다수가 전문학교 입학 검정 고시에 합격하여 중학 졸업 자격 취득을 목표로 한 학습자였다고는 해도, 이를 지탱한 것은 자기 학습에 대한 사회적 수요였던 것이 분명하다. 실은 다이쇼 후반에 태어난 내 아버지도 경제적으로 어려웠던 소년·청년기에 상급 학교에 진학할 수 없어서 통신 교육으로 공부했다고 하셨다.

현대의 통신 교육

현대에 통신 교육이 널리 행해진 것은 수험생이나 예비 수험생을 대상으로 한 수험 산업의 발달에 있다. 잘 알려진 것처럼 진연세미나[1], 증진회[2], 라디오나 텔레비전 강좌 등 수를 이루

1_진연進研 세미나: 통신교육, 출판업이 주종인 기업 베네세 코퍼레이션Benesse Corporation이 시작한 초중고생을 대상으로 첨삭 지도하는 통신교육 시스템
2_증진회增進会: 주식회사 젯토카이Z会가 실시하는 초중고 및 대학생을 대상으로 한 통신교육을 말한다. 최근에는 사회인을 대상으로 한 강좌까지 개설되었다. 도쿄대, 교토대 등 명문대 합격자를 대거 배출하는 것으로 유명하다.

헤아릴 수 없다.

이 외에 자격 취득(공인 회계사, 부동산 중개업 등)을 목적으로 한 통신 교육, 교양을 목적으로 하거나(서도 등), 취미를 위한 통신 교육에 이르러서는 취미의 가짓수만큼이나 그 종류가 다양하다는 생각이 들 정도이다. 그중에는 장기나 바둑의 실력향상을 위한 통신 교육까지 있는데, 해당 교육 안에서 권위있는 기관(예를 들어 일본장기연맹 등)의 등급 인정(일정한 자격 부여)까지 가능해졌다.

통신 교육이란 두말할 필요 없이 자학 자습을 전제로 한 시스템이다. 학습자가 자발적 또는 개별적으로 배운다는 전제 아래 교재가 공급된다. 다른 나라나 문화권에서 통신 교육이 어느 정도 이루어지고 있는지 잘 모르지만 아마도 일본의 통신 교육처럼 다양하고 오랜 유래를 찾기는 어려울 것이다. 그것을 가능하게 해주는 것이 앞에서 살펴본 전통적인 자기 학습의 문화라고 보아도 좋겠다.

일본인은 학교를 졸업하는 순간부터 공부를 그만둔다, 또는 대학에 입학하면 공부하지 않는다고 자주 말하는데 정말 그런가? 학창 시절에 배웠던 공부, 즉 학교에서 배우는 교과목으로 가득찬 학습을 하지 않는다는 것일 뿐, 자기 학습을 지향하는 성향 자체가 줄어들었다고 보지 않는다. 나는 그렇게 생각한다. 공부는 학교에서 배우는 것이라는 고정관념이 있는 것은 아닌지. 일본인은 세상에 태어난 후 필요에 따라 계속 공부, 학습하고 있다. 그렇지 않다면 저 정도로 많은 통신 교육 비즈니스가 존재할 이 만무하다. 비즈니스맨들은 필요에 따라 영어 회화나 그 외의 학습을 계속하고 있다. 시민강좌나 교양강좌, 문화센터 등에 상당히 많은 주부들이 참여하고 있지 않은가? 그 추세가 늘면 늘었지 줄어드는 경우는 없다. 통계적으로 실증할 수는 없지만 역시 일본인은 공부를 좋아한다. 그리고 그 저변에는 자기 학습 문화의 전통이 살아 있다. 이것이 이 책의 가설이다.

숙제라는 습관

일본 외 문화권의 학교 교육에서 '숙제'는 어느 정도 부과되고 있을까? 누군가가 한번 세계적으로 조사하여 비교했으면 하지만 현재까지 그런 보고서가 있다고는 듣지 못했다. 나의 예상으로 일본만큼 저학년부터 그것도 매일 숙제를 내주는 문화권은 적을 것이다. 들은 바에 의하면 유럽에서는 교과서를 학교에 두고 집으로 가져가는 일이 없다. 숙제가 없기 때문에 가능한 일이다. 커다란 책가방과 다 들어가지 못한 교재를 몇 개의 손가방에 나누어 담고는 무거워 보이는 가방들을 밑으로 축 늘어뜨린 채 등하교하는 조그마한 일본의 초등학생들을 보라. 특히 아주 커다란 새 책가방을 작은 등에 짊어진 초등학교 1학년들을 마주치는 봄이 되면, 나는 무어라 형용할 수 없는 연민의 정을 느낀다.

현재 일본에서는 대부분의 학교에서 초등학교 1학년부터

거의 매일 숙제를 내주고 있다. 일본의 학교 교육은 가정 내 학습까지 깊이 개입하여 규율화를 촉진해 왔다. 물론 우리 집의 세 아이들이라고 예외는 아니었다.

나는 첫 아이가 학교에 입학했을 때 "왜 초등학교 저학년부터 숙제를 내주는 겁니까? 집에서는 자유롭게 놀게 하고 싶은데요."라고 선생님에게 부탁한 적이 있다. 그 때 숙제를 부과하는 목적에 대해 선생님은 분명한 어조로 이렇게 대답했다.

> 아이가 가정에서 학습하는 것 자체의 직접적인 효과를 기대하는 것은 아닙니다. 학교 수업만으로 학습이 부족하기 때문도 아닙니다. 그것보다 가정에서 혼자 공부하는 것을 당연하게 느끼는 것, 짧은 시간이라도 반드시 매일 책상 앞에 앉아 혼자서 학습하는 자기 학습의 습관을 길러주는 것, 그것을 기대하고 있습니다. 1학년의 이른 단계부터 숙제를 내주는 의도가 거기에 있다는 것을 이해해 주시기 바랍니다.

부모도 집에서 아이의 학습이 습관화되기를 기대하고 있다. 그렇기 때문에 숙제를 내주지 않는 교사가 있다면 부모 쪽에서 불만이 생겨 교사에게 꼭 숙제를 내달라고 청원한다고 한다. 부모들도 아이가 1학년이 되면 책가방과 함께 아이 전용 책상 세트를 사 준다. 사정이 허락한다면 '공부방'으로 쓸 수 있는 개인방도 만들어준다. 그렇게 하는 것이 당연지사이고, 그렇게 하지 않으면 안 되는 것처럼. 부모도 아이의 가정 학습의 습관화를 기대하고 있는 것이다. 실로 일본의 국민적 합의라 할 수 있다.

이렇게 숙제라는 습관은 부모와 교사가 같은 입장에 서면서 견고하게 유지되고 있다. 강제하지 않아도 자발적으로 학습하는 아이야말로 부모나 교사가 가장 기대하는 모습이다. 누구라도 직면하게 될 고된 수험 공부를 이겨내기 위한 중요한 준비이기 때문이다.

숙제에 관한 이러한 국민적 합의가 암묵적으로 이루어져있다면 그것을 성립시키는 요인은 무엇일까? 나는 이 책에서 살펴본 것처럼 학습하는 자의 입장에서 교육이나 학교를 파악하는 자기 학습의 문화가 이러한 국민적 합의를 성립시킨다고 생각하는데 과연 그러할까?

시험 공부의 학습 원리

서점의 앞쪽에는 언제나 수험 참고서가 많은 부분을 차지하고 있다. 수험 참고서는 전부 자습용으로 만들어졌다는 점에 주목해보자. 시험 공부에서 강조되는 것은 오직 텍스트를 반복하는 학습이다. 수학까지도 '풀이 방법'(해법의 패턴)으로 바꾸어 암기할 것을 요구한다. 풀이 방법이란 '모형'이라 할 수 있다. 수학 시험 공부는 이 해법의 패턴을 생각하기 전에 직감할 수 있게 되기 전까지 문제 푸는 훈련의 반복을 요구하고 있다. 그러한 시험 학력은 교사가 말로 가르쳐 설명하면서 주입하는 것이 아니다. 오직 참고서로 공부하면서 자력으로 획득하는 것 외에는 없다. 자기 학습에 따라 시험 학력을 얼마나 익힐 수 있을까, 수험생들은 그것을 경쟁하는 것이다. 그렇다면 시험 공부는 언어적인 이해를 넘은 직감능력이나 암기력을 기르는 것이 된다. 일종의 신체적 학습이라는 측면을 가지며 거기에 반복된 자기 학습이라는 의미에서 체득형 학습 방법인 것이다.

이미 오래전부터 아이들을 격렬한 학력 경쟁으로 내모는 시험 공부의 폐해가 지적되어 왔다. 내가 수험생이었던 1960년대에도 그랬다. 수험 학력은 사회에서 살아가거나 대학에서 학문하는 데 그다지 도움이 되지 않고, 참된 학력으로 이어지지 않는다고 끊임없이 말한다. 평가는 언제나 나쁘다. 그래서 대학은 사고력이나 풍부한 개성에 따라 선발하는 입시 방법을 채택하여 지금의 시험 학력 중심의 학습 상황을 바꾸도록 아주 오래전부터 요구해 왔다.

그런 요구에 부응이라도 하는 듯, '일능일예입시一能一芸入試' 같은 방법이 일부에서 시도되었다. 그러나 극히 일부에서 실시되고 있을 뿐이며, 그것도 신선한 시도라는 의미에서 화제가 되는 정도에 지나지 않아 전체로 확대되는 일은 없다. 도쿄대를 비롯해 최상위에 있는 대학은 전혀 관심이 없다.

시험 제도 개혁의 필요성을 소리 높여 부르짖는 가운데 눈앞에 닥친 개혁은 간헐적으로 있어왔지만 시험 공부의 양상을 근본적으로 바꾸려는 개혁은 없었다. 즉 수험생의 공부에 질적

변화를 가져다주는 개혁은 여전히 찾아보기 힘들다. 왜 이것이 불가능한 것일까? 여러 가지 요인을 생각해볼 수 있겠지만 문화적 요인으로 현재의 수험 학습법이 일본의 전통적인 학습 문화와 친화적 성격을 갖고 있다는 점을 들 수 있다. 나는 그렇게 생각하고 있다.

현재의 입학시험은 학교에서 사용하는 교과서의 학습만으로는 충분하지 않다. 학교에서의 학습을 기초로 스스로가 자기 학습을 계속하여 질적으로 얼마나 높은 곳까지 달성할 수 있을 것인가? 현행 입학시험은 그러한 달성도를 측정하고 있다. 다시 말하면 입학 후의 자학자습 능력을 시험하는 것으로 자기 학습 능력이 높은 학생을 선별하는 것은 그 후의 학습 능력을 미리 측정하는 것이 된다. 대학에서는 친절하고 자세한 교육은 하지 않는다. 대학에서 이루어지는 학문은 스스로 공부하는 능력이 필요하다.

결국 대학 관계자는 물론 국민 대다수는 내심 지금의 대학 입시와 그것을 위한 공부를 그렇게 나쁘다고 생각하지 않는 게 아닐까? 현행 입시는 학습 능력이 높은 학생을 선택하는 시스템으로서 매우 유효하게 기능하고 있다고 느끼고 있는 것 같다. 시험 점수가 높은 학생은 대학에서 학문에 임하는 능력도 우수하며, 이 둘은 대체로 강한 상관관계에 있다는 것이 분명하다. 현재 모든 대학이 점수가 높은 학생을 유치하는 데 혈안이 되어 있지 않은가?

이렇게 보면 지금까지 살펴본 학습관이 현행 수험 제도와 학습을 유지시키고 있다고 생각할 수밖에 없다. 개선을 부르짖는 소리에도 불구하고 대학 입시 개혁이 진척되지 않는 문화적인 이유가 바로 여기에 있는 것은 아닐까?

따라서 수험생을 위한 시험공부 위주의 쥬크나 입시학원 등이 적극적으로 학습을 지도하는 것은 오히려 스스로 공부하는 것을 방해하는 측면이 강하다. 현재의 수험 학력의 폐해를 타파하기 위해 기대감을 가지고 도입된 이른바 '소논문' 시험조차 입시학원이 상세한 해답 기술과 대책을 철저히 주입하며 취지를 무색케 하고 있다. 입시학원에서 소논문 대책에 관한 수업을 받지 않고 시험에 임하는 것은 정말 무모하다는 수험생의 이야기를 실제로 들어본 적 있다. 부끄럽지만 실은 이 수험생이 바로 내 아들이었다.

입지의 결핍

에키켄의 교육론에서 살펴본 것처럼 근세의 자기 학습 문화에서는 입지立志가 중요했다. 학습이 배우는 주체의 자발성에 근거하는 한 학습자의 의욕이나 입지, 즉 하려는 마음이 무엇보다도 필요했다. 또한 왜 배우는가라는 배움의 목적이나 의미와 분리될 수 없다(4장 참조). 그러므로 에키켄은 배움의 의미를 '천지를 섬기는 것'이라는 사상적 의미 안에서 찾는다. 이처럼 근세 학문의 학습에는 그것을 의미짓는 사상 세계가 배후에 펼쳐져 있었다.

근세 데나라이쥬크의 데나라이 학습은 일상생활이나 사람들의 생업과 직결되어 있었다. 상인의 자녀가 『상업에 관한 오우라이』를, 농민의 자녀가 『농업에 관한 오우라이』를 배우는 것처럼 학습 내용은 아이들이 필요로 하는 실용적인 지식이나 기술이었고, 때문에 배운다는 것의 의미는 의심할 필요 없이 아이들이 피부로 실감할 수 있었다.

이에 비해 현대 학교에서 이루어지는 학습은 배움의 의미를 매일매일 실감하기는 어렵다. 예를 들어 아이들은 수학의 방정식이나 인수분해 등을 무엇 때문에 배워야 하는지 실감하지 못할 것이다. 나 역시 그러한 실감을 가지고 인수분해를 푼 적이 없다. 수학 선생님은 논리적인 사고력을 양성하는 것이라고 말했지만 수학을 싫어했던 나는 논리적인 사고력을 키우는 훨씬 더 좋은 다른 방법이 있을 것이라고 생각하곤 했다. 마치 암호나 퍼즐과 같은 난해한 『겐지 이야기源氏物語』[3]를 읽거나 고전 문법을 아는 것, 아니면 일본이나 중국의 고대사를 배우는 것이 도대체 무슨 도움이 된다는 것인가? 그 의문에 대해 학생들이

---

3 『겐지 이야기源氏物語』: 일본 헤이안 시대 중기(11세기)에 지어진 소설이다. 작가는 통상 무라사키 시키부라고 여겨지지만, 복수작가설, 후대창작설도 있다. 54첩에 달하는 장편으로 800여 수의 와카和歌가 들어있다. 일본 문학의 여명기를 장식한 최고 걸작이라는 의견도 있다. 이야기는 헤이안 시대를 배경으로 덴노가 황태자로 태어나 신하 계급으로 떨어진 히카루겐지光源氏와 그의 아들 세대까지의 이야기를 그리고 있다.

납득하고 배우는 의미를 실감할 수 있도록 과연 누가 대답할 수 있을까? 선생님도 대학 입시를 통과하는 데 필요한 만큼만 설명할 수밖에 없을 것이다.

왜 배움의 의미가 실감나지 않을까

현대 학교 교육에서는 왜 배움의 목적이나 의미를 학습자가 실감하기 어려운 것일까? 지금의 학교 교육은 교과제를 취하면서 분화되어 있다. 그리고 교과 커리큘럼은 주로 현대의 세분화된 학문체계로부터 요청받은 대로 구성되어 있다. 학문체계는 아주 정연하며 세분화되어 있는데 그것을 근본적으로 떠받치고 있는 것이 근대 과학 사상이다. 유럽에서 탄생한 근대 철학, 즉 데카르트 이후의 근대 세계를 보는 방법이라 하면 부적절하나마 이해하기 쉬울 것이다.

학교 교과는 이렇듯 근대 학문의 요청에 기인하고 있다. 이 말은 교과가 가르치는 이의 논리와 사정에 따라 만들어졌다는 것을 의미한다. 반대로 말하면 근세 학습의 장과는 달리 커리큘럼이 배우는 자의 관점에서 구성되어 있지는 않다는 것이다. 따라서 학습자 측이 스스로 학습의 의미를 자연스럽게 실감하는 것은 거의 불가능하다. 이것은 (초등 교육의 저학년 교과를 제외하면) 근대의 학교 교육이 처음부터 짊어진 숙명이다. 근세 유학과 같이 배움의 전제에 사상적인 의미 부여가 곤란하다. 굳이 말해 그것이 보편으로 치장한 '과학' 사상이지 '진리'에 대한 지적 탐구가 될 수 있겠는가?

이렇듯 지금 학교에서 이루어지는 학습은 학습자가 배움의 목적이나 의미를 실감하기 어렵다. 그래서 에키켄이 말하는 의미의 입지를 생각하기는 어렵다. 기껏해야 입학시험에 대한 도전, 나아가 조금이라도 더 높은 학력을 획득하여 사회적 성공, 이른바 입신출세를 이루는 것에 목적이 있다. 아니면 능력에 따라 계층적 이동이 가능한 자유 경쟁의 원리를 가르쳐 경쟁에서 패배할 때 오는 공포감으로 학습 의욕을 부추긴다. 배움 자체의 의미와는 연관이 없는 공리적인 입지에 지나지 않는 것이다. 사상적인 증거, 다시 말하면 보다 좋게 살아가는 방법의 원리와는 거리가 아주 멀다는 것은 말할 필요도 없다. 애초부터 아이들이 스스로 배우려는 마음을 갖도록 하는 요소는 결핍되어 있다.

전후 경제 부흥에서 고도 경제성장 시대까지는 공리주의적인 입지도 일정한 의미가 있었을 것이다. 그러나 학교 교육이 만들어낸 사상적인 빈약함은 이제 백일하에 드러나 버렸다. 배움의 의미를 사상적으로 설명할 수 있는 학습 원리나 철학을 좀 더 정면에서 모색해야 하지 않을까? 제2차 세계대전은 배움의 의미를 국가 발전으로 설정하여 내셔널리즘을 고양시키는 것으로 입지를 제시했다. 세계화가 진행되는 현대에서 세계대전 이전처럼 국가 발전을 내세우는 것이 가능할 리 없다. 이미 근대의 국민국가 원리 자체가 의심받고 있다. 따라서 이와는 별도의 문화나 사상의 맥락에서 배움의 의미 모색이 요구된다.

우리들은 왜 배우는가, 아이들이 궁금해하는 당연한 물음에 사상적인 확신을 가지고 답해줄 수 있도록, 학습이나 교육의 근거를 제공하는 철학이나 사상이 필요하다. 교육학은 그것을 말할 책임이 있다.

2 구몬식 학습

알맞는 학습

구몬公文이라 불리는 쥬크가 있다. 독자적인 학습 방식으로 전국 곳곳에 성공적으로 교실을 개설한 학습 교실 사업이다. 정식 명칭은 구몬교육연구회. 1994년 초 당시 전국에 1만 8천 교실, 해외에 3천 400교실이 있다고 하니(히라이 라이타, 『구몬식 '프린트광' 시대의 종언』) 세계에서 가장 많은 아이가 배우는 쥬크임에 틀림없다. 한 수학 교사가 아들을 위해 시도한 프린트 학습이 발단이 된 이 학습 방식을 사람들이 좋게 받아들인 것 같다. 연구회가 1957년에 발족했으니 이미 50년이 넘었다. 그동안 거의 가파른 상승곡선을 타고 성장했다. 구몬은 도대체 무엇 때문에 이렇게까지 폭넓은 지지를 얻게 된 것일까? 그 의미를 생각해 보면 몇 가지 흥미로운 문제를 깨닫게 된다.

결론을 먼저 말한다면 구몬 학습방법은 에도 시대의 데나라이쥬크와 원리적인 면에서 다르지 않다. 구몬 학습은 처음부터 끝까지 개별 학습·자기 학습법으로 일관되어 있어 체득형 학습과 다르지 않다.

구몬식 학습이란 어떤 것일까? 나는 구몬 교실과 아무런 관련이 없고 학습 교실을 참관한 적도 없다. 그러나 창업자인 구몬 도오루公文公 본인의 저서(공저 포함)와 구몬 교실을 비판적으로 다룬 문헌, 여기에 구몬 학습 경험자나 이전에 구몬 교실의 '지도자'였던 사람들의 이야기를 바탕으로 설명해 보려 한다.

구몬 교실에는 가르치는 주체로서의 교사는 없다. 처음에는 주부가 자택에서 학습 교실을 열면 근처의 아이가 다녔다. 그러나 현재는 기업의 입장에서 이 부분에 대한 개선이 제기되고 있다고 한다. 교실의 책임자는 지도자라 불리는데 단기대학 졸업 이상의 학력을 필요로 하며 필기시험으로 일정 이상의 성적을 내야 한다. 또한 가끔 일정 기간 연수를 실시하여 지도자의 자질 향상을 위한 연구가 계속되고 있다. 구몬교육연구회 본부가 지도자의 자격을 중시하는 자세가 표출된 것이다.

구몬 교실에서는 아이 한 명 한 명에게 자신의 실력에 맞는 자습용 프린트가 주어진다. 그렇게 쉽지도 어렵지도 않은 적당한 프린트여야 한다는 점이 중요하다. 프린트는 한 학년의 한 과목 당 대개 200매 정도로 구성되어 있으며 전부 순번이 매겨져 있다. 이를테면 산수·수학에서는 유아용 교재부터 대학의 교양 과정 수준까지 29단계로 5,650매의 프린트가 준비되어 있으며, 국어와 영어는 27단계로 도합 5,400매로 구성되어 있다

(1996년 현재, 구몬교육연구회 편, 『뱀밥이 자랐다〈11〉』 인용). 학생의 실제 학년이나 연령에 관계없이 무리하지 않고 학습할 수 있는 교재로 시작된다. 예를 들어 5학년이라도 실력이 없으면 1학년의 덧셈부터 시작하는 경우도 이상하지 않다. 물론 그 반대의 경우도 얼마든지 있다.

어떤 아이라도 '이 정도는 할 수 있다'는 단계가 있으며 그것을 평가해 칭찬해주면 놀라운 능력을 보이기 마련이다. 개인차를 무시하고 연령과 학생에 따라 집단수업을 진행하는 학교의 방식은 아이들의 현실을 돌아보지 않고 가르치는 쪽의 사정이나 논리를 일방적으로 강요할 뿐이다. 이럴 경우 아이들은 흥미와 의욕을 잃는다고 구몬은 주장한다. 구몬의 방식은 학교에서 이루어지는 집단수업의 모든 것을 반대로 행하는 방법이라고 볼 수 있다.

스스로 공부하는 방식

아이는 자신에게 주어진 프린트 문제에 집중한다. 비교적 짧은 표준 완성 시간(초등학생의 경우 3~5분 정도가 많다고 한다.)에 문제를 풀고 그것을 교실 지도자가 채점한다. 일정한 시간 안에 풀지 못하면 시간 안에 가능하도록 그 프린트를 반복해서 푼다. 틀린 문제는 왜 틀렸는가를 자신이 발견하고 정정한다. 자신이 해결하기 때문에 다음에는 똑같은 실수를 하지 않기 마련이다. 만점이면 다음 프린트로 나아가는데, 다음 기회에 하기로 하고 집으로 돌아가도 좋고, 반대로 한 번에 몇 장이나 소화해도 괜찮다. 전부 본인이 결정할 문제이다.

만약 어려워지면 이전의 프린트로 돌아가 다시 복습한다. 대체로 2~3회는 반복하는데, 이 과정을 계속해 가면 자연히 그리고 확실히 실력이 향상된다. 교재는 일일이 가르치는 사람이 없어도 조금씩 조금씩 높은 단계로 진행해 갈 수 있도록 만들어져 있다. 이 때문에 교재는 항상 개량에 개량을 거듭하고 있다고 한다.

여기에는 가르치는 교사가 없다. 학교에서는 모든 것을 가르쳐 주입시키려는 데 비해 구몬에서는 가르쳐 주입하는 과정은 전혀 고려하지 않고 있다. 단지 학생 한 사람 한 사람이 프린트를 가지고 개별 학습을 할 뿐이다. "새로운 것은 무조건 가르쳐야 한다는 법은 없다. 아이가 스스로 배워 얻는 것이 있다.", "가르치지 않아도 아이가 스스로 (산수의) 윗 단계로 올라가는 법칙을 자연히 깨닫게 된다."(구몬 도오루·이와타니 기요미, 『신 '구몬식 산수의 비밀'』)라는 학습관이 구몬의 방법을 유지시키고 있다. 그렇기 때문에 구몬 교실에 나오는 시간도 돌아가는 시간도 할당된 프린트의 수도 전부 학습자 자신에게 맡겨져 있다. 학교에서 주입식 교육을 받는 아이들이 수동적임에 비해 스스로 공부하는 구몬 교실에서는 능동적이며 주체적이다. 그런 이유로 "스스로 하는 공부야말로 진정한 공부다."(『신 '구몬식 산수의 비밀'』)라는 것이 구몬의 모토이다.

최근 지도자의 자질 향상책과 더불어 교실에서 아이들의 질문에 따라 가르치는 것도 하게 되었다고 한다. 그러나 이 경우도 어디까지나 아이의 질문에 답하는 것이지 지도자가 적극적으로 가르치는 것은 아니다. 물론 개별 지도에 한정되어 있다.

계산력이나 처리 능력의 중시

프린트 교재는 산수·수학의 경우 계산 문제나 일정한 작업력으로 해결 가능한 문제가 대부분이며 직접적으로 수학의 개념이나 이론의 이해를 요구하는 것은 아니다. 곱셈의 의미나 원리를 아는 (이해하는) 것보다 곱셈을 정확하고 빨리 풀 수 있는지를 중시하는 것이다. 그런데 계산 문제라고 해서 사칙연산만 있는 것은 아니다. 복잡한 분수 계산, 방정식이나 로그 계산, 인수분해나 미분, 적분 등 상당히 어렵고 복잡한 것까지 포함되어 있다.

이러한 작업을 반복하면서 익혀가면 저절로 수감각을 배워 수학적 사고를 기르게 된다고 구몬은 강조한다. 직감능력이 배양되고 짧은 시간에 해법을 분별하는 힘이 붙는다고 한다. 언어에 의한 개념이나 이론적인 이해보다 작업의 반복과 익히는 것으로 이른바 신체로 이해하는 방법을 추구한다고 할까? "계산력만이 아니라 작업력, 집중력, 사고력이 몸에 배어 다른 교재까지도 자발적으로 몰두하게 되어 하면 된다는 자신감과 적극성을 체득하게 된다."(『신 '구몬식 산수의 비밀'』)고 구몬식 학습의 효과를 강조한다.

계산력이 몸에 배면 정말 '생각하는 힘'이 생기는가라는 의문이 들 것이다. 이 문제에 대해 구몬은 다음과 같이 대답한다. 예를 들어 분수의 의미를 설명하지 않고도 분수의 계산 훈련을 반복하면 반드시 자력으로 그 의미를 발견하게 된다. 그것은 스스로 도달하여 발견한 것이다. 타인에게 배워 이해한 것보다도 훨씬 더 강하게 남게 되며 이에 따라 수학의 힘과 생각하는 방식이 확실히 상승하기 마련이다. 그러나 계산력의 향상이 왜 생각하는 힘을 배양시키는가라는 문제에 대한 해답은 되지 못한다.

개념이나 이론은 언어로 이해하는 방식이다. 그것은 대뇌, 특히 왼쪽 뇌를 사용한 활동이다. 이에 비해 구몬의 방법은 계산 작업의 반복에 의해 신체적으로 익히는 이해법이다. 직감능력을 중시하는 것도 그러한 결과이다. 그렇다면 구몬의 방법은 오른쪽 뇌의 활동이 크게 작용하고 있다고 할 수 있다.

이쯤에서 나는 지적인 게임이라 일컬어지는 장기를 떠올린다. 천재라는 명성이 자자한 하부 요시하루羽生善治 명인의 말을 빌리면, 장기의 어느 국면에서의 수는 논리적으로 몇 백 가지가 있다. 그러나 프로 기사는 그 수백 가지의 선택지 중에서 두세 가지의 최선 아니면 그에 가까운 수를 꿰뚫어 낼 수 있다고 한다. 실력있는 기사일수록 순간에 떠오르는 수의 대부분이 최선의 수이며 후에는 '판 읽기'에 의해 그것을 확인할 뿐이라고 한다. 순간에 떠오르는 장기의 수는 말로 설명되는 성질의 것이 아니라 감각이나 직감에 의한 것이라고 밖에 말할 수 없다. 대국 중인 하부 명인의 뇌파를 측정했는데 확실히 오른쪽 뇌가 활성화된 상태를 보여주고 있었다. 그것은 명상이나 요가를 수행하는 사람들이 좌선할 때 측정한 뇌파에 가깝다고 한다. 잘 알려진 것처럼 오른쪽 뇌는 이미지나 직감을, 왼쪽 뇌는 언어적·논리적인 사고를 담당한다(하부 요시하루·야나세 나오키, 『대국対局하는 언어』, 마이니치 신문, 1996년 4월 10일자 기사).

하부 요시하루나 다니가와 히로시谷川浩司 같은 일류 기사는 틀림없이 천재적인 지력을 갖고 있다고 보는데, 그들의 장기를 지탱하는 '지'는 언어나 논리로 구성되었다기보다는 오른쪽 뇌와 관련된 감각이나 직감의 힘에 의한다고 할 수 있다. 그리고 그것은 반복이나 숙달의 과정을 통한 이른바 체득형 학습으로 얻어지는 지력이라 보아도 좋지 않을까? 그러고 보니 구몬의 광고에 하부 요시하루가 나온 적이 있었다. 아주 괜찮은 착안이라고 생각했다. 게다가 하부는 어린 시절에 구몬 교실에 다녔다고 한다. 장기 수업이나 대국 때문에 학교에 가지 못하고 대신 구몬의 자기 학습을 통해 효율적으로 보충했을 것이다.

수학에서도 이와 비슷하다. 내 경험에 비추어 보아도 (단, 수학에 자신이 없었기 때문에 유감스럽지만 신빙성이 결여된 감이 있다), 어느 정도 수학 문제에 익숙해지면 문제를 보기만 해도 풀 수 있을 지 어떨 지에 대한 판단을 쉽게 내릴 수 있었다. 그리고 풀 수 있는 문제의 경우 그 해법도 거의 직감적으로 예측 가능했다. 고등학교 수학 선생님이 고등학교나 대학 입시의 수학은 문제를 많이 풀어보면 거의 해결할 수 있게 된다고 말씀하셨던 기억이 난다. 또한 '수학은 암기다'(와다 히데키, 『수학은 암기다』)라는 주장도 있다. 수학 시험에는 일정한 패턴이 있기 때문에 그에 따른 해법의 패턴(형식이나 방법)을 정리하여 암기하면 대부분의 문제는 해결할 수 있다고 말한다. 수험 참고서나 수험 대책에서 능력을 발휘하는 교사는 이 해법의 패턴을 잡는 법이나 가르치는 방법이 훌륭하다. 사에키 유타카佐伯胖는 이것을 "모든 사물을 'if(패턴), then(실행)의 룰'로 환원시켜 그것을 암기하여 대처하는 발상"이라 파악하고 '방법환원주의'라고 이름 붙였다. 수학 이외의 시험 공부는 '왜 그러한가'를 묻지 않고 모든 것을 방법이나 형식의 문제로 환원해 버리는 방법환원주의가 된다(사에키 유타카, 『어린이가 뜨거워지는 또 하나의 교실』).

구몬에서는 이 '방법·절차'를 미세하게 축적된 프린트 학습을 해결해 가면서 자력으로 그것도 거의 직감적으로 발견해 가게 한다. 역시 '왜 그러한가'는 묻지 않은 채 오직 짧은 시간에 문제를 처리해 가는 능력이 실력이 된다고 생각하고 있다. 이것도 신체로 기억하는 일종의 체득형 학습의 예이며, 오른쪽 뇌의 활동이 크게 작용하고 있음에 틀림없다.

의욕의 중시

구몬이 자학자습을 철저히 하므로 학습자(어린이) 자신의 자발적인 의욕이 학습의 중요한 원동력이 된다. 알맞은 교재가 중요한 것도 무리없이 자력으로 해결함으로써 성취감을 맛보게 하기 위함이다. 이를 통해 자신을 갖고 새로운 흥미를 유발시키려는 마음을 불러일으킬 수 있다. 교재도 아주 짧은 시간에 풀 수 있도록 설정되어 있는데 그것도 흥미와 집중력의 유지를 중시하기 때문이다.

따라서 어머니를 위시하여 주위 사람이 할 일은 본인이 하려는 마음을 갖게 만드는 일, 구체적으로는 칭찬하고 응원하며 격려하는 것으로 아이를 심리적으로 지켜주는 것이다. 아이는 적절한 환경과 기회만 있으면 스스로 학습한다. 그러므로 어머니는 적절한 학습 환경 만들기에 전념하는 것이 중요하다.

해외로 나아간 구몬

구몬 교실이 해외로 진출한 것은 해외에 부임한 일본인 자녀에게 제공된 것이 계기가 되었다. 프린트 교재만 있으면 스스로 공부할 수 있는 시스템이어서 해외에 장기간 체류하는 가족의 자녀 교육에 큰 효과가 있었던 것이다. 그러나 현재는 일본인 자녀뿐만 아니라 외국인 사회에서도 일정한 성과를 보여 국제적인 사업에 성공했다. 특히 저학력 문제로 고심하는 부분에서 유효성을 인정받고 있다. 구몬 측 자료는 1993년 3월, 세계 27개국 32만 9천 명에 달하는 보급도를 자랑하고 있다(구몬 도오루·이와타니 기요미, 『신 '구몬식 산수의 비밀'』).

내가 1995년 부탄을 방했을 때의 일이다. 현지의 일본인 해외청년협력대 사무소에서 듣기로 부탄 측에서 일본의 구몬 교실 지도자를 파견해달라고 요청한 적이 있었다고 한다. 그러나 부탄 교육에 커다란 발언권을 갖고 있는 인도의 한 정부 고위 관리가 반대하여 현실화되지 못했다.

부탄은 히말라야 산맥의 남쪽 경사면에 달라붙어 있는 듯 위치한 고산악 지대의 작은 나라이다. 험한 산과 깊은 계곡으로 이루어진 지형에 민가가 촌락을 이루지 않고 드문드문 흩어져 있기 때문에 학교에 통학할 수 없는 아이들이 많다. 상당수의 아이들이 남루한 학교 기숙사에 살면서 주말 또는 여름이나 겨울 방학마다 부모가 기다리는 집으로 돌아가는 실정이다. 그나마 기숙사에 들어갈 수 있는 아이들은 사정이 좋은 편으로, 너무 멀어 기숙사조차 올 수 없는 아이들도 적지 않다. 이렇게 부탄 정부가 의무교육을 하고 싶어도 통학할 수 없는 곳에 사는 아이들이 너무 많아 불가능하다. 이런 와중에 충실한 국민 교육을 근대화 정책의 중요한 기둥으로 여기는 부탄 당국이(부탄에서는 교육에 관한 모든 비용이 무료이다.) 자학자습의 프린트 학습으로 실적을 올린 구몬식 학습에 착안하여 기대를 가졌던 것도 수긍이 간다. 그러나 그 이상으로 놀란 것은 구몬 학습 시스템이 그 정도로 세계에 알려져 있다는 사실이다. 부탄의 경우는 해외청년협력대의 누군가가 알려주었다고 해도 말이다.

내가 1997년에 중국 천진시天津市에 있는 남개南開 대학에

초빙되어 일본의 학습 문화에 대한 강의를 하던 무렵에 자식을 천진 시내의 구몬 교실에 다니게 하던 젊은 중국인 어머니를 만났다. 그녀는 일본 연구에 뜻을 두고 대학원에서 열심히 공부하는 엘리트 여성이었다. 그녀의 말로는 북경에도 구몬 교실이 있다고 한다. 중국은 과거科擧를 실시한 역사가 있는 나라이다. 현대의 수험 경쟁도 상당히 치열하다고 들었는데 그러한 중국에 구몬 교실이 보급되어 가는 것을 실감한 경험이었다.

이러한 실례를 보면 구몬 학습이 반드시 일본적인, 일본 고유의 학습법이라 생각할 필요는 없을 것 같다.

구몬식 학습의 특징

위에서 살펴본 것처럼 구몬은 능력과 의욕에 따라 필요한 때에 필요한 만큼 공부하면 되는 시스템이다. 즉 자신의 능력에 따라 학습해 가면 저절로 상당한 실력이 향상된다. 개인의 능력차를 무시한 학교의 획일적인 집단수업을 철저히 배제하고, 정반대의 방법을 고집한 학습법이다.

이러한 구몬의 학습 시스템은, 원리적으로 에키켄이 보여주었던 학습 원리와 놀라울 정도로 공통되는 부분이 많다. 자기 학습의 원리, 가르치지 않는 교육, 입지와 아이들을 둘러싼 환경의 중시, 반복과 숙달, 계속성, 여기에 조기 교육을 덧붙여도 괜찮을 듯싶다. 그리고 이러한 특징은 1장에서 본 에도 시대의 데나라이쥬크와도 거의 다르지 않다.

예를 들어 구몬 교실에서 배운 도쿄대 학생은 "구몬식으로 체득한 것은 수학, 영어, 국어 실력 같은 것이 아니라 그 이상의 것이었습니다. 그것은 공부에 대한 자세라고 할 수 있습니다. 예를 들면 하루도 쉬는 날 없이 매일 공부하는 것"(구몬 도오루·이와타니 기요미, 『신 '구몬식 산수의 비밀'』)이라고 말한다. 또한 구몬 도오루는 "'아이들에게 배워라', 구몬식 교육법이 지금 널리 세상에 퍼져가는 이유는 학습자의 학습 상황을 끊임없이 검증하면서 교재와 지도법을 개량해 온 점 외에는 없다."(구몬 도오루·이와타니 기요미, 『신 '구몬식 산수의 비밀'』)고 자랑스럽게 말한다. 구몬 방식은 아이들의 학습을 중심에 둔 학습 시스템으로 전통적인 체득형 학습 원리가 일관된 형태로 분명하게 나타난다. 나는 구몬 교실의 학습 방식이 일본 사회에 널리 수용된 데는 이 책에서 살펴본 전통적인 학습 문화와 강한 친화성이 한 몫을 했다고 확신한다.

구몬식 학습의 문제점 - 경쟁원리의 세계

얼핏보면 구몬식 학습법은 너무 좋게만 보인다. 그러나 문제가 없는 것은 아니다. 뭐니 뭐니 해도 수험체제와의 관계이다.

구몬 교실의 교재가 목표로 하는 학력은 애당초 고등학교 졸업이었다. 다시 말해 학교의 일제교육으로는 따라갈 수 없는 기초 실력을 배양하는 것에 의도가 있었다. 그러나 언제부터인가 구몬 교실의 대부분이 수험체제로 편입되어 모두가 수험 실력 향상을 목표로 하려는 의지가 강해졌다. 그것은 유아 조기 교육에 주목하여 '태교'부터 시작하는 영재 육성 교육에 몰입하기 시작한 것과 시기를 같이한다. 예를 들어 수학이라면 유아가 숫자에 친근감을 가지고 즐겁게 노는 단계부터 시작되어 소학교의 사칙연산, 중학교 단계의 방정식, 고등학교 단계의 대수 등으로 연결되고, 대학의 고등 수학 준비단계로 이어지는 최단 거리 학습이 가능하도록 합리적·효율적으로 교재가 구성되어 있다. 문부성의 학습 지도 요령은 각 학년에서 부분적으로 조금씩 반복해 배우도록 교재가 배열되어 있다. 그러나 구몬은 그러한 교재에는 쓸데없는 부분이 너무 많다고 반대하고 학습 지도 요령에 응하지 않는다. 불필요한 것을 배제하고 최대한 효율적으로 최상의 수험 실력에 도달하게 하는 전략에 따라 유아 교육의 단계부터 교재가 만들어지고 배열되어 있다.

수험 세계는 경쟁 원리가 지배하고 있다. 거기에서 습득하려는 실력이란 수험 실력 외에는 없다. 그 실력의 배후에 사상적인 의미 부여 같은 것은 없다. 일류 대학에 합격할 정도의 공리적인 목표가 설정된 것에 지나지 않는다. 이러한 상황에서 사물의 분별력도 일정하지 않은 유아기 단계부터 수험의 경쟁 세계에 내몰린다. 이런 구몬 교실은 유아기 때부터 전국의 아이들과 오로지 경쟁만 하게 하는 세계를 고안해 낸 것이라 하겠다.

수험 실력을 둘러싼 경쟁은 진도일람표에 응축되어 있다. 유아부터 고등학생까지 구몬식 교재 학습에 의한 달성도를 개인별로 기록하고 이것을 진도일람표로 만들어 전국단위로 순위별로 달성도에 따라 학년별 1등부터 순위를 매기고 3개월마다 발표한다. 이 표에는 학년의 범위를 넘어 일정 이상의 교재에 도달한 아이들이 게재되어 있다. 표를 통해 전국의 영재들을 한눈에 알 수 있으며 자신의 전국 위치까지도 명료하게 볼 수 있다. 확실히 소학교 저학년 때 고등학교의 미적분을 풀 수 있는 영재가 전국에 있다. 아니 구몬이 영재들을 만들고 있다.

진도일람표에 대한 구몬측의 공식 설명은 다음과 같다.

진도일람표가 서로간의 경쟁심을 부추겨 학습 성취도를 자랑하게 한다고 받아들이는 사람이 있다면 매우 유감스러운 일이다. 이 표의 의도는 아이들이 향상되는 상태를 항상 파악함으로써 아이가 가진 높은 성취 가능성을 확인하는 데 있다. '여기까지 실력이 늘 수 있다.'는 목표를 교육자가 지속적으로 갖는 것, 그리고 '이제 이 정도면 충분하겠지.'라고 자신의 지도 기술에 만족하지 않고 끊임없이 기술 향상을 목표로 자기 연마를 거듭해 가는 것을 최대의 의의로 삼고 있다. (구몬 도오루·이와타니 기요미, 『신 '구몬식 산수의 비밀'』)

확실히 이것이 본래 의도임에 틀림없다. 그러나 이 진도일람표는 언제나 본래의 의도와는 다르게 기능한다.

천재가 아니라도 좋다, 이른 단계부터 교재를 확실하게 자기 것으로 만들어 가면 반드시 최고의 실력이 붙는다고 구몬은 반복해서 외친다. 극히 소수의 예외도 없다는 것을 보여주는 사례가 진도일람표를 통해 실증적으로 드러난다. 단지 매 월 몇 장의 교재 프린트를 묵묵히 자기 것으로 만드는 것으로 영재가 된다고, 이제 그것은 꿈같은 일도 아니라고 부르짖는 다.

부모 입장에서는 아이에게 그러한 가능성이 있다고 생각하는 것이 자연스럽다. 설령 그렇지 않다 해도 아이의 능력을 최대한 신장시켜주는 것이 부모의 임무라는 강박관념을 누구라도 가지고 있다. 이렇게 하여 아직 스스로가 사물을 선택할 수 없는 유아 단계부터 부모의 의지에 따라 구몬에 가기 시작한다.

사실 부모 입장에서도 꼭 도쿄대에 들어가지 못해도 아이 자신이 가지고 있는 능력을 키워가는 것으로 충분하다는 생각으로 시작하는 경우가 압도적으로 많다. 그러나 정기적으로 전국의 진도일람표가 집으로 배달되어 온다. 싫어도 어쩔 수 없이 아이의 순위가 눈에 들어온다. 우리 아이보다 상당히 발전한 다른 아이들의 자료를 접하게 되면 우리 아이의 늦은 발달에 신경이 쓰인다. 비록 아이가 학년을 웃돌 정도의 진도를 나간다 해도 그보다 더 상위 수준에 있는 아이가 실제로 상당수 존재하기 때문이다. 우리 아이의 진도가 늦는 것은 게으름 때문이라 생각하고 곧장 아이에게 압박을 주게 된다. 프린트 5장이 10장으로, 10장이 15장으로, 부모의 압력은 점차 확대되고 증가하며 심해진다. 진도일람표에는 아이의 어떤 현실도 부모를 만족시킬 수 없는 시스템이 장치되어 있다. 반대로 상당히 상위 순위에 속한다 해도 더 위에 있는 아이들이 많기 때문에 자기 아이의 능력으로도 더 잘 할 수 있지 않겠는가라고 생각하기 마련이다. 그것이 부모의 마음이다.

구몬의 진도일람표에는 많든 적든간에 부모와 아이를 공부 경쟁으로 내모는 듯한 구조가 고안되어 있다. 연령이나 학년의 틀을 벗어나 작은 단계별로 이어져 있다. 프린트 더미는 아이들이에게 거의 무한히 연속되는 일직선의 계단으로 보이기 마련이다. 아이들은 엄청난 천재를 비롯한 전국의 아이들과 경쟁하도록 내몰린다. 그러나 정말 대항하기 어려운 진짜 상대는 바로 옆에 있는 자기 부모이다. 부모가 초조해 하는 만큼 아이에게는 한숨과 무력감이 엄습해 올 것이다. 만약 그래도 아이가 반항하지 않는다면 오히려 그 점을 걱정해야 한다. 구몬 식의 시스템은 부모와 자식이 수험 경쟁 신드롬의 세계로 노출되는 위험성을 안고 있다.

기업의 논리

사실 이러한 경쟁 신드롬은 구몬교육연구회가 의도적으로 가속화시켰다는 점을 지적하지 않을 수 없다. 그것은 처음부터 이윤을 추구하는 기업의 전략이었다. 경쟁에 내몰린 것은 아이와 그 부모만이 아니었다. 구몬 교실의 지도자도 경쟁을 강요당했다. 진도일람표에 실린 아이 숫자를 바탕으로 각 교실의 진도일람표 게재율이 산출되고 교실 지도자의 순위표도 만든다. 교실 간 경쟁을 부채질하여 성적이 우수한 교실은 우대받는 시스템을 취했다. 구몬 본사에서도 지도자 연수를 보다 중시하게 되었다. 그것은 일종의 지도자를 관리하는 방법이다. 취학 전의 아이에게 중학교 수준의 수학 방정식을 이해하는 실력의 배양을 목표로 한 유아 방정식 구호와 함께 조기 교육 전략을 취하던 1980년대 후반에 이러한 경쟁주의가 표면화된 것이다.

지도자들은 자신의 교실 성적을 올리지 않으면 안 된다. 그러기 위해서는 무엇을 해야 하는가? 답은 간단하다. 아이에게 될 수 있는 한 많은 프린트를 부과하면 된다. 이를 위해서는 부모를 자기편으로 만드는 것이 최상책이다. "댁의 아드님은 더 잘 할 능력이 있습니다."라고 권하는 것으로 충분하다. 부모의 바람과 교실 지도자의 이해관계는 간단히 일치한다. 부모와 선생 사이에 갇힌다면 어떤 아이라도 저항할 도리가 없다. 어떤 병적인 증후가 나타나기 전까지 이 관계는 지속될 것이 틀림없기 때문이다. 현재 그러한 사례가 이루 헤아릴 수 없다는 것을 이전의 구몬 교실 지도자가 증언해 주고 있다.

그렇다면 여기서는 자기 학습의 원칙이라는 체득형 학습 본래의 원리는 더 이상 찾아볼 수 없다. 본인의 실력과 의욕에 따라 자신의 속도로 필요한 때에 필요한 만큼 배우면 된다는 원칙은 완전히 실종되어 버렸다. 반대로 아이에게 끊임없는 학습을 강제하는 시스템으로 변모하고 있다. 개인의 능력차를 무시한 획일적인 일제수업을 없애려는 학습의 회복이 구몬 학습의 본래 모습이어야 했다. 구몬의 이러한 구조는 근세 데나라이쥬크나 유학 학습을 근저에서 지탱해준 정신과는 너무나 동떨어져 있다. 그것은 구몬이 채용한 학습방법 자체의 잘못은 아니다. 죄가 있다면 이 학습 시스템을 현대의 수험 경쟁 세계로 몰아넣은 것, 그리고 그 학습 시스템을 교육 비즈니스라는 영리 기업의 논리로 재편한 점에 있다. 수험 능력이 곧 학력이 된 교육에서 구몬만 이러한 현상과 거리를 두는 것은 애당초 불가능하다.

구몬의 학습방법은 단지 구몬교육연구회라는 한 기업에만 한정된 것은 아니다. 현재 이 학습 시스템을 응용한 유사 학습 교실도 상당히 많다. 프린트를 통한 자습이라면 교재를 입력한 컴퓨터 프로그램에 따라 교재를 출력하여 학습하고 그것을 컴퓨터가 채점하게 하면 구몬 교실의 선생은 말 그대로 필요 없게 된다. 컴퓨터로 충분하다면 선생뿐만이 아니라 학습 교실도 필요없는 것 아닌가? 자택으로 교재 프로그램을 우송하고 학습은 자택에서 마치게 하는 것도 가능하다. 이러한 비즈니스는 현재 셀 수 없을 정도이다. 이러한 영역이 바로 교육 기기를 생산하는 대기업이 장점으로 삼는 부분이다. 이미 많은 부분에서 참여하고 있다.

구몬과 동일한 학습 원리를 방법적으로 채용하여 '성공'한 쥬크가 중학교 입시세계에서 유명한, 시타니 오오츠카四谷大塚 진학교실이다. '예습 시리즈'라 부르는 자습용 교재를 미리 내주고 이에 기초한 테스트 해설 수업을 매주 일요일에 여는 진학 교실이다. 이 교실에서 이루어지는 테스트 성적이 비교적 최근까지 유명 중학의 수험계를 지배하고 있다고 들었다. 시타니 오오츠카 진학 교실은 낱장으로 되어 있던 프린트가 책자형의 교재로 탈바꿈되어 그 교재를 자택에서 각자가 자습하는 학습 형태를 취한다. 여기에 구몬의 진도일람표가 매주 테스트에 의한 성적으로 바뀌는데, 테스트라는 학습 목표를 제시하는 부분에서 구몬과 약간의 차이가 있다. 그러나 단계별로 앞으로 나아가게 만들어진 교재로 수험을 위한 자기 학습을 한다는 점에서 구몬 교실과 공통적이라는 사실을 쉽게 알아차릴 수 있다.

원래 대부분의 교육산업이 수험을 둘러싸고 경쟁하고 있다. 이윤 추구가 기업의 논리인 이상, 이는 여러 교육산업의 공통된 경향이라는 것은 부정할 수 없다. 앞에서 열거한 구몬의 문제점은 대부분의 교육산업에도 적용될 것이다.

그보다도 구몬식 학습법이 광범위하게 보급되고 뿌리깊게 파고든 것은, 문화사의 눈으로 보면 일제수업법이라는 근대 학교의 숙명과 스스로 공부하는 학습 문화와의 싸움으로 보인다. 대부분의 민간 교육산업이 자기 학습형이라는 방법을 띠는 것은 거대한 학교 교육에 대한 대항이나 보완의 의미로서 당연하다. 문제의 핵심은 수험 학력을 둘러싼 부분에 있다. 수험에서 자유로워진 지점에서 교육과 학습방법을 경쟁해야 할 것이다.

사실 그러한 새로운 움직임은 이미 구몬 내부에서도 시작되고 있다. 먼저 지금의 구몬교육연구회는 필요 이상으로 경쟁을 부추겼던 80년대 후반 이후의 방향을 재고하고, 경쟁을 억제하는 방향으로 전환하고 있다고 한다. 현명한 처사이다. 그리고 주목되는 것은 구몬 교실에서 구몬 교재를 사용한 장애인 지도를 시도하고 있는 점이다. 2000년 5월 현재, 784명의 지도자가 전국의 각 교실에서 2,556명의 장애인 지도를 맡고 있다(구몬 교육연구회 편, 『뱀밭이 자랐다, 16』 인용). 그것은 자폐 아동이나 발달장애아의 치료 방법에 구몬이 어느 정도의 효과를 갖고 있다는 것을 보여주는 것이며, 실제로도 치료에 임하고 있다. 나아가 특별양호노인홈[4]에서도 구몬의 교재가 성과를 내고 있다는 보고도 있다. 이는 한 사람 한 사람의 발달에 임한 단계별 시스템을 연속적으로 밟아가는 구몬식 방법이 갖는 유효성을 보여주는 성과일 것이다.

3 교과서 신앙

교과서를 가르치는 수업

일본에서 학교 '교과서'는 특별한 책이다. 일본의 학교 교사는 교과서로 가르치는 것이 아니라 교과서를 가르치는 것으로

---

[4] 특별양호노인홈: 가정에서 돌보기 어려운 노인 또는 와상 노인들을 수발하는 일본의 노인 입소시설을 말한다.

생각하는 경향이 있다. 근대 학교에서 원칙적으로 교사는 가르치는 주체이며 교과서는 가르치기 위한 교재이다. 즉 교과서란 본래 교사가 가르치기 위한 도구이며 수단에 불과하다. 그렇기 때문에 교사는 본래 교과서로 가르치는 것이다.

만약 교과서를 가르치는 것이 교사의 역할이라면 본말이 전도된 것이다. 이 경우에 교사는 목적이 되는 교과서의 내용을 아이들(학습자)에게 전달해 주는 역할을 하는 사람이다. 따라서 이른바 매개자의 위치에 있다. 아이들 측에서 보면 교과서를 배우는 일이 목적이므로 교사는 그를 위한 가이드에 지나지 않는다. 교과서가 목적이고 교사는 수단이나 도구로서의 위치를 차지하는 정도이다. 교사가 가르치는 주체이며 교과서는 그 수단이라는 본래의 모습에서 보면 이러한 교과서관·교사관은 본말이 전도되었다고 밖에 할 수 없다.

내가 보기에 일본의 교과서관이나 교사관은 대개 이 본말 전도 위에 성립되어 있다. 그리 옛날 일도 아니며, 오늘날의 학교에서도 이런 현상은 별로 달라지지 않았다.

문부성뿐만이 아니다. 아이도 부모도 교사도 모두 학교 수업에는 교과서가 없으면 안 된다고 생각한다. 교과서를 학교 학습의 절대적인 기준이라 여기는 것 같다. 그렇기에 우리들은 언제나 교과서에는 오류가 없다, 교과서에 틀린 것이 있어서는 안 된다고 생각하는 버릇이 있다. 어떤 의문이 있어도 교과서에 쓰여 있으면 문제는 그것으로 해결되어 버린다. 금방 그것을 믿어

버리고는, 그 이상 의심하려 하지 않는다. 이렇게 교과서는 '특별한 텍스트'로서 다른 책과는 뚜렷이 구별된 지위가 부여된다. 교과서를 신성시하려는 의식이 우리 사회에 깊고도 분명하게 침투해 있는 것 같다. 그것을 '교과서 신앙'이라 해두자.

문부성의 교과서 검정을 둘러싼 이른바 교과서 소송[5]은 30여 년이라는 장기간에 걸친 법정 싸움을 지속해왔다. 학교 교과서가 왜 이토록 중대한 문제로 인식된 것일까? 오랫동안 계속된 교과서 소송의 저변에는, 앞에서 말한 일본의 교과서 신앙이 자리하고 있는 것이 아닐까? 학교 교육에서 교과서가 차지하는 의미가 깊고 크다고 느끼기 때문에 원고측과 그 지지자는 열을 올려 문부성을 비판한다. 마찬가지로 문부성 측도 교과서를 중요하다고 생각하기 때문에 검정권을 양보할 수 없는 것이다. 교과서 소송의 원고측 지지자 중에는 교과서를 절대시하는 풍조에 비판적인 교사가 많다는 사실을 지적해 두고 싶다.

교과서를 배우는 일이 학교 교육의 목적이라고 간주하는 한, 문부성은 아무리 많은 비판을 받더라도 교과서 검정권을 포

5_교과서 소송: 일명 이에나가家永 교과서 재판. 고등학교 일본사 교과서인 『신일본사 新日本史』(삼성당三省堂)의 집필자인 이에나가 사부로家永三郎가 국가를 상대로 일으킨 일련의 재판으로, 교과서 검정은 위헌이라 주장했다. 1965년 제1차 소송, 1967년 제2차 소송, 1984년 제3차 소송까지 이어졌는데, 제3차 소송이 1997년 최고 재판소의 판결로 종결되었다. 3차 소송에서 재판부는 교과서의 검정은 합헌이나 문부성이 교과서 검정에서 부여된 재량권의 범위를 벗어난 점이 인정되어 국가는 원고에게 배상금 40만 엔을 지불하라고 판결했다.

기하려 하지 않을 것이다. 국민의 학습 내용은 사실상 교과서가 결정하기 때문이다. 문부성은 "국민에게 교육을 보장하는 것은 국가의 책임"이라는 근거를 들어 지속적으로 교과서 내용에 개입해 왔다. 국민들의 현재 교과서관이 크게 바뀌지 않는 한, 문부성은 이후에도 교과서를 자유 채택하게 하지는 않을 것이다. 교과서 신앙은 문부성뿐만이 아니라 국민의 대다수가 공유하고 있다. 학교 교육의 본래 원칙으로 보면 교재에 불과한 교과서보다 그것을 가르치는 교사의 존재 자체가 훨씬 중요한데 말이다.

사실 교사도 '교과서를 가르치는' 편이 '교과서로 가르치는' 것보다 훨씬 편하다. 가르쳐야 하는 내용과 범위가 분명하게 나와있기 때문에 수업 내용에 혼란을 초래한 일은 없다. 또한 '교과서를 가르치기 위한' 매뉴얼 책도 부족하지 않다. 그러나 결국 그것이 교사를 나태하게 만든다고 나는 생각한다.

교과서관의 역사

단순한 생각이지만 근세의 관점에서 지금의 이러한 교과서관을 보면 왠지 근세와 연속된 의식이 있는 것처럼 보인다. 앞에서 본 데나라이쥬크나 유학의 학습을 떠올려보자.

데나라이쥬크 학습의 대부분이 데나라이의 학습, 다시 말하면 글씨쓰기의 학습이었다. 데나라이 학습의 교과서에 해당하는 것은 데혼이다. 데나라이란 데혼을 그대로 옮기는 것이다. 데혼이라도 스승이 손으로 쓴 데혼과 인쇄된 책자, 이른바 '오우라이모노'라는 데혼이 있었다. 초학자는 글씨본으로 공부하다가 점점 그것을 소화하고 텍스트의 내용에 중점을 두게 되면서 오우라이모노 텍스트가 증가한다. 아이들은 데혼을 배우는 것에서 그치는 것이 아니라 그것을 암기한다. 인쇄된 오우라이모노의 경우라도 글자는 데혼용의 붓글씨체로 비교적 큰 글씨로 인쇄되어 있다. 따라서 어느 것이든간에 데혼은 데나라이하는 아이가 될 수 있는 한 충실하게 그것과 비슷하게 모방하거나 암기하는 대상이었다. 데혼의 존재를 전제하지 않는 데나라이는 생각할 수 없었다. 데혼이라는 교과서가 없는 데나라이쥬크는 없었다. 역시 학습의 목표는 데혼이라는 교과서 속에 있다. 이렇게 보면 데나라이쥬크의 학습은 교과서를 배운다(가르친다)라는 구조로 성립되었음이 분명하다.

한편 학문(유학)의 경우는 어떠했을까? 학문의 세계에서 교과서의 위치를 차지한 것은 경서, 특히 사서오경이었다. 그것은 공자가 편찬한 책이거나 공자의 가르침이 쓰인 성인의 책이기 때문에 신성하고도 특별하며 모든 진리를 내장하고 있다. 그것을 자신에게 내재화시키는 것, 그것이 학문의 첫걸음이었다. 텍스트를 그대로 암기해 버리는 소독은 이미 살펴본 것처럼 경서를 자신 안으로 내재화하여 신체화해가는 작업이었다. 실로 경서야말로 오류가 없는 책이다. 그 무오류성을 전제로 오직 절대화된 경서를 배우는 것, 그것이 학문의 과정이었다. 그러한 경우 학문을 배우기 시작하는 초학자들도 최상위에 있는 대학자들도 똑같은 교과서(경서)를 손에 잡는데, 교과서 권위의 절대성은 초학자에게도 대학자에게도 변함없었다.

근세의 학문(유학)의 학습에서 경서라는 교과서는 자명한 절대적 권위를 갖는 오류가 없는 텍스트였다. 그렇기 때문에 학문이란 철두철미하게 교과서를 배우는 일과 다름없었다. 이렇듯 어떤 경우라도 교과서가 가르치기 위한 수단이라는 의미로 인식된 적은 없었다. 교사란 당연하게 교과서를 가르치는 것을 임무로 삼는 사람이며, 학생을 경서로 인도하는 안내인 이외에는 아무것도 아니었다. 앞에서 살펴본 것처럼 근세 학문의 방법은 어떤 경우라도 교과서(경서)를 읽기 위한 방법적인 수련이 아닌가? 교사는 교과서(경서)를 정확하게 읽는 읽기의 모델을 보여주는 존재였다.

학습방법이라는 일종의 눈에 보이지 않는 것은 이른바 문화 속에 침투해 있다. 따라서 시대의 변화에 따라 학습해야 할 대상이나 내용이 바뀐다 해도 학습에서 교과서가 차지하는 위치는 그렇게 간단히 변하지 않는다. 근대에 들어와 교육 시스템과 학습의 내용이 근본적으로 변한다 해도 문화의 전통 속에 침투한 교과서관 자체에 본질적인 변화는 일어나지 않았다.

근대 학교의 교과서관

근대 학교 교육은 한 사람의 교사가 다수의 학생을 상대로 행하는 단체수업을 원칙으로 한다. 학교에서는 한정된 시간 안에 다수의 학생에게 대량의 지식을 가르쳐야 한다. 따라서 가르칠 지식은 '교과'라는 형태로 만들어져 학생의 발달 단계나 연령을 고려한 합리적인 커리큘럼이나 프로그램에 따라 이루어진다. 여기에서는 한정된 시간 안에 많은 학생들에게 얼마나 효율적이고 합리적으로 정확하게 가르칠 수 있는지가 추구된다. 개념화, 논리화된 지식이 언어로 주입된다. 이것이 근대 학교 교육 안에 존재하는 주입식의 원리이다.

이러한 방식에서는 가르치는 주체로서의 교사가 중심이 되어 교육이 구상되어 있다. 얼마나 합리적이고 효율적으로 가르칠 것인가, 이를 위해 가르치는 기술을 고안하고 커리큘럼 연구를 통해 가르칠 지식의 합리화를 추구한다. 교육학이라는 학문이 이러한 문제들을 주제로 근대 유럽에서 시작되었다. 간단히, 가르치는 주체를 자각한 교사의 입장에 선 학문이었다. 근대 학교와 교실은 주입식 교육방법의 원리가 지배하는 장일 뿐이었다.

메이지 초기에 도입된 일본의 근대학교도 예외일 리 없다. 정부는 메이지 초기 단계에서 가능한 한 충실히 유럽 근대 학교 교육을 도입하려 했다. 책상과 의자를 교실에서 빠질 수 없는 도구로 인식하고, 데나라이쥬크의 다다미를 내몰고 그 자리에 책상과 의자를 서둘러 들여놓았다. 1장에서 살펴본 에기 가즈유키江木千之의 말을 떠올려보자. 교과서 역시 일본에 적당한 것이 없다는 것을 알게 되자 미국 교과서를 직역해서라도 서양과 똑같은 교과서를 갖추었다. 메이지 초기의 학제学制 시대, 소학교의 국어 독본에 사용할 교과서가 없었기 때문에 문부성은 『윌슨 리더 *Willson Reader*』라는 미국의 초등학교에서 사용하던 교과서를 급하게 번역하여 배포했다. 그것은 물론 일본 아이들의 현실과는 상당히 동떨어진 내용이었다. 일본 아이들의 생활과는 전혀 관계없는 교재였지만 서양과 똑같이 하려 했던 것이다. 메이지의 학교 교육은 이처럼 서양에 기준을 두었고 교육방법도 주입형의 원리로 성립되어 있었다. 이상이 근대 학교의 시스템이었다.

그러나 제도나 시스템과는 달리 사람들이 갖는 교과서관이나 교사관, 혹은 학습관 같은 것은 쉽게 바뀌지 않는다. 오랜 역사 속에서 형성된 문화에 침투해 있기 때문에 앞에서 살펴본 것처럼 일본의 교과서관은 적어도 유럽과 비교해 보면 확실히 특별한 교과서가 중시되어 왔다. 이처럼 근세라는 역사적인 관점에서 보면 일본의 특이한 교과서관과 근세와의 연속성이 분명하게 보인다. 사실을 알게 되는 순간부터 확실히 변화가 시작된다. 현재 우리가 안고 있는 교육의 많은 문제들, 보이지 않았던 뿌리 부분이 보이니까. 그 뿌리 부분부터 문제를 풀어가는 개혁의 수단도 구상될 것이다. 역사나 문화의 관점은 이러한 의미에서 유효성을 발휘한다.

4 교사와 어린이의 관계

'친구' 관계인 교사와 어린이

일본 근세에서 나타나는 교사상은 서양 사회에서 일반적인, 직업인으로서의 교사가 권위를 갖고 가르치는 관계가 아니라, 교사가 모델로서 아이들 앞에 서는 관계로 이미지화되어 있다. 그러한 관계에서는 아이들을 가르치기 위한 기술보다 그 자신이 학생들의 좋은 모델이 되는 것이 무엇보다 요구되었다.

반대로 지금의 풍조를 보면 지도 방법이나 식견, 전문 지식에 기초한 권위로 가르치는 서양형의 관계를 취하려 하지 않는다. 오히려 '옆에 나란히 서는 관계' 이거나 어느 정도 사물에 대한 지식을 소유한 좋은 선배, 아니면 형의 역할을 하는 관계를 바라는 경향이 있다. 아이 측에서도 이러한 것을 기대하는 듯하다. 이것은 주입형의 교육관계가 갖는 권위주의를 싫어하고 체득형의 관계를 바라는 것에 기인한다고 해석할 수 있다. 이 자체는 전통적인 교사와 학생의 관계이다. 그러나 그 결과, 교사는 학생의 선배나 친구인 듯 행동하고 아이들도 그렇게 대하고 있다. 서로 교사와 학생간의 거리감을 가능한 한 없애려 한다. 이 관계는 전통적인 것에 가까운 만큼 일본인은 쉽게 익숙해 질 것이다. 그러나 한편으로는 교사에 대한 학생들의 존경심이나 신뢰감이 크게 떨어지는 것을 깨닫게 된다.

이러한 경향은 확실히 전통적인 체득형 관계를 지향하고

있는 듯 보인다. 그러나 전통적인 사제 관계에서는 아이 쪽에서 교사를 선택하여 제자로 들어갔다. 에키켄도 스승의 선택이 얼마나 중요한가를 거듭 강조하고 교사 선정 기준에 주의하면서 말한다. 스승은 제자의 데혼(모델)이며 스승의 모습이 제자에게 절대적인 영향을 미치기 때문에 체득형 형태의 관계에서는 제자가 스승을 선택하는 것이 무엇보다도 중요한 전제였다.

제자 측에서 교사를 선택하는 것은 스승에 대한 신뢰 문제와 관련되어 있다. 신뢰하고 존경하는 대상이기 때문에 학습자는 자기 학습에 의지하면서도 스승을 데혼으로 삼아 모방하는 것이다. 모방의 전제에 스승에 대한 존경심이나 신뢰감이 없으면 안 된다. 쇼타 구미코生田久美子는 프랑스 사회학자 마르세유 모스를 따라 이것을 '위광모방威光模倣'이라 했다(『'기술'을 통해 아는 것』). 원래 스승에 대한 신뢰감이 없으면 학습자 측에서 자발적으로 모방하려는 생각은 발생하지 않는다. 반대로 무리하게 노력해도 자발적이지 않으면 적절한 효과를 기대할 수 없다. 체득형 관계는 이처럼 스승에 대한 신뢰 관계를 무엇보다도 중요한 전제로 여기는 입장이다.

근세의 교육관계에서 신뢰감 문제는 에키켄뿐만 아니라 다른 유학자들도 반드시 필요한 조건이라 생각했다. 예를 들어 오규 소라이도 신뢰가 교육관계 성립의 절대적인 요건이라 보았다. 즉 근세에는 신뢰감의 유무가 교육관계에서 결정적인 요인이라는 생각을 공유하고 있었다.

신뢰감의 결여

이러한 관점에서 보면 오늘날 교사와 학생 관계에서 발생하는 최대의 문제점은 양자간에 신뢰 관계가 전제되어 있지 않다는 것이다. 이 점의 중요성을 더욱 직시해야 할 것이다.

지금의 교사, 학생의 관계는 제도로 규정되어 있다. 아이는 자기가 어떤 선생님에게 배울지, 아무것도 결정할 수 없다. 선생님도 자신이 어떤 학생들을 가르칠지, 대부분의 경우 몇 학년을 담당할 것인가 조차도 스스로 선택할 수 없다(일반적으로 희망사항은 적어 내지만 결정권은 교장에게 있다고 한다). 둘의 의사가 존중되는 경우는 거의 없다. 즉 현대의 학교 교육은 신뢰 관계를 만들도록 작용하는 것이 없는 제도 위에 성립되어 있다.

지금의 학교 제도에서 기대할 수 있는 것은 서양형의 주입형 교육과 교사, 즉 높은 교육적 안목과 교육 지도상의 전문적 기술을 바탕으로 한 권위로 가르치는 교사일 것이다. 그런데 지금 일본의 교사들은 이러한 지극히 권위적인 관계를 피하려 하고 있다. 교사로서의 높은 식견과 전문적인 교육 기술이 없어서라기보다는 전통적인 교사와 학생 관계를 바람직한 교육적 관계라고 생각하는 토양에 사로잡혀 있기 때문일 것이다.

선생님이 친구나 선배와 같은 관계라는 것은, 실제로는 어떤 교사를 기대했던 것일까? 인기 드라마 '긴파치 선생'[6]이 떠오

6_긴파치金八 선생: 1979년 TBS에서 첫 방송된 이래 30년 이상 사랑받고 있는 대표적인 일본 학원물 '3학년 B반 긴파치 선생'의 주인공

른다. 긴파치 선생은 이상적인 현대 교사의 전형이라 여겼다. 그는 결코 권위적이지 않고 학생과의 거리감은 아주 적으며 선배나 친구 같은 인물에 가깝다. 학급은 이른바 유사가족집단, 강한 친구 의식으로 결합되어 있다. 선생은 학생의 입장에서 생각하려고 열심히 노력한다. 이러한 관계를 전제로 그가 학생들로부터 신뢰를 얻은 이유는 학생에 대한 무한한 애정과 그 애정에 바탕을 둔 우직하기까지 한 헌신적인 노력에 있다. 여기에는 개인적인 노력과 정서적인 면에서의 깊은 결합이 있었다. 이른바 제도적 관계와 별도로 혹은 제도적 관계를 넘어서 한 사람의 교사로서의 인간성 문제를 다루고 있다. 일본 사회는 지금도 교사에게 인간적인 매력을 끊임없이 요구한다. 교사가 아이들의 마땅한 모델을 연출해 주기를 기대하는 사회의식이 강하게 남아 있는 것은 분명하다. 문화에 배어 있는 교사상은 역시 현대의 일본 교사관에도 각인되어 있는 것 같다.

그러나 더욱 심각한 문제는 긴파치 선생 같은 드라마는 지금의 아이들에게 더 이상 매력을 주지 못한다는 것이다. 교사에게 특별한 인간성을 요구하는 것이 얼마나 환상적인 일인지 아이들은 이미 알아버렸다. 아이들은 특히 학교를 벗어나 홍수처럼 밀려오는 대중매체들로부터 그것을 배우고 있다. 지금의 아이들에게는 선배나 친구같은 관계를 맺으려 하는 교사도 통하지 않게 되었다는 것이다. 교사와 학생간의 신뢰감을 기대하는 마음조차 이미 사라져 버린 것일까?

아이가 선생님을 선택하는 제도

교사는 체득형의 문화적 토양 아래 제도로 규정된 교사와 학생의 관계를 어떻게 신뢰에 기초한 관계로 변화시킬 수 있을까를 시급히 검토해야 한다. 그것은 모순이 넘치는 곤란한 문제이다. 적어도 교사에게 일방적으로 인간적인 매력을 요구하기만 해서는 문제 해결의 방향이 보이지 않는다.

지금은 부모나 학생 측에서 교사를 선택할 수 없다. 아이들에게 결정적인 영향을 주는 교사를 자신의 의사로 선택할 수 없다는 것은 배우는 측에서 보면 정말 이유를 알 수 없는 일이다. 극단적인 말로 하면 학습권의 침해가 아닌가? 근세의 학습 문화를 조망하는 이 책의 관점에서 말한다면 교육이 갖는 결정적인 전제 조건(학습자가 신뢰하는 선생을 선택하는 일)이 결여되어 있다. 신뢰 관계가 성립될 이가 없다.

지금의 공교육 제도는 가르치는 측의 논리에 따라 이루어져 있다. 아이들의 자발적인 학습을 얼마나 보증하고 얼마나 가능하게 할 것인가? 배우는 측의 논리로 제도를 대폭 수정할 필요가 있다. 배우는 측의 입장에서 말한다면 적어도 아이가 교사를 선택하는 일이 가능해야 한다. 비록 교사에게는 잔혹한 말이긴 해도 그렇게 생각한다. 매년 봄이 되면 담임선생님에 관한 '예상이 맞았다' '예상이 빗나갔다'는 소리가 학생이나 부모 사이에서 새어 나온다. 그러한 소리를 하는 아이나 부모가 잘 몰라서 그러는 것이 아니다. 누구나 마음으로 신뢰할 수 있는 선생님 아래에서 자발적인 학습을 원하는 것이다. 학교 교육의 재생을 위해서는 학생이 배우고 싶은 교사를 선택할 수 있는 시스템의 도입을 빠른 시일 내에 진지하게 생각해 보아야 한다. 그것만으로도 지금의 학교가 변할 수 있는 가능성이 있다고 생각한다.

5 학교의 규율주의: 교칙을 지탱하는 교육관

역사와 문화의 관점에서

일본의 중학교나 고등학교에서 나타나는 이른바 '교칙 문제'는 서양의 공립학교에서는 생각하기 어려울 것이다. 여기서 말하는 교칙 문제는 다시 말하면 일본의 중등학교(중학교, 고등학교)에서 나타나는 주로 신체상의 규율주의를 말한다. 대부분은 교칙으로 규정되어 있다.

모두들 알고 있는 것이지만, 일본의 중학교나 고등학교에서는 신체상의 규제를 사소한 부분까지 정해놓고, 교칙이라는 이름 아래 학생들의 자유를 구속하고 있다. 예를 들어 교복을 정하고(교복이 없는 중·고등학교는 아주 적다), 일정한 두발 형태를 강요하고(혹은 특정한 두발 형태를 금지), 혹은 여학생의 치마 길이나 주름의 숫자, 남학생의 바지 형태나 길이, 신발이나 양말의 형태, 색깔 등을 규제하고 있다. 지금은 없어졌다고 생각하는데 여

학생의 속옷 색깔까지 규제했다는 극단적인 이야기를 들은 적이 있다. 그 외에 가방 안 소지품에 관한 규제는 물론 머리를 묶는 리본의 크기나 색깔, 머리 길이까지 정해지는 등 예를 들면 끝이 없을 것이다.

의복이나 머리 모양 등은 본래 아주 기본적인 자기 표현의 수단이다. 그런데 그러한 것에 대한 통제가 교칙이라는 이름 아래 일방적으로 이루어지고 있다. 개성 존중 교육을 추구하면서 이와 정반대로, 학교생활에 대한 통제와 관리가 용인되고 그것을 모순이라고도 느끼지 않는 이러한 현실을 어떻게 이해하면 좋을까?

이 문제는 인권의 관점에서 비판할 수도 있는데 실제로도 그렇게 이루어지고 있다. 자기표현인 두발이나 의복 등에 대한 과잉 간섭은 기본적인 인권 침해에 해당한다는 비판이 있다. 무엇보다도 겉으로 드러난 것만 보면 그것이 일종의 인권 침해에 해당한다는 것은 의심할 여지가 없다. 그러나 한편으로는 그것이 학교 비판으로서 어디까지 유효할까라는 점에 관해서는 약간 의문이 든다. 이것은 역사적으로 훨씬 뿌리깊은 문제라고 생각하는 편이 나을 것이다. 일본의 전통적인 교육 관념이나 문화에 깊이 뿌리 내리고 있다고 생각해야 한다.

가령 교칙이 학생들의 인권 침해에 해당한다고 해도 교칙 그 자체가 일본 사회의 문화나 역사의 심층에 뿌리를 두고 그것을 수용하는 문화적인 바탕이 있다고 한다면 전후戰後(제2차 세계대전) 헌법이, 게다가 유럽 문화에 뿌리를 내린 '인권'이라는 가치 기준으로 문제의 본질에 얼마나 접근할 수 있을까?

이 문제를 검토하기 위해서는 근세의 가쿠몬쥬크나 번교의 학칙까지 포함한, 역사적이며 사상사적인 고찰이 필요하다고 생각한다. 교칙이나 학칙의 규율주의는 학생에게 신체의 규율화를 요구하는 규범이다. 따라서 신체의 규율화가 인간 형성(교육)에 어떠한 뜻 의미를 가진 문제로 의식되어 왔는가라는 수준까지 살펴볼 때 비로소 현대의 학교 교육의 규율주의, 교칙주의가 갖는 의미를 파악할 수 있다.

물론 인권의 관점에서 비판하는 것이 무의미하다는 것은 아니다. 학생의 인권 침해가 있다면 그만큼 비판받아 마땅할 것이다. 다만, 그러한 관점만으로는 학교가 인권에 대해 얼마나 이해가 부족했는가라는 점을 일방적으로 비판하고 개탄에 그칠 것이 틀림없다. 일방적으로 비난을 퍼붓는다해도 학교의 규율주의 자체가 근본적인 면에서 바뀔 이는 없다. 무엇보다도 교칙 문제가 일본의 학교 문화에서 사라지지 않는 이유가 이해되지 않을 것이다. 그것이 이해되지 않으면 학교의 교칙 문제, 규율주의의 현실은 언제까지나 변하지 않는다. 즉 이후에도 인권 침해와 동일한 사건이 반복될 것이다.

학교생활의 '예의 매뉴얼'

에키켄은 사람이 신체로 행하는 (보고 듣고 말하고 행동하는) 모든 행위에는 일정하게 정해진 예의 체계作法가 있다고 생각했다. 그러한 인식은 에키켄 고유의 생각이 아니라 일본 문화의 바탕에 배어있는 감각이다. 이 개념은 이론이나 지식의 체계가 아닌 신체 감각으로 유지되는 문화적 전통이다. 그것은 심신일체론적인 생각으로 유지된다. 즉 신체의 형식과 마음의 양태는 서로가 부합하는 심신론의 사고법이다.

4장에서 살펴본 것처럼 에키켄의 사상에서 사람은 내면에 자율적인 마음의 근거를 갖지 못한다. 사람의 마음은 불안정하여 신뢰할 수 없는 것으로 간주되었다. 자율성이 없는 인간의 마음을 언어로 가르치려 해도 효과를 기대하기는 어렵다. 마음보다 신체에 물들게 하는 습관이 보다 확실한 방법이라는 것이 에키켄의, 그리고 일본 문화의 전통 안에서 대부분이 인정하는 사고법이다. 심신일체론 사상에서 신체의 규율화는 마음의 규율화를 위한 확실한 방법이라 간주된다.

이 점이 앞에서 본 예도나 직인의 도제제 교육 시스템을 가능하게 만들어주는 사상이기도 하다는 것은 쉽게 이해될 것이다. 그것을 계고稽古의 사상이라 불러도 된다. 또 불교에서 말하는 수행도 이 심신일체론에 기초한 신체 훈련을 통해 마음의 수양을 측정하는 방법이다. 이러한 계고나 수행을 하나의 교육이나 학습 시스템으로 생각해 보는 것은 일본 문화를 생각하는데 아주 중요한 관점을 제공할 뿐만 아니라 현대의 교육을 생각하는 데에도 아주 중요한 시사점을 제공해준다.

신체 작법인 예의 체계는 에키켄이 예에 관한 책들에서 상세하게 설명한 것처럼 일상적인 예의 실천 방법으로 구체화된다. 다시 말하면 예의 체계는 일종의 매뉴얼로 가르치지 않으면 안 된다. 그것을 가르치는 것이 바로 교육의 중요한 기능이라고 보았다. 에키켄은 이러한 입장에 서서 예절에 관한 저작을 자기의 천직이라 확신하면서 지속적으로 책을 썼다. 그리고 예의 체계의 신체적인 실천법을 가르치는 일이 교육이라는 교육관은 지금도 일본 사회 안에 깊게 배어 있다. 그것이 현대 학교의 교칙 문제를 유지해주고 있는 뿌리이다.

다시 말하면 예에 들어맞는 올바른 신체 활동을 유지하는 것이 올바른 마음의 상태를 가져온다는 사고법, 그것이 학교 교칙의 배경을 이루는 사상이다. 신체의 규율화에서 마음의 규율화로 향하는 방향성이 예법 문화의 교육관에 의해 지탱되고 존재한다. '흐트러진 복장은 흐트러진 마음이다'라는 상투적인 학생 지도 구호도 이 사고법의 표현이다. 이렇게 생각하면 교칙이란 신체의 규율화를 통해 마음의 규율화를 도모한다는 의미에서 도덕 교육의 방법과 다르지 않다.

도덕 교육인 교칙

학교 교육의 목적이 무엇인지 묻는다면 크게 지식 교육과 인간 교육, 즉 지육과 덕육 두 가지를 드는 것이 보통이다. 여기에 체육을 더해도 좋지만 여기서는 문제시하지 않겠다. 만약 지식 교육이 교과의 학습이라고 한다면 인간 교육은 도덕 교육을 의미한다.

근대 일본의 학교에서 도덕 교육은 주로 수신과(修身科)를 중심으로 이루어졌다. 수신과는 국가를 위한 국민 만들기(국가주의)라는 면이 강했기 때문에 전후에는 이를 부정하고 민주주의의 이념에 기초한 도덕 교육 방침이 제기되었다. 전후의 도덕 교육은 교과 학습을 통해 이루어져야 한다고 생각했다. 이 자체는 서양적인 교양 사상에 뿌리를 둔 사고였는데 전후 일본에서는 결국 실패했다. 예를 들어 전후에 등장한 사회과(社會科)는 지식 교육 속에 도덕 교육을 맡길 수 있는 교과로 기대되었는데 그러한 기대에 충분히 부응하지 못한 채 고등학교에서는 결국 자취를 감추고 말았다. 사회과는 지식주의 교육의 대표라고도 여겨졌다. 일본에서 지식 교육에 의한 도덕 교육이라는 사상은 뿌리를 내리지 못했던 것이다.

현대에는 어떤 형태로든지 인간 교육의 이념을 내거는 학교가 적지 않다. 이 이념을 내걸지 않아도 인간 교육을 부정하는 학교는 없을 것이다. 여기서 말하는 인간 교육이란 무엇을 의미하며 또 어떤 방법으로 실천하는 것일까? 대체로 인간 교육이란 풍부한 마음을 키우는 마음의 교육이라고 설명한다. 애당초 그것은 도덕 교육에 해당한다. 그러나 마음의 교육을 실천하는 방법은 대개가 예절 교육이 된다. 물론 예절 교육은 신체의 규율화로 모아진다. 이것은 인사 장려나 환경 미화, 학교 의식 등에도 활용되는데 한편으로는 교칙이라는 형태로 신체의 규율화가 동원된다. 즉 지금의 학교에서 만든 교칙은 이러한 풍부한 마음을 키우는 인간 교육, 즉 도덕 교육의 역할을 기대하고 있는 것 같다.

예에 의한 신체의 규율화가 마음의 교육(도덕 교육)에 효과가 있다는 생각은 앞에서 심신일체론에 근거한 에키켄의 사상에서 살펴보았기 때문에 반복하지 않겠다. 여기에서는 전통적인 교육과 문화의 관점에서 볼 때 학교의 교칙이 자각적인지 아닌지는 제쳐두고 도덕 교육으로 자리매김된다는 점을 지적해 두고 싶다.

예법 문화

위와 같은 규율주의 교칙의 바탕에 서 있는 예의 교육사상은 단순히 관리주의의 통제 교육에 관한 문제만이 아니다. 그것은 또한 다도로 대표되는 일본의 전통 예도가 성립되는 문화적 기반과 동일선상의 문제로 생각해야 한다.

다도에는 일거수일투족에 일정한 형태가 있다. 행위의 모든 것이 신체 작법의 규범으로 가득차 있다. 스모나 검도 등 무도의 전통에도 일정한 형태가 있다. 예컨대 승부조차도 승부수가 있다. 승부수란 기술(사람의 행위)의 형태이기 때문에 틀이라 할 것이다. 즉 승부를 가르는 데 일정한 틀이 요구된다. 단순히 승부 결과만이 문제가 아니다. 서양 스포츠에 승부수와 같은 형태가 있다고는 들어보지 못했다. 아마도 없을 것이다. 이처럼 일본의 무도나 예능은 모두 신체의 형식으로 성립되어 있는 세계이다. 모든 신체의 활동에 일정한 '틀'(그것은 어느 경우에는 '예'로 표현된다)이 있다는 생각으로 이루어진 문화이다.

신체의 '틀'은 전통 문화에서만 보이는 것은 아니다. 에키켄이 분명하게 말한 것처럼 인간사회 자체가 세분화된 예의 체계로 성립되어 있다는 느낌이 든다. 그리고 이 관념은 이론이나 지식의 체계가 아니라 신체적인 감각에 의해 지탱되어 있다. 언어를 초월해 있기 때문에 그것을 완전히 제거하기는 어렵다. 물론 머리로는 제거할 수 있다. 또는 개인 생활의 수준에서도 부정할 수 있다. 오히려 이제는 개인의 행동 수준에서의 예법 문화는 괴멸에 가까운 상태에 이르렀다. 전통적인 예법을 생활 차원에서 지금도 엄격히 지키고 있는 사람은 거의 없을 것이다.

그런데 반대로 예법 문화를 개인 차원에서는 부정할 수 있다 해도 사회 차원에서 없앤다는 것은 그리 간단하지 않다. 가령 개인 차원에서 부정한다 해도 기업 등의 사회 조직의 일원으로 들어가면 이러한 예법 문화(신체의 규율화)는 이상하리만치 분명하게 남아있다.

가령 말하는 법이나 인사하는 법, 전화 받는 법, 절하는 법(상대에 따라 인사하는 각도가 다르다), 명함을 받거나 건네는 법 등 직업상 예법의 종류는 기업 조직 안에서 필수적인 매너로써 엄격하게 교육되고 있다. 특히 서비스업에서 예절이 철저하다. 최근에는 전자메일의 보급과 함께 메일 쓰는 법이 예절이 되어 전자 메일 쓰는 법에 관한 책도 서점에 나오기 시작했다.

이런 예법류가 남아 있는 것은 기업 사회에만 한정된 것이 아니다. 생각해보면 우리 시민생활에도 적지 않다. 예법이나 매너에 관한 사전과 풍부한 매뉴얼 책 종류의 다양함을 떠올려 보자. 신간이 끊이질 않는다. 또 여성 잡지나 실용 잡지에는 그러한 사회적인 메뉴얼이나 예법의 종류가 반드시 일정한 비율로 지속적으로 소개되고 있다. 독일의 한 일본학 연구자가 이것은 유럽에서는 상상조차 할 수 없는 현상이라고 놀란 어조로 말하던 것이 기억난다. 그는 그것을 일본 문화의 중요한 특질이라 생각하여 예법을 연구 테마로 삼았다.

이렇게 서적이나 잡지 등의 미디어가 예법 문화의 모체로 동원되고 있다. 그것은 오늘날 개인생활 차원에서는 예법 문화를 전승하는 힘이 없어졌다는 것을 분명하게 말해준다. 사람들은 책이나 잡지(때로는 텔레비전) 등에 의존하여 그러한 지식을 습득하지 않으면 안 된다. 반대로 말하면 개인 차원의 전승이 어렵게 되었음에도 불구하고 대중매체가 예법 문화 전달에 동원되고 있다. 사회적으로 아직 그것이 살아 있다는 증거임에 틀림없다. 지금도 일본 사회는 규범과 지켜야 되는 매뉴얼을 구하지 않고는 가만있지 못하는 것 같다. 이처럼 신체 형식을 예법화해 가는 예법 문화는 지금도 뿌리깊게 남아 있다.

경제 성장의 문화적 기반

이 신체의 예법 문화는 그것을 의식하든 안하든 우리 사회 안에 계속 살아있다. 즉 신체 행위에는 특정한 규범적 틀이 있다는 관념이 우리 사회 안에 각인되어 있다. 이 문제를 더욱 넓혀 생각해 보면, 일본 근대의 경제 성장을 유지해 주는 문화적 기반과 관련되어 있다.

일본의 예법 문화에서는 사람들이 자신의 신체 행위를 일정한 규범적인 틀에 집어넣는 것에 대한 저항이 없다. 오히려 이보다 앞서 틀을 찾고 그것을 기준으로 삼으려 할 것이다. 이러한 문화에서는 틀이 없으면 불안해진다. 사람들의 행동양식에 형식이나 순서를 정함으로써 효율적이고 안정적인 활동이 가능하게 된다. 즉 합리적으로 만들어진 매뉴얼만 제공된다면 사람들은 그것을 따르는 것 자체에 저항은 없다. 이 때문에 조직의 질서가 유지되고 유기체적이라고도 할 수 있는 결속력이 생겨난다. 공장에서는 합리적인 매뉴얼만 있으면 균질하고도 우수한 물건을 효율적으로 만들어낼 수 있다.

이렇게 생각하면 세계적인 자랑거리인 일본 사회의 질서성도 이 예법 문화와 무관하지 않다. 예를 들어 일본에는 자동차의 통행이 끊어진 시간이라도 신호를 무시하고 도로를 횡단하는 사람이 거의 없다. 일반적으로 일본인의 공중 매너가 특별히 좋다고는 생각하지 않지만 그래도 매일 아침 만원 전철을 타면서도 일정한 질서를 느낀다. 아무튼 일본 사회에 배어 있는 예법 문화의 신체 감각이 드러난 것이라고 생각한다. 그렇게 보면 1960년대의 고도 경제 성장도, 사회에 유지되고 있는 질서성도 공통의 문화적 기반에 바탕을 두고 있는 것 같다. 사회 전체가 서로 닮은 매뉴얼 안에 있다.

학교의 교칙이 이와 무관하다고 할 수 없다. 오히려 교칙이 사회 전체의 규율 유지에 동조할 것을 가르치는 보이지 않는 커리큘럼이 되었다고 생각해야 한다. 즉 학교의 교칙, 규율주의가 전통적인 예법 문화를 토양으로 성립해 있으면서, 또 한편으로는 그것이 일본인의 예법 문화의 신체 감각을 끊임없이 재생산하고 있다는 것이다.

예법 문화의 재생산

이러한 예법 문화의 재생산은 의식하든 안하든 가정에서 신세대들에게 전승된 것도 적지 않다. 그러나 학교화 사회인 오늘날, 가정 이상으로 학교가 갖는 의미가 확대되어 있다. 교칙은 앞에서 지적한 것처럼 학교의 예법 문화의 발현이다. 일본 사회에 앞으로도 계속 살아있을 예법 문화는 실로 학교에서 재생산되는 측면이 강하다. 그렇기에 교칙에 의한 규율주의는 일본 사회의 예법 문화의 근본적인 부분에서 강하게 유지되고 있다. 이러한 사회에서 교칙은 교육에서 빼놓을 수 없는 것으로 자리매김하고 있다. 이렇게 생각하면 교칙은 학교의 시츠케 기능을 맡고 있다고 할 수도 있다.

이렇게 교칙주의는 단순히 학교만의 문제가 아니라 그 배후에 있는 사회에서 유지되고 나아가 역사적으로 뿌리내린 문화 문제 중 하나이다. 아무리 지식인들이 인권침해라고 비난해도 교칙주의가 배어 있는 사회에 문화적 기반으로 이어지는 한 교칙주의를 재생산하는 메커니즘을 바꿀 수는 없다. 결국 인권에서 보는 관점은 교칙 문제의 구조에 대한 근본적인 비판은 되지 못한다. 일본 사회가 갖는 이러한 예법 문화에 어떻게 대응할 것인가라는 커다란 문제를 직시한 후에 교칙 문제를 다룰 필요가 있다. 굳이 말하자면 현대 학교의 도덕 교육을 어떻게 실시할 것인가라는 문제까지 시야에 넣고서 다루어야 한다는 것이다.

교칙 문제

에키켄의 사상을 바탕으로 생각할 때 교칙의 문제점은 어디에 있을까? 먼저 에키켄의 예의 체계에는 그것을 유지해주는 사상적인 확신이 있었다. 이 점이 중요하다. 에키켄에게서 예란 무엇보다도 '천지를 섬기는' 방법이다. 천지의 특별한 은혜를 받아 태어난 사람이 인륜과 만물과 올바르게 관계 맺기 위한 구체적인 실천 방법이 예였던 것이다. 그렇기 때문에 모든 예에는 예의 체계를 유지하는 전체적인 세계관과 그것에 기초한 예의 정의가 있으며, 더욱이 그 사상과 의미가 예의 실천자에 내재화되어 있다. 즉 예의 체계가 갖는 가치나 의미, 그것을 유지해주는 사상에 대한 신뢰가 있었다. 그러므로 예의 체계를 자발적으로 배웠던 것이다.

현재의 교칙이 교육적인 의미를 갖기 위해서는 교칙을 유지하는 권위나 가치가 학생들에게 미리 수용되어 있어야 한다. 이를 위해서는 왜 학교에 교칙이 필요한지 납득시킬 의미가 없으면 안 되는 것이다. 예를 들어 교복은 왜 필요한가, 두발의 자유는 왜 안 되는가 하는 문제들을 하나 하나 분명하게 설명하지 못하면 학생들에게 교칙이 수용될 이 없다. 따라서 그 의미를 학생들에게 납득시키는 교육사상을 말하지 않으면 안 된다. 그렇지 않다면 교칙은 학생을 관리하는 수단으로 전락해 버린다. 학생 관리라는 발상 아래에서는 도덕 교육이 이루어질 수 없다. 또 교사와 학생의 신뢰 관계도 자라지 않는다. 양자의 신뢰 관계야말로 에도 시대의 유학자가 반복해서 말한 것처럼 교육이 성립되기 위한 절대 조건이다.

결국 교칙의 문제점은 교칙이라는 존재를 둘러싼 문제라기보다는 교칙이 학생들을 납득시키는 사상과 논리에 서 있지 않다는 것에 있다. 이러한 상태에서는 학생들에게 수용될 이가 없다. 교칙이 학생들에게 수용되지 못하면 교육적 의미가 없다. 진부한 말이지만 교칙의 의미를 학생과 교사가 함께 생각하면서 납득 가능한 교칙을 만들어가는 수밖에 없다. 이때 교칙의 대다수는 신체의 규율화와 관계되어 있는 것, 그리고 신체의 규율화가 어떤 의미를 갖고 있는가를 폭넓은 사회문화적 관점에서 검토할 필요가 있을 것이다. 사실은 이 과정이 도덕 교육이 가능해지는 절호의 기회이다. 이러한 문맥 속에서 에키켄의 사상은 시사하는 바가 크다. 그렇다고 해서 에키켄의 사상이 그대로 지금 아이들에 대한 도덕 교육으로 유효하다고 주장하려는 것은 아니다.

'개성 존중 교육'의 함정

최근 학교에서는 개성 존중 교육의 중요성을 소리 높여 부르짖고 있다. 예를 들어 최근 문부성이 추진하고 있는 '새로운 학력관' 속에 아이들의 개성 존중이 강조되어 있다. 그 방향 자체는 이미 임시교육심의회의 답신에 들어있는 생각을 벗어나지 않는다. 교육의 다양화·자유화·개성화의 일환으로 제시되어 있는 것이다. 그것은 행정면에서의 '규제완화', 경제면에서의 '금융의 빅뱅' 등 자유화 노선과 궤를 같이한 교육의 자유화 노선이다. 이것은 '교육의 빅뱅'이라 부르거나 메이지 초기, 전후 개혁에 연이은 '제3의 교육 개혁'으로 자리매김하려 할 정도로 커다란 개혁이다. 아이들 한 사람 한 사람의 개성을 존중하고 그 발달을 측정하려고 하기 때문에 그 자체로는 상당히 좋은 것처럼 보인다. 그러나 이 개성 존중이라는 것은 아무리 생각해도 눈속임 같이 느껴진다.

첫째, '개성'이라는 개념이 명확하지 않다. 인간의 개성이란 무엇인가에 대해 원리적·학문적·사상적으로 분명히 검토한 뒤

제시한 개념이라고는 생각하지 않는다. 너무나 애매한 것이다.

둘째, 원래 근대의 학교 교육은 한 사람 한 사람의 개성을 육성하는 교육을 행사하도록 되어 있지 않다. 학교는 근대의 분화된 학문 체계에 따라 합리적으로 배열된 커리큘럼을 일정한 시간에 똑같이 가르칠 것을 요구하고 있다. 따라서 단체수업이 될 수밖에 없는 것이다. 단체수업의 방법으로 아이들 수십 명의 개성을 어떻게 육성한다는 말인가? 그것도 그 교사와 학생의 관계는 개인의 의사에 따라 서로 선택한 것이 아니라 제도로 규정된 우연적인 관계이다. 따라서 양자 사이에 신뢰 관계가 전제되어 있지 않다.

또 공교육은 교과서 교육(지식의 교육) 외에 '국민을 만드는 교육'(국민 교육)을 반드시 포함하고 있다. 여기서 '국민 교육'이란 국가가 국민을 참된 '국민'으로 만들기 위한 교육을 말한다. 예를 들어 공통의 자국어(국어)를 가르치고 자국을 의식의 중심에 둔 지리나 역사를 가르치는 것과 같은, 모든 아이들에게 국가를 자명한 단위로 삼는 일정한 의식의 체계를 심어주는 교육이다. 근대의 공교육(대개 보통 의무 교육으로 제도화되었다)은 본래 국민을 만드는 국민 교육이 자리하고 있다. 그것은 분명 개성이 풍부한 개인을 육성하는 교육과는 원리적으로 대립하는 측면이 강하다.

이렇게 근대 교육의 원칙을 전제로 하면서 학교에서 관과 민이 모두 개성 존중 교육을 소리 높여 반복하고 있는 것은 도

대체 왜 그런가? 한 사람 한 사람의 개성을 존중하고 진실로 그러한 육성을 바라고 있다고는 생각하지 않는다. 어쩌면 당사자는 진정으로 부르짖고 있을 것이다. 그러나 실제로 그것을 액면 그대로 추진해 간다면 현재의 학교 교육은 성립되기 어려울 것이다. 커다란 곤란에 직면할 것임에 틀림없다.

오해를 두려워하지 말고 분명하게 말해 두자. 지금 소리 높여 부르짖는 개성 존중 교육론은 지금의 학교 교육이 빠져버린 과도한 획일주의에 대한 반성을 나타내는 언사에 지나지 않는 것은 아닌가? 극도로 획일화된 학교 교육 현상에 대한 대항 언어로서 개성 존중 교육을 꺼내든 것이다.

획일주의의 실태는 앞에서 본 규율주의에 기초한 관리주의이다. 다시 말하면 배우는 아이의 주체성이나 능동성이 결여되어 있는 상태를 가리킨다. 즉 이러한 학교의 획일주의와 관리주의를 완화하려는 것이 그들이 말하는 개성 존중 교육론의 의미라고 생각하는 편이 이해하기 쉬울 것이다. 따라서 그 때문에 실제로 학교나 커리큘럼의 다양화를 인정하고 그것을 선택하는 것에 기초한 자유화를 약간 시도한 정도에 지나지 않는다. 그렇게 노력한 결과 도달한 것 중 하나가 단위제 고등학교의 실현일 것이다.

학교 교육에서 정말이지 한 사람 한 사람의 개성을 존중하는 교육은 원리적으로는 불가능하다. 그럼에도 그것을 가능한 것처럼 부르짖으니까 교사는 고민하게 되고 학교는 점점 더 이상하게 변해간다. 오히려 학교 교육의 기능을 좀 더 축소하여 모두가 각자의 자리에서 교육에 어떠한 형태로든 책임을 지도록 궁리하는 편이 현실적이지 않을까? 예를 들어 지역에서 혹은 가정에서 그리고 될 수 있는 한 기업에서도 교육에 대한 책임에 대해 진지하게 검토해야 할 것이다.

앞에서 언급했듯이 지금의 학교 교육은 가르치는 측의 논리와 입장으로 이루어져 있다. 그것은 근대 학교 교육의 숙명이었다. 따라서 획일주의가 될 수밖에 없었던 것이다. 단체수업의 형태가 그것을 상징한다. 이에 비해 에도 시대의 교육은 학습하는 이의 논리나 입장에 따라 성립되어 있었다. 이 책에서 살펴본대로 개별 학습과 자기 교육의 학습 문화에 기초하고 있었다.

안이하게 애매한 개성 존중 교육을 부르짖기보다는 학교 교육에 학습자의 논리를 얼마나 포함시켜 학교를 재편할 것인가 하는 방향에서 검토하는 노력이 우선되어야 하지 않을까?

앞에서 제시한 아이가 교사를 선택하게 한다는 제안은 그의 아주 작은 예에 불과하다. 처음부터 약속이나 한 듯이 동일한 연령으로 구분한 학년제나 학급 단위의 편성도 근본에서부터 재고할 필요가 있다. 실제로는 어떻게 하면 좋을지, 이제부터 토론해 가면서 지혜를 모아야 한다. 그러나 뭐니 뭐니 해도 학습자의 관점에서 학교의 모습이나 교과목의 커리큘럼을 고치는 것이 중요하다. 이 관점의 전환이 어디까지 철저할 수 있을지가 학교 개혁의 열쇠가 될 것이다.

일본 학습 문화의 계보에서 한 사람 한 사람의 개성은 어떻게 이해되어 왔는가도 중요하게 검토해야 한다. 여기서 자세히는 검토하기 어렵지만 실은 오늘날과 같은 의미에서의 개성 같은 것은 대체로 부정의 대상이었다. 그 개성에 정당성을 부여하는 근거는 자기의 내부에서 찾기는 어렵기 때문에 이 의미에서의 개성은 한없이 부정된다. 게다가 교육은 당연히 있어야 할 틀(예의 규범)에 한결같이 자기를 맞춰가는 과정으로 추구되어 왔다. 그것은 오늘날 '틀에 맞추는' 교육이라 비판받았다. 그러나 문제는 그 틀이 갖는 사상성이며, 그것을 얼마나 자기화할 수 있는가라는 점에 있을 것이다. 예의 규범은 유학에서는 천지의 자연스러운 개념에 근거를 두었다. 그것은 자연의 양태나 질서에 근거를 두고 구상된 것이다. 그러한 의미에서 그것은 절대자인 신과의 관계를 통해 개인을 인식한 서양의 기독교 문화권과는 이질적인 구조였다.

니시오카 츠네카즈를 위시한 궁목공 기술의 수업이나 전통예도의 수련도 오직 틀에 대한 수련 과정으로 구성되어 있다. 천재 화가 피카소도 젊은 시절에 철저하게 데생 수업을 반복했다는 것도 기억하자. 여기서 말하는 틀이란 아주 자연스러우며 합리적인 모습으로서 신체를 동원해서 표현하는데 그것은 또한 마음과 뗄 수 없는 관계에 있었다. 그 수련 과정 이전에 실은 신체와 마음의 창조적이며 자유로운 표현의 세계가 펼쳐져 있다고 생각했다. 그것이야말로 누구도 흉내낼 수 없는 개성 넘치는 자유로운 세계였다. 그것은 틀에서 시작하여 틀로 나오는 과정이라 해도 된다.

처음부터 누구라도 명인이 될 것을 요구하지는 않는다. 그러나 명인이 보여주는 다양하면서도 아름다운 개성은 개성의 문제를 생각하는 데 중요한 점을 보여준다. 지금 나는 개성이란 무엇인가에 답할 준비가 되어있지 않지만, 개성이란 의도해서 기를 수 있는 것은 아닐 것이다. 예를 들어 '개성있는 사람이 되자'라거나 '개성적인 삶을 살고 싶다'와 같은 생각 아래 개성이 생겨난다고는 생각지 않는다. 마찬가지로 '개성을 낳는 교육'을 추구한다고 해도 그것이 가능하다고는 생각하기 어렵다. 개성이란 단순히 타자와의 차이를 말하는 것이 아니다. 자기가 타자와 다른 것은 자명하다. 개성은 단순한 사실로서의 차이를 넘어 어떤 보편적 가치를 담고 있는 것이어야 한다.

가부키歌舞伎의 가타오카 사에몽片岡左衛門이나 라쿠고[7]의 고콘테이 신쇼古今亭志ん生, 산유테이 엔쇼三遊亭円生의 예술의 맛, 장기의 다니가와 히로시谷川浩司의 날카로운 응수, 프로 야구 선수 이치로의 배팅 자세 등 모두가 개성적이라는 말에 어울린다. 그들의 개성 이면에는 스승이나 선배를 모델로 한 기초적인 학습이 있다. 장기의 정석(일종의 형식)을 기억하고 이전의 대국을 조사하는 연구가 있으며 철저한 야구 기초 연습이 있었다.

7_라쿠고落語: 한 사람의 화자가 청자 앞에 서서 골계와 해학적인 내용으로 이야기를 전개하여 웃음을 유발하는 예능. 1인역의 만담

그 수업에는 자기를 텅 비워 피가 날 정도로 맹연습하는 과정이 반드시 있었다. 그들이 처음부터 개성을 추구한 것은 아니다. 단지 보다 나은 예술인이나 기사, 야구 선수를 목표로 노력했다. 개성은 그 결과에 지나지 않는다.

이렇게 생각한다면 본래 교육의 장에서 일부러 개성을 의식할 필요는 없다. 에키켄은 단지 '좋은 사람'(보다 나은 사람)이 되도록 노력하라고 말했을 뿐이다. 근세의 사상가들은 모두가 이를 충분히 알고 있었다. 오규 소라이나 호소이 헤이슈細井平洲에 탁월한 개성론이 있지만 여기에서는 소라이가 쌀이 콩으로 콩이 쌀이 되려고 할 필요는 없다. 콩도 쌀도 각각 튼실하게 좋은 쌀과 콩이 되면 충분하다고 말하는 예를 소개하는 선에서 그치려 한다.[8]

아무튼 최근 학교의 개성화 교육론에 개성이란 무엇인가라는 차원의 논의가 있는 것 같지 않다. 이에 대한 확신도, 개성화 교육의 확실한 방법도 없이 개성을 육성하는 교육이라는 명분에 안이하게 휘둘리지 않는 편이 낫다. 지금의 학교에서 원리적으로 곤란한 것을 추구한다면 학교의 고뇌는 점점 더 깊어질 것이다.

8_오규 소라이의 『소라이 선생 답문서徂徠先生答問書』 중 p.456-657, 『오규소라이전집』 1권, みすず書房, 1973. 각각의 존재는 사회에서 부여된 직분과 역할이 있으며 서로 도우면서 그것을 잘 실천해 나갈 때 조화로운 사회를 이룰 수 있다는 소라이의 교육론

학교 사회에서 학습 사회로

누구나 느끼는 것처럼 지금 일본의 학교는 한계에 도달했다. 학교가 과도하게 비대해진 지금의 학교 사회(혹은 '학교화 사회')는 변하지 않으면 안 된다. 그러면 어떻게 변하면 좋을까? 21세기는 학교 사회를 대신하여 학습 사회를 추구하게 될 것이다. 문부성도 그러한 방향으로 전개되리라는 것을 분명히 인식하고 있으며, 이미 그것을 위한 준비를 시작하였다.

지금의 학교 제도는 아이들을 최소한 9년간, 사실상 10여년에 걸쳐 연령별로 구별하여 학교라는 시설에 강제로 집어넣고 대량의 지식이나 사고를 일방적으로 주입하고 있다. 아이들은 물리적으로도 심리적으로도 아이는 학교에 매여 있으며, 너무나 경직된 제도 아래서 숨막혀 있다. 정보화와 세계화가 진행되는 현대에서 학교는 이미 한계 상황을 드러내고 있다.

학습 사회란 간단히 말하면 누구든 언제 어디에서라도 필요한 때 필요한 만큼 자유롭게 배우는 것을 보장하는 시스템을 갖춘 사회를 말한다. 학령기의 아이만 배우는 것은 아니다. 또한 배우는 장도 학교만이 아니다. 미디어의 발달을 활용하면 배움의 장과 방법이 훨씬 더 다양해지고 넓어질 것이다.

언제 어디에서든 학습할 수 있다면 학교만이 학습의 장이라는 인식이 사라질 것이기 때문에 아이가 학교에서 배우는 학습의 모습도 완전히 바뀔 수 있다. 학령이라는 생각에도 융통성을 갖고, 같은 연령의 아이들만으로 구성되는 학년제라는 것도 대폭적인 재고가 가능하다. 즉 학교 사회에서 학습 사회로의 전환은 교육 시스템과 사고를 뿌리에서부터 전환하는 것을 의미한다. 교육의 수정, 즉 장대한 교육 패러다임의 변경이다.

학교 사회가 가르치는 측의 논리로 구성되어 있다면 학습 사회의 교육은 학습자의 입장을 기본 관점으로 하여 패러다임이 구성되지 않으면 안 된다. 따라서 여기서 키워드는 '교육'이 아니라 '학습'이 된다.

근세의 교육은 학습이 기본을 이루고 있었다는 점을 이 책에서 분명하게 보였다. 또 학습을 축으로 한 학습 문화가 근세 사회에 널리 침투해 있었음을 밝히면서 그 학습 문화는 지금도 우리 사회와 교육의 장에서 알게 모르게 영향을 미치고 있다는 것을 보였다. 근세는 일종의 학습 사회였던 것이다.

그렇다면 다가올 학습 사회에서는 이 책에서 살펴본 근세의 학습 문화라는 전통이 새로운 의미를 가지고 재음미될 것이다. 다소 어폐가 있긴 하지만, 슬로건 같은 말로 한다면 실로 '배움의 복권'이 될 것이다. 다만 근세에서 살펴본 모방과 숙달의 방법을 어떻게 평가할 것인가는 별개의 문제이다. 21세기는 틀림없이 멀티미디어 시대 그 자체가 될 것이다. 여기서 어떤 학습방법이 전개될 것인지는 지금까지의 역사나 문화가 보여준 것을 염두에 두면서 연구해야 할 문제라고 생각한다.

| 저자 후기 |

　이 책의 제목은 편집부가 붙여주었다. 내가 이 책에서 가장 강조하고 싶었던 것은 첫째, '학습 문화'라는 문제를 어떻게 다룰 것인가, 둘째 에도 시대의 역사적 관점에서 교육을 보는 것의 유효성은 무엇인가라는 두 가지이다. 그러나 '배우는' 문화를 보여주는 에도의 관점으로부터 '가르치기' 중심의 근대 학교를 비판하고 '배움'을 축으로 지금의 교육을 개선해 가는 것도 이 책이 전달하고자 하는 중요한 메시지이다. 이러한 뜻에서 『배움의 복권学びの復権』이라는 제목도 나쁘지 않다. 어쨌든 이러한 문제들은 세상에 태어난 내 아들에게 붙여준 이름처럼 시간과 함께 친숙해져 갈 것이다. 지금은 단지 사람들에게 사랑받으면서 순조롭게 컸으면 좋겠다는 바람뿐이다.

　서양과 달리 근세 교육에 관한 저작은 대개가 교육자에 관한 것보다도 피교육자에 대해 쓰였다고 지적한 사람이 하루야마春山作樹(1935년 작고)였다. 이러한 관점을 계승한 에모리 이치로江森一郎는 가이바라 에키켄의 교육관이 학습자의 입장에서 구성된 것이라 보고 그것을 '학습법적 교육관'이라 명명하였다(『'공부'시대의 개막』). 이 책은 이 두 사람의 지적을 염두에 두면서, 에도 시대의 교육이 학습자의 입장에서 구성되어 있다는 점을 밝히고 그것을 지탱하는 이론이나 사상을 에키켄의 유학 사상에서 찾아 학습 문화로 이끌어냈다.

이 책에서는 주로 데나라이, 유학, 도제제를 다루었는데 이 외에도 예의 교육(특히 '시츠케')이나 마을의 어린이 조직이나 청년 조직 등에서도 공통된 교육(학습)의 원리를 찾아볼 수 있다. 물론 에키켄 외 학자들의 설명에서도 그 논리는 확인 가능하다. 그것은 근세 사회가 갖는 문화 특질의 하나로 볼 수 있다. 이 책에서 학습 문화라고 표현한 이유가 여기에 있다.

나는 일본의 학습 문화라 지칭하면서 침팬지조차 모방과 숙달의 과정을 거친다는 점을 지적했다(5장). 다시 말하면 이 책에서 말하는 학습 문화를 일본의 고유한 문화라고 볼 필요는 없다. 어디에서나 볼 수 있는 보편적인 학습 기초 과정의 일면임에 틀림없다. 그럼에도 불구하고 나는 왜 모방과 숙달의 학습 문화에 골몰하는 것일까? 이유는 간단하다. 지금의 학교가 취하고 있는 교육과 원리적으로 다르기 때문이다. 지금의 학교를 지배하는 지知는 근대 과학의 지식이다. 그러한 지식 아래에서 사람에게 본래 갖추어져 있던 모방과 숙달에 기초한 지가 억압당하고 있다. 나는 억압당하고 있는 그것을 분명하게 보여주고 싶었다. 예를 들어 어린 시절, 작문이나 미술 시간에 선생님이 "자기 마음에 떠오르는 것을 그리세요. 옆 사람을 흉내낼 필요는 없어요."라고 하셔서 곤란했던 것이 기억난다. 개성 존중이라는 것도 이것과 어느 부분에서는 통하는 사상일 것이다. 생각나는 대로는 쓸 수 없다. 쓰기에는 그것을 위한 기술이나 모델이 있다는 당연한 사실에 확신을 가졌던 것은 근세의 교육을 배운 후부터이다. 그 이후 나는 내 아이들에게는 "작문은 아는 척하면서 멋지게 쓰는 것이다. 흉내내도 좋다."고 말한다.

다른 말로 표현해보자. 이 책은 직접적으로는 에도 시대의 '학습 문화'와 그것을 지탱하는 사상을 밝혔다. 그러나 그것은 동시에 지금의 학교를 지배하는 지의 특질을 드러내는 시도이기도 하다. 커다란 역사의 눈으로 보면 근대 학교를 뒤덮고 있는 지가 얼마나 특이한 것인가 하는 점을 확인하고 싶었다. 역사의 측면에서의 시선은 근대 학교의 '특이함'을 투시하는 힘을 갖고 있다. 오늘날 교육 개혁·학교 개혁을 논하는 데는 역사나 문화의 관점을 빼놓을 수 없다고 생각하는 이유가 여기에 있다.

이 책을 세상에 내놓는 계기를 마련해 준 이는 가도카와角川 출판사 편집부의 미야시타 마사히코宮下正彦 씨이다. 벌써 5년 전 일인데, 대학 선배였던 미야시타 씨에게 문의를 받았을 때 제대로 된 구상도 없이 얘기했었다. 웬일인지 그는 그날 밤 여행지의 호텔에서 기획안을 팩스로 보내주었다. 출판에 대한 미야시타 씨의 정열에 감동했다. 그러나 나의 게으름과 신변의 변화에 따라 집필이 늦어져 버렸다. 때때로 미야시타 씨는 절묘한 시기에 후의가 가득한 격려의 말과 함께 집필을 재촉하러 왔다. 그렇지 않았다면 여기까지 오지 못했을 것이다.

미야시타 씨는 두 장 정도의 조잡한 초고를 보내면 금방 친절한 논평을 하여 다시 보내주었다. 내 문장이 얼마나 학술 논문체에 '오염'되어 있었던가를 알게 된 귀중한 체험이었다. 그러나 글이 진전을 보이지 않던 사이 미야시타 씨가 다른 부서로 옮겨 갔다. 그때까지 이 책을 완성하지 못한 것이 유감일 따름이다.

결국 원고의 절반을 쓴 것은 1997년에 5개월 정도 머물렀던 북경의 객사에서였다. 내가 만난 중국 대학원생들은 일본 학생에게서는 볼 수 없는 솔직함으로 내 아이디어와 구상을 도와주었다. 나는 그 지적 자극을 즐기면서 그들의 이 문화를 거울 삼아 일본의 학습 문화에 관해 생각할 수 있었다. 그러한 점에서 이 책은 나의 북경 체험과 함께 존재한다.

성가신 실무를 해준 가도카와 출판사의 이시이 타카시石井隆司 씨를 비롯한 직원들에게 많은 신세를 졌다. 편집부의 깔끔한 일처리에 놀랄 따름이었다. 한 권의 책이 세상에 나오기까지 얼마나 많은 분들에게 도움을 받게 되는지를 실감하면서 내 강의를 청강해준 학생들을 비롯한 그들 한 사람 한 사람에게 감사의 뜻을 전하고 싶다.

1999년 1월 말

츠지모토 마사시辻本雅史

| 역자 후기 |

　일본에서 전국적으로 소동을 일으킨 『마음의 노트』라는 책이 있다. 일본 문부과학성이 2002년 전국의 초·중학교 도덕 교과의 부교재로 제작된 『마음의 노트』는 초등학교용(1·2학년, 3·4학년, 5·6학년) 세 종류와 중학생용 한 종류가 있다. 이 책은 2002년에만 7억 엔 이상, 2003년에는 3억 엔의 예산이 배정되었다. 문부과학성에 따르면, 『마음의 노트』는 어린이들이 알아야 된다고 판단되는 도덕 내용을 알기 쉽게 제시하여 도덕적 가치에 대해 어린이 스스로 생각하는 힘을 배양할 것을 목적으로 하고 있다고 한다. 그런데 이 책은 출판되자마자 커다란 비판에 직면하게 되었다.
　비판론자들은 '교육칙어'나 '수신', '충군애국'이란 표현이 완화되었기는 하지만 국가가 애국심을 조장한다, 일률적으로 도덕 교육을 강제하여 마음을 '지배'하려 한다, 개인의 자유와 권리의 주장이나 행사를 '억제하고' 그 대신에 의무를 다하는 '국민'이 되도록 주입하려 한다 등의 문제를 제기하고 있다. 비판론자들은 『마음의 노트』에서 '히노마루'나 '기미가요', '충군애국'을 강요하던 제국 일본의 광기를 느끼는 것 같다.
　나는 이 소동을 보면서 일본인들은 왜 이토록 '마음'의 문제에 집착할까 라는 의문이 들었다. '마음'은 교육이나 수신의 대상이 아닌데도 국가가 나서서 마음을 '지배'하려 한다는 공포가 그들의 마음속에 자리하고 있는 것 같다. 그런데『마음의 노트』논쟁은 도덕의 본질을 국가와 개인의 어느 쪽에 둘 것인가의 충돌로 보이지만, 실은 그보다 더 중요한 문제가 있다. 그것은 몸과 마음의 어느 쪽에 인간의 본질을 둘 것인지에 대한 근본적인 문제를 담고 있다. 인간이해에 관한 이러한 의문에 대한 해답을 『일본인은 어떻게 공부했을까?』에서 찾을 수 있다.

이 책의 저자 츠지모토 마사시辻本雅史는 근세 교육, 특히 유학을 중심으로 한 일본사상사와 교육사상, 교육사 연구자이다. 최근에는 교육의 미디어사라는 관점으로 교육사의 재구성을 시도하고 있다.『일본인은 어떻게 공부했을까?』는 에도시대라는 역사의 관점으로 일본의 '학습 문화'를 진단한 새로운 저작이다. 저자는 이 책에서 학교붕괴, 학급붕괴의 위기에 직면한 현재의 교육이 안고 있는 많은 병리현상을 치유할 수 있는 대안을 '에도'라는 역사적 시점에서 찾고 있다. 이를 통해 '학습' 중심의 근대 학교를 비판하고 '배움'을 기축으로 지금의 교육을 개선할 방법을 제시한다. 저자는 교칙문제, 개성교육, 교과서 문제, 구본식 학습 등 우리에게도 너무 낯익은 현대 일본 교육의 문제들을 선명한 필치로 비판하고 있다.

저자가 이 책에서 강조하는 '체득형'은 모방과 숙달(습숙)이 중요한 학습방법을 이룬다. 그렇기 때문에 학습자를 둘러싼 교육 환경이 중요하다. 좋은 환경과 좋은 모델이 갖추어져 있으면 학습자는 자기 스스로 배워간다는 것이다. 교사가 일정한 권위로 학습자 앞에 서서 교육하는 서양의 '주입형'이 아니라, 교사가 좋은 환경의 일부분으로 학습자와 관계 맺는 방식이 일본의 전통적인 학습방법이라는 것이다. 그리고 현재 일본의 많은 교육 현장에서 행해지는 교육 방식 — 예컨대 미나라이 제도나 구몬식 교육, 교칙문제 같은 — 에는 일본의 전통적 교육 방법인 모방과 숙달의 학습법이 녹아들어 있다고 한다.

이 책에서 예를 들고 있는 에키켄에 의하면, 아이는 모방하는 힘이 있기 때문에 어릴 때부터 좋은 습관을 갖게 하는 것이 중요하다고 한다. 아이에게 가르쳐 주입하는 것이 아니라 스스로가 배우도록 좋은 환경을 조성하는 것이 교사의 임무중 하나가 된다. 또한 아이에게 배우려는 마음가짐, 입지를 갖도록 만드는 것도 교사의 역할이다. 그러한 이유로 에키켄은 신뢰할 만한 교사, 신뢰할 만한 부모가 되어야 함을 강조한다.

그런데 에키켄의 위와 같은 교육론은 '마음'보다 '몸'을 근원적인 것으로 여긴 사고법에 기인한다. 에키켄이 지적하듯이, 불안정한 마음은 신뢰할 수 있는 대상이 아니다. 그 대신에 신뢰의 대상으로 '몸'이 부상해온다. 신체의 규율과 적절한 통제가 예법 문화를 창출해내는 계기라 할 수 있다. 도덕은 '마음'에 관계되는 것이 아니라 '몸'에 관계되며, '몸'의 일정한 틀을 유지하기 위한 장치가 예법 문화로 나타난다. 여기에 '마음'과 '몸'을 보는 근세 일본인들의 특징이 있다. 이러한 관점은 근세뿐만 아니라 근대에서 나타난다. 예를들어 일본의 초대 문부대신이었던 모리 아리노리森有礼(1847~89)가 주장한 학교 교육에서의 병사식 체조의 도입도 '마음' 보다는 '몸'을 근원적인 것이라 여겼기 때문에 가능했던 것은 아닐까? 그리고 현대 일본의 문화 속에도 이러한 사고는 짙게 배어 있다.

주자학자였던 에키켄이 마음보다는 신체에 대한 교육을 강조했다는 점은 주목할 만하다. 일반적으로 '마음'에 대한 무한한 신뢰를 가졌던 주자학은 교육 역시 '마음'에 관한 교육이었다. 주자학은 우주의 모든 이치가 인성(마음)에 내재해 있다고 믿기 때문에 그 '마음'을 수신하는 것을 교육의 출발로 삼았다. 내 마음의 천리를 보존하고 인욕을 억제하여 순수본연의 성을 회복하는 것에 주자학 수양론의 목표가 있다. 그런데 주자학자였던 에키켄은 '마음에서 몸으로'라는 주자학적인 인성관에서 이탈하여 '몸에서 마음으로'라는 인성론으로 나아간 것이다. 에도 시대 학문과 사상사의 분수령이 된 오규 소라이 역시 에키켄과 같은 입장에 서 있었다. 에키켄의 이러한 인간 이해는 일본 유학(일본 주자학)의 특징이기도 하다.

이렇게 보면 인간의 마음에 무한한 신뢰를 가졌던 주자학으로 교육한 '한국적 교육'과 몸을 인간의 본질로 하여 교육한 (비약적이기는 하지만) '일본적 교육'은 확연한 차이를 가진다. 이 차이를 더욱 확대하면 사상 문화의 차이로 나타난다. 한일 교육

문화의 비교 사상의 가능성이 여기에 있다. 이 책을 통해 현대 한국 교육의 문제점들을 다시 생각해보는 계기가 된다면 그것으로 충분할 것이다.

번역 과정에서 많은 난관에 봉착했다. 데라코야, 데나라이쥬크, 오우라이모노 같은 일본 교육사의 낯선 용어를 어떻게 우리말로 적절하게 옮길 것인가였다. 최종적으로 원어를 그대로 사용하기로 했다. 적절한 용어를 찾지 못한 것에도 원인이 있지만, 원어를 사용하는 데서 오는 학습 문화의 현장감을 좀 더 살리기 위함이었다. 번역상의 모든 책임은 역자에게 있다.

책을 번역하면서 많은 사람들의 신세를 졌다. 난해한 원전 이해가 부족한 내게 항상 친절하게 알려주던 교토대 교육사 연구실의 동학들에게 감사의 말을 전한다. 그리고 투박한 나의 번역문을 일일이 교정해주고 토론까지 해주던 '사방' 동인인 교토대의 송영근, 김지영 동학들에게도 감사해야 한다. 출판을 허락해주시고, 꼼꼼하게 읽고 교정해준 출판사 지와 사랑 편집부 모든 분들께도 감사를 드린다.

진리가 너희를 자유케 하리라.
2009년 1월 교토에서, **이기원**

| 참고 문헌 |

相澤熙, 『日本教育百年史談』, 学芸図書出版社, 1952.

東洋, 『日本人のしつけと教育 — 発達の日米比較にもとづいて-』, 東京大学出版会, 1994.

安達忠夫, 『素読のすすめ』, 講談社現代新書, 1986.

天野都夫, 「独学と講義録」, 『日本の教育システム』, 東京大学出版会, 1996.

新井栄蔵, 『「書」の秘伝』, 平凡社, 1994.

生田久美子, 『「わざ」から知る』, 東京大学出版会, 1987.

石川謙, 『寺子屋』, 至文堂, 1966.

＿＿＿＿, 『我が国における児童観の発達』, 古堂書店, 1954.

石川松太郎, 『藩校と寺子屋』, 教育社, 1978.

入江宏, 「「寺子屋」と「手習塾」」, 『日本教育史往来』103, 1996.

宇野田尚哉, 「書を読むは書を看るに如かず」, 『思想』809, 岩波書店, 1991.

梅本尭夫, 「邦楽の伝統的教育法」, 梅本尭夫・中原昭哉・馬淵卯三郎 編, 『アプラサス』, 音楽之友社, 1985.

江森一郎, 『「勉強」時代の幕あけ』, 平凡社, 1990.

小川三夫, 『木のいのち 木のこころ 地』, 草思社, 1993.

乙竹岩造, 「寺子屋の語誌」, 『日本教育史の研究』第一輯, 目黒書店, 1935.

公文教育研究会 編, 『つくしんぼ のびた〈11〉』, くもん出版, 1996.

公文公・岩谷清水, 『新「公文式算数のひみつ」』, くもん出版, 1993.

子安宣邦, 『江戸思想史講義』, 岩波書店, 1998.

佐白胖, 『こどもが熱くなるもう一つの教室』, 岩波書店, 1997.

佐藤秀夫, 『学校ことはじめ事典』, 小学館, 1987.

塩野米松, 『木のいのち 木のこころ 人』, 草思社, 1994.

添田晴雄, 「文字から見た学習文化の比較」, 石附実 編, 『近代日本の学校文化誌』, 思文閣出版, 1993.

大日本教育会 編, 『維新前東京私立小学校教育法及維持法取調書』, 大日本教育会, 1893.

高橋俊乗, 「日本教育史の手習(上・中・下)」, 『哲学研究』, 京都哲学会, 1938.

_____, 『日本教育文化史』, 同文書院, 1933, 講談社学術文庫, 1978.

武田勘治, 『近世日本学習方法の研究』, 講談社, 1969.

辻哲夫, 「貝原益軒の学問と方法」, 『思想』605, 岩波書店, 1974.

辻本雅史, 『近世教育思想の研究』, 思文閣出版, 1990.

西岡常一, 『木のいのち 木のこころ 天』, 草思社, 1993.

羽生善治・柳瀬尚紀, 『対局する言葉』, 毎日コミュニケーションズ, 1995.

春山作樹, 「江戸時代の教育」, 『日本教育史論』, 国土社, 1994.

平井雷太編, 『公文式〈プリント〉狂時代の終わり』, 太郎次郎社, 1994.

前田愛, 『近代読者の成立』, 有精堂, 1973年, 岩波書店, 1993.

松沢哲郎, 『チンパンジーはちんぱんじん』, 岩波書店, 1995.

文部省編, 『日本教育史資料(全10冊)』, 富山房, 1890-1892, 復刻版, 臨川書店, 1969.

八鍬友宏, 「一揆訴状の往来物化とその流布の教育史的意義 —「白岩目安」を事例に」, 『日本の教育史学』第307号, 1987.

柳田國男, 「教育の原始性」, 『定本柳田国男集』第29巻, 筑摩書房, 1982.

山川菊栄, 『武家の女性』, 岩波文庫, 1983.

山田慶児, 『朱子の自然学』, 岩波書店, 1978.

横山俊夫編, 『貝原益軒―天地和楽の文明学』, 平凡社, 1995.

和田秀樹, 『数学は暗記だ』, ごま書房, 1990.

| 인명 해설 |

가이바라 에키켄貝原益軒(1630~1714) 철학자이자 식물학자. 본명은 아쓰노부篤信. 모든 계층의 사람들이 이해할 수 있도록 유교사상을 쉽게 풀이하였으며 일본에서 처음으로 여성, 어린이들을 대상으로 한 체계적인 교육서를 저술하였다. 원래 의학공부를 했으나 1657년 의사직을 그만두고 야마자키 안사이山崎闇齊와 기노시타 준안木下順庵 밑에서 주자학을 공부했다.

구마자와 반잔熊沢蕃山(1619~91) 에도 시대 전기의 유학자(양명학)로 나카에 도쥬의 문인

구몬 도오루公文公(1914~95) 수학 교육자. 오사카 대학 수학과 졸업 후 고향 마을에서 고등학교 수학을 가르쳤다. 1954년, 초등 수학이 부진했던 큰아들을 가르치기 시작하면서 혼자서도 충분히 연습하고 훈련할 수 있는 구몬학습법을 개발했다.

나카에 도쥬中江藤樹(1608~48) 에도 전기의 유학자(양명학)

다케다 이즈모竹田出雲(?~1747) 본명 청정淸定, 호는 천전헌千前軒. 에도 시대의 조루리 제작자로 유명하다.

데시마 도안手島堵庵(1718~86) 스승인 이시다 바이간의 세키몬심학을 한층 발전시킴.

모토오리 노리나가本居宣長(1730~1801) 에도 중기의 국학자

미야자키 야스사다宮崎安貞(1623~97) 에도 전기의 농학자

세키타카 가즈関孝和 수학자. 통칭 신조新助. 대수를 처음으로 창시. 방정식론, 고차방정식과 비슷한 해법을 제시했다. 행렬식, 정다각형 등의 길이를 구하는 방정식 등을 연구, 일본 수학 발전에 공헌했다.

스가와라노 미치자네菅原道眞(845~903) 헤이안 시대의 학자, 한시인, 정치가. 33세에 문장박사에 임명, 사후에는 기타노텐만구北野天滿宮(교

토시 상경구 소재)의 제신이 되었으며 학문의 신으로 추앙받고 있다.

야마가 소코오山鹿素行(1622~85) 에도 전기의 유학자로 고학을 주장

야마자키 안사이山崎闇齋(1619~82) 에도 전기의 주자학자. 요시다신도吉田神道와 주자학을 결합하여 스이카신도垂加神道를 제창했다.

에무라 홋카이江村北海(1713~88) 에도 중기의 유학자

오규 소라이荻生徂徠(1666~1728) 에도 중기의 유학자. 고문사학을 제창

와타나베 가잔渡部崋山(1793~1841) 막말의 문인화가, 양학자. 서양화법을 받아들여 사실적인 초상화로 독자적인 양식을 개척했다.

요시다 쇼인吉田松陰(1830~59) 막말의 지사. 쵸슈 번(야마구치 현) 하급 무사 출신으로 메이지 유신의 정신적 지도자라 불리기도 한다.

이시다 바이칸石田梅岩(1685~1744) 세키몬심학石門心學의 창시자. 주자학을 바탕으로 신도, 불교, 노장 사상을 흡수, 사회적으로 부여된 직분을 수행하는 면에서 상인도 무사에 뒤떨어지지 않는다면서 악덕 상인을 배격하고 올바른 상술을 제시하는 등 상업 도덕을 확립했다.

이토 진사이伊藤仁齋(1627~1705) 에도 전기의 유학자로 고의학을 주장

이하라 사이카쿠井原西鶴(1642~93) 에도 전기의 우키요조시浮世草子, 인형 조루리人形淨瑠璃 등의 작가

제아미世阿弥(1363?~1443) 무로마치 초기, 아버지 간아미觀阿弥와 함께 노能를 완성하면서 예술론의 기초를 만들었다. 간아미, 제아미의 노를 간제류觀世流라 부른다.

피일휴皮日休(830~883) 중국 당대의 시인

하시모토 사나이橋本左内(1834~59) 막부 말의 지사

하야시 라잔林羅山(1583~1657) 에도 초기의 주자학자로 원래는 승려였으나 후에 불교를 버리고 유학으로 전향

후지와라 모로스케藤原師輔(908~960) 헤이안 중기의 공경대신

히로세 단소広瀨淡窓(1782~1865) 에도 시대의 유학자(절충학)로 시쥬크인 간기엔咸宜園을 창설(1805).

| 용어 해설 |

가미오키髮置: 어린이가 처음으로 머리를 기르는 의식. 생사로 만든 백발 가발을 머리에 쓰고는 정수리에 백색 가루를 발라 축하한다.

가부키歌舞伎: 에도 시대 서민 문화의 하나로 성립한 연극. 노, 인형 조루리와 함께 일본의 3대 고전극에 속한다.

게이코稽古: 무술이나 예술등을 배우고 연습하는 일

『겐지 이야기源氏物語』: 일본 헤이안 시대 중기(11세기)에 지어진 소설. 작가는 무라사키 시키부라고 여겨지지만, 복수작가설, 후대창작설도 있다. 54첩에 달하는 장편으로 800여 수의 와카和歌가 들어있다.

고쿠다카 제도石高制: 토지의 농업생산량을 쌀 수확량으로 환산하여 파악하는 방법

공가公家: 조정의 귀족이나 관료

기요모토淸元: 에도 시대 조루리의 일파. 기요모토 엔쥬가유延寿太夫가 창시한 것으로 섬세하면서 단아한 곡조가 특색

난학蘭學: 에도 시대 네덜란드를 통해 들어온 서양의 문화, 학술, 기술의 총칭

노가쿠能楽: 가무극으로, 노能와 교겐狂言의 총칭. 춤과 노래, 악기의 3요소로 구성되었다. 해학을 주로 한 연기는 교겐이라 했다. 메이지 시대가 되면서 사루가쿠라는 명칭이 사라지고 노가쿠라고 불렀다.

다이묘大名: 에도 시대 쇼군과 주종관계에 있던 무사들로 막부에서 주로 1만석 이상의 영지를 받았다.

데혼手本: 글씨본, 글씨나 그림을 그릴 때 모범으로 삼는 데나라이쥬크의 교재

뎃치丁稚: 직인이나 상인의 집에 거주하면서 잡일을 거들고 기술이나 상술을 배우는 소년을 말한다.

라쿠고落語: 골계와 해학적인 내용으로 이야기를 전개하여 웃음을 유발하는 예능. 1인역의 만담

막번제幕藩制: 근세 일본의 사회체제. 에도 막부를 정점으로 각 번의 다이묘가 봉건적 주종관계를 토대로 만든 정치체제이다.

막부幕府: 1192~1868년까지 일본을 통치한 쇼군 정부. 천황은 상징적인 존재가 되고 쇼군이 실질적인 통치권을 가졌다.

만슈인曼殊院: 교토시 좌경구에 있는 천태종의 문적사원에 해당

메이지 유신明治維新: 19세기 후반 일본의 메이지 천황 때, 에도 막부를 무너뜨리고 중앙 집권 통일 국가를 이루어 일본 자본주의 형성의 기점이 된 변혁의 과정

문적사원門跡寺院: 황자나 귀족 등이 출가한 사원의 총칭. 우다宇多천황 (867~931)이 인화사仁和寺로 출가한 것이 시초이다.

미쿠다리한三行半: 3행 반의 구성으로 이혼사유와 재혼 허가문을 간단하게 써서 남편이 아내에게 주는 이혼장

세키가하라 전투関が原戦闘: 1600년에 미노美濃의 세키가하라에서 일어난 전쟁. 도쿠가와 막부(에도 시대)가 탄생하는 계기가 되었다.

시마이仕舞: 노의 연기(춤이나 행동)를 연습하는 것

시츠케しつけ: 인간이 사회 집단의 규범, 규율이나 예절같은 관습에 맞는 행동(규범의 내면화)이 가능하도록 훈련하는 것.

심학도화心學道話: 이시다 바이간의 제자인 데시마 도안이 통속적인 언어로 도덕교화를 설명한 훈화집

쌍구법: 엄지와 집게 손가락, 가운데 손가락으로 붓대를 감싸 잡는 방법

안사이학闇齋學: 야마자키 안사이山崎闇齋의 학문을 지칭. 기몬학崎問學이라고도 부른다.

양학洋學: 에도 시대부터 메이지 시대에 걸쳐 일본에 들어온 난학을 포함한 유럽 학문

오야가타親方: 제자를 지도 감독하는 역할을 맡은 사람으로 부모의 역할

을 대신한다는 의미도 있다.

오우라이모노往來物: 데나라이쥬크의 교재. 생활전반에 걸친 지식을 서간문 형식으로 엮은 책의 총칭으로 왕신과 답신 한 조로 구성되었기 때문에 오우라이往来라고 부른다. 에도 시대에는 다양한 종류의 오우라이모노가 간행되어 메이지 중기까지 지속되었다.

오쿠리가나送り仮名: 한자의 뜻을 새겨 읽을 때(훈독) 오른쪽 밑에 작게 다는 가나, 흔히 가다가나로 쓴다.

우키요조시浮世草子: 에도 중기 소설의 한 형태. 오사카, 교토를 중심으로 이루어진 현실주의적이며 오락적인 쵸닌문학을 지칭

조루리浄瑠璃: 샤미센의 반주에 이야기를 싣은 음악의 일종으로 무로마치 시대에 발생. 무반주로 이야기를 전개한 '조루리히메 모노가타리 浄瑠璃物語(조루리 이야기)'가 유행하면서 조루리라 부르게 되었다.

쥬크塾: 에도 시대의 사설 학습기관. 데나라이쥬크에서는 일상생활에 필요한 내용을 학습했다. 데라코야라고도 했는데 절(寺)[데라(てら)라고 읽는다]에서 승려들이 시작했기 때문이다.

카에리텐返り点: 한문을 읽는 순서를 한자 왼쪽에 표시하는 기호로 一·二·三·上·中·下·甲·乙·丙 등을 말한다.

하카마기袴着: 아이가 처음으로 하카마(옷의 겉에 입는 주름잡힌 하의)를 입는 의식으로 유년기에서 소년기로의 이행을 의미한다. 헤이안 시대에는 주로 3세에, 근세에는 7세 되는 해 음력 11월에 시행했다.

화훈和訓: 한문에 오쿠리가나나 카에리텐을 붙여 읽는 일본식 훈독법

후기 미토학後期水戸學: 에도 시대 미토 번에서 형성된 존왕론(천황의 절대적 권위를 중심으로 한 황실존중사상)을 중핵으로 하는 사상체계

후레가키触書: 에도 막부가 관청 등에 제시한 단행 법령을 닷시達라고 하고, 보다 넓은 영역으로 전달하기 위한 것이 후레触이다. 근세 초기에는 구두 전달이 중심이었는데 서서히 문서 전달이 주류가 되었으며 문서의 형태를 띤 것을 후레가키라고 한다.

| 색인 |

가이바라 간사이貝原寬齋 102
가이바라 고우코貝原好古 105
『에키켄 연보』105
가이바라 라쿠겐貝原楽軒 103
가이바라 손사이貝原存斎 103, 104, 116
가이바라 에키켄貝原益軒(1630~1714)
 8, 18, 19, 30, 42, 70-73, 80-84, 95, 99-170, 175, 178, 180, 187-192, 206, 220, 238, 244, 246, 253, 255, 261
『대의록大疑録』110, 112, 116, 125, 133, 『대화본초大和本草』111, 112, 128, 133, 135, 『대화속훈大和俗訓』82, 111, 126, 129, 130, 135, 150, 164-168, 134, 『문훈文訓』111, 165, 『삼례구결三礼口決』111, 134, 162, 『서학답서書學答書』134, 『소학구독비고小学句讀備考』110, 133, 『신사록慎思錄』82, 83, 110, 133, 153-155, 159, 160, 166, 『심화규범心畵規範』134, 『악훈樂訓』111, 135, 『양생훈養生訓』111, 121, 134, 135, 『완고목록玩古目録』116, 『일본석명日本釈名』111, 134, 151, 152, 『일본세시기日本歳時記』111, 134, 『자오집自娛集』110, 119, 133, 『점례点例』111, 134, 『초학지요初學知要』110, 132, 『화속동자훈和俗童子訓』18, 70, 73, 80, 84, 104, 106, 111, 112, 134-137, 142-148, 151, 156, 157, 161, 164-

169, 180, 187, 189, 191, 『화자해和字解』111, 134, 『화한고언』134
가쿠몬쥬크學問塾 17, 23, 34, 65-67, 76, 77, 86
가타오카 사에몽片岡左衛門 260
강담講談 88
강석講釈 86-88, 91-94, 97
강수講授 86, 89
강의講義 40, 70, 88, 90
게이코쥬크稽古 55-58
『겐지 이야기源氏物語』207
공자孔子(BC 552~479) 68, 70, 149, 164
구로타 미츠유키黒田光之(1628~1707) 107
구마자와 반잔熊沢蕃山(1619~91) 128
구몬 도오루公文公(1914~95) 210-223
『신 '구몬식 산수의 비밀'』 213, 214, 218, 221, 223
구몬식 학습 210-228
나정암羅整庵(1465~1547) 116
나카에 도쥬中江藤樹(1608~48) 128, 134
내제자内弟子 16, 171, 183-185
니시오카 츠네요시西岡常吉 174
니시오카 츠네카즈西岡常一(1908~95) 174-176, 180, 181, 185-192, 259
『나무의 생명, 나무의 마음, 하늘』 175, 176, 180, 181, 185-192
다나카 호즈미田中穗積 198

다니가와 히로시谷川浩司 216, 260
다카하시 준죠高橋俊乗 23, 39
『일본 교육문화사』23,『일본교육사에서의 데나라이』39
다케다 간지武田勘治 86
다케다 이즈모竹田出雲(?~1747) 24
'스가와라가가 전하는 데나라이의 거울 菅原伝授手習鑑' 24
데나라이手習 16, 30-48, 54-58, 66, 101, 135, 207, 232
데나라이쥬크手習塾 16, 21-58, 66, 74, 75, 137, 207, 210, 227, 232, 235, 238
데나라이코야手習子屋 23
데나라이혼手習本 36
데라코야寺子屋 16, 23-25, 49, 52, 57, 58, 66
데시마 도안手島堵庵(1718~86) 88
데혼手本 32, 36-40, 45-48, 232, 238
도제제徒弟制 171, 173, 180, 182, 187, 189, 245
도쿠가와 이에야스德川家康(1543~1616) 115
로크, 존John Locke(1632~1704) 112
마에다 아이前田愛 81
『근대 독자의 성립』 81
마츠자와 데츠로松沢哲郎 177-179, 187
『침팬지는 침팬지인이다』178, 179
맹자孟子(B.C. 372~289) 14
메이지 유신明治維新 25, 26
모토오리 노리나가本居宣長(1730~1801) 18
모방模倣 14, 17-19, 73, 132, 145, 149, 153-158, 169, 178, 187, 263
미야자키 야스사다宮崎安貞(1623~97) 136 『농업전서農業全書』 136
사에키 유타카佐伯胖 217
『어린이가 뜨거워지는 또 하나의 교실』 217
소독素讀 37, 45, 70-90, 95, 104, 233
소라이학徂徠学 78, 84, 91, 93, 96, 97
소에다 하루오添田晴雄 40
「문자로 본 학습 문화의 비교」 40
손엔류尊円流 41
손엔 친왕尊円親王(1298~1356) 41, 54
쇼렌인류青蓮院流 41
쇼타 구미코生田久美子 184, 185, 238
『"기술"을 통해 아는 것』183, 184, 238
쇼헤이자카 가쿠몬죠昌平坂學問所 85
숙달熟達 14, 17, 18, 132, 145, 153-156, 169, 178, 180, 263
스기우라 쥬고우杉浦重剛 52
『유신전 동경시 사립소학교 교육법 및 유지법 조사서』 52
스가와라노 미치자네菅原道真(845~903) 35
시오노 요네마츠塩野米松 175
『나무의 생명, 나무의 마음, 사람』 175
시쥬크私塾 58, 65, 66
시츠케しつけ 160-162, 252, 255
아다치 타다오安達忠夫 81, 82

『독서의 장려』 82
아라이 에이죠 54
　『'서書'의 비전』 54
아마노 이쿠오天野郁夫 197
　「독학과 강의록」 197
아오야마 노부히사青山延寿 76
아오야마쥬크青山塾 76
아이자와 히로시相澤熙 51
　『일본교육백년사담』 51
아즈마 히로시東洋 11-19, 179
　『일본인의 예절과 교육』 11-14
안사이학闇斎學 91-93, 97
야나기타 구니오柳田國男 161, 162
　『교육의 원시성』 161
야마가 소코오山鹿素行(1622~85) 18
야마가와 기쿠에山川菊栄 32, 33, 39, 47, 76, 77
　『무사 집안의 여성武家の女性』 47, 76, 77
야마자키 안사이山崎闇斎(1618~82) 92, 93, 96, 97, 128
야마가와 히토시山川均 31
야쿠와 도모히로八鍬友広 45
　『소송장의 오우라이모노화와 그 유포의 교육사적 의의』 45
에기 가즈유키江木千之 50, 235
에모리 이치로江森一郎 49, 50
　『'공부'시대의 개막』 49, 50
에무라 홋카이江村北海(1713~88) 18, 71, 87

『수업편授業編』 71, 87
오가와 미츠오小川三夫 176, 181, 182, 185, 188, 192
　『나무의 생명, 나무의 마음, 땅』 176, 181, 182, 188
오규 소라이荻生徂徠(1666~1728) 18, 84, 93-96, 116, 128, 134, 158, 238, 261
　『강석이 주는 열 가지 해악론講釈十害論』 93
오우라이모노往來物 35-38, 42-45, 232
오이에류お家流 41
오정한吳廷翰(1491~1598) 116
오토타케 이와죠乙竹岩造 24
　「데라코야의 변천사寺子屋の語誌」 24
와다 히데키和田秀樹 217
　『수학은 암기다』 217
와타나베 카잔渡部崋山(1793~1841) 50
　'붓으로 그리는 천태만상一掃百態' 50
요시다 쇼인吉田松陰(1830~59) 69
우노타 쇼야宇野田尚哉 95
　『책을 읽는 것은 책을 보는 것과 같지 않다』 95
우메모토 다카오梅本尭夫 186
　『우리 음악의 전통적 교육법』 186
유학儒學 8, 9, 59-97, 103, 104, 110, 128, 131, 136, 164, 168, 232, 234
유히츠시난죠幼筆指南所 23
윤강輪講 89, 90
이로하伊呂波 40, 42
이리에 히로시入江宏 67

『'데라코야'와 '데나라이쥬크'』 67
이시카와 마츠타로石川松太郎 38, 43
『번교와 데라코야』 38, 43
이시다 바이칸石田梅岩(1685~1744) 88
이시카와 겐石川謙 23, 71
『데라코야』 23, 『우리나라 아동관의 발달』 71
이토 진사이伊藤仁斎(1627~1705) 116, 128, 134
이하라 사이카쿠井原西鶴(1642~93) 137
정이천程伊川(1033~1107) 121, 123
제아미世阿弥(1363?~1443) 15
『화전서花伝書』 15
죠우닌 친왕仁親王(1824~42) 54
주기파主氣派 116
주리파主理派 116
주입형 11-14, 180, 236, 237
 주입형 교육 11, 13, 15, 19, 46, 239
주자학朱子學 9, 78, 79, 87, 92-94, 101, 104, 112-116, 120-126, 130, 133, 168, 169
주희朱熹(1130~1200) 87, 92, 93, 114, 115, 123, 168
체득형 11-16, 180, 182, 204, 211, 216, 217, 221, 226, 237, 238, 241
 체득형 교육 11, 14-19, 46, 179, 185,
 체득형 학습 11, 17, 19
츠루사와 간지鶴沢寛治 183, 186

츠지 데츠오辻哲夫 133
「가이바라 에키켄의 학문과 방법」 133
츠지 신지辻信次 52
카메이 난메이亀井南冥(1743~1814) 78
코야스 노부쿠니子安宣邦 92
『에도 시상시 강의』 92
피일휴皮日休(830~883) 153, 154
피카소, 파블로 Pablo Picasso(1881~1973) 259
하루야마 사쿠키春山作樹 23
「에도 시대의 교육江戸時代の教育」 23
하부 요시하루羽生善治 215, 216
『대국対局하는 언어』 216
하시모토 사나이橋本左内(1834~59) 69
하야시 라잔林羅山(1583~1657) 115
회독會讀 89, 90, 97
회업会業 70, 88-91, 97
후기 미토학後期水戸學 76
후지와라 모로스케藤原師輔(908~960) 54
후지와라 세이카藤原惺窩(1561~1619) 115
히라이 라이타平井雷太編 210
『구몬식 '프린트광' 시대의 종언』 210
히로세 단소広瀬淡窓(1782~1865) 65
히츠가쿠쇼筆學所 23
히츠도시난쇼筆道指南所 23
히츠도케이코쇼筆道稽古所 23, 53

| 일본 연대표 |

	시대	연대	내용
고대	죠몬 시대繩文時代 (-BC 4세기)		
	야요이 시대弥生時代 (BC 4세기- AD 3세기)	AD 57	왜국왕이 후한에 사신 파견, 후한의 광무제가 금인 하사
		239	야마타이邪馬台国의 여왕 히미코卑弥呼, 위魏에 사신 파견
	고분 시대古墳時代/ (3세기 말-8세기 초) 아스카 시대 飛鳥時代 (6세기 말-8세기 초)	350	야마토 왕권의 통일
		513	백제에서 오경박사 파견
		538	백제에서 불교전래
		593	성덕태자의 섭정
		603	관위십이계 제정
		604	헌법17조 제정
		607	견수사 파견
		630	견당사 파견
		645	다이카개신大化改新
		663	백촌강 전투
		672	임신의 난, 아스카 천도
		701	대보율령大宝律令 성립, 율령국가의 시작
	나라 시대奈良時 (710-794)	710	나라의 평성경平城京으로 천도
		712	고사기古事記 성립
		720	일본서기日本書紀 성립
	헤이안 시대 平安時代 (794-1185)	794	교토 헤이안경으로 천도
		805	사이쵸最澄, 천태종天台宗 창시
		806	구우카이空海, 진언종真言宗 창시
		858	후지와라藤原, 섭관摂関정치 시작
		894	견당사 폐지
		905	고킨와카슈古今和歌集 성립
		1000	겐지이야기源氏物語 성립
		1079	교토 대화재 발생, 자살왕생사상이 퍼짐
중세	가마쿠라 시대	1192	미나모토 요리토모源頼朝, 쇼군摂夷大将軍이 되어 가마쿠라에 막부 설치

	시대	연대	내용
중세	가마쿠라 시대 鎌倉時代 (1185-1333)	1203	호죠 도키마사北条時政 집권시작
		1233	교토에서 사루카쿠猿楽가 유행
		1274	몽고 내습
	남북조 시대 (1318-1339)	1336	고다이고後醍醐 천황이 요시노吉野로 옮김
		1338	아시카가 다카우지足利尊氏가 교토 무로마치室町에 막부 설치
		1339	기타바타케 치카후사北畠親房의 신황정통기伸皇正統記 성립
	무로마치 시대 室町時代 (전국시대, 1336-1573)	1392	남북조 합일에 의한 본격적인 무로마치 시대 개막 고카메야마後亀山 천황, 교토로 돌아옴
		1394	아시카가 요시미치足利義満가 태정대신이 됨
		1467	응인의 난応仁乱 발생
		1543	포르투갈인이 다네가시마種子島에 표착, 뎃포(총)전래
		1549	자비에르 가고시마에 도착, 기독교 전도 시작
		1568	오다 노부나가織田信長 교토에 입경, 직풍정권職豊政権 수립
		1573	무로마치 막부 멸망
	아즈치 모모야마 시대戰国時代 (1573-1603)	1582	혼노우지本能寺의 변으로 오다 노부나가 자살
		1585	도요토미 히데요시豊臣秀吉, 관백이 됨 기독교 추방령에 따라 선교사 추방
		1590	도요토미 히데요시 시코쿠와 규슈 정벌, 천하통일.
		1592	도요토미 히데요시, 조선과의 전쟁, 임진왜란
		1598	도요토미 히데요시, 후시미성에서 사망
근세	에도 시대	초기	1600	세키가하라関ヶ原 전투에서 도쿠가와 이에야스군 승리
			1603	도쿠가와 이에야스가 쇼군이 되어 에도에 막부 설치 이 무렵 조선에서 활자인쇄술 전래
			1607	하야시라잔林羅山, 유관儒官이 됨 일본의 주자학 수용
			1609	조선과 기유약조 체결
			1614	오사카 겨울의 진大阪冬の陳

	시대		연대	내용
근세	에도시대江戶時代(1603-1867)	초기(17세기)	1615	오사카 여름의 진大阪夏の陳, 무가제법도武家諸法度, 공가제법도公家諸法度 시행, 도요토미 씨 멸망
			1629	후미에踏み絵로 기독교 탄압 시작
			1630	기독교 관계 서적 수입 금지령, 하야시 라잔, 시노부가오카忍ヶ岡에 학교 설치
			1635	산킨코타이제参勤交代制 시행
			1637	시마바라島原의 난
			1657	도쿠카와 미츠쿠니德川光圀, 대일본사 편찬 착수
		중기(18세기)	1716	쇼군 도쿠가와 요시무네의 교호享保 개혁 착수 이 무렵부터 데나라이쥬크 보급, 서민 교육확대
			1767	다누마田沼意次 시대의 개혁
			1787	마츠타이라 사다노부松平定信 로쥬가 되고 검약력의 간세이 개혁寛政の改革 시작
			1788	덴메이天明 대기근 발생
			1790	간세이 이학의 금寛政異学の禁, 주자학 정학화
		후기(19세기)	1797	영국선이 에죠지蝦夷地에 내항 창평관 학문소昌平坂学問所 관학화
			1825	이국선 타불령異国船打払令
			1833	덴포天保의 대기근 발생, 텐포개혁 착수
			1844	네덜란드 국왕 빌헬름 2세가 친서 보내 개국 권고
			1846	미국선이 우라가浦賀에 내항하여 통상 요구
		말기(19세기 후반)	1853	미국의 페리가 함대를 이끌고 우라가에 내항
			1855	양학소洋学所 설치
			1854	일미, 일영, 일러 화친조약 체결
			1858	일미수호통상조약 조인
			1867	도쿠가와 요시노부德川慶喜 대정봉환, 왕정복고
근대	메이지 시대		1868	메이지 유신 단행
			1871	번을 없애고 현을 설치(廃藩置県), 문부성 설치, 이와쿠라岩倉具視 사절단, 유럽 및 미국 파견
			1872	학제 반포(근대 학교 제도에 관한 규정)
			1873	정한론 발생

	시대	연대	내용
근대	메이지 시대 明治時代 (1868-1912)	1874	민선의회 설립 건백서 제출, 잡지『명육사明六社』간행
		1877	동경대학 설립
		1878	자유민권 운동 발흥
		1879	학제 폐지하고 교육령 제정
		1886	제국대학령 공포, 제국대학 창설 소학교령, 중학교령 공포
		1889	대일본 제국헌법 황실 전범 공포
		1890	교육칙어
		1894	고등학교령, 청일전쟁 발발
		1895	치안경찰법
		1897	교토제국대학 설립
		1904	러일전쟁 발발
	다이쇼 시대 大正時代 (1912-26)	1914	제1차 세계대전 발발
	쇼와 시대昭和時代 (1926-89)	1925	치안유지법, 보통선거법 공포
		1932	국민정신문화연구소 설립
		1939	제2차 세계대전 발발
		1941	태평양 전쟁, 진주만 공격
		1945	히로시마, 나가사키 원폭투하 포츠담 선언 수락, 항복문서 조인
현대	쇼와 시대昭和時代 (1926-89)	1946	일본국 헌법 공포, 천황의 인간선언
		1947	교육기본법, 학교교육법 공포 학교 교육의 6-3-3-4제 실시
		1948	극동군사재판
		1953	NHK 텔레비전 방송 개시
		1954	자위대 발족
		1957	일본, 국제연합 비상임 이사국 승인
		1964	도쿄올림픽 개최, 신칸센 개통
		1965	한일기본조약 체결
	헤이세이 시대平成 時代(1989-)	1999	쇼와 천황 사망, 헤이세이로 연호 변경